Les défis de la Centrafrique

Les auteurs

Roger Yélé occupe le poste de directeur de la comptabilité nationale, de la conjoncture et des prévisions après ses études supérieures à Yaoundé au Cameroun en statistique et en économie.

Paul Doko a poursuivi ses études supérieures à l'Université de Bangui et à la Chaire d'agriculture comparée et développement agricole de l'INA à Paris, et a travaillé avec les paysans producteurs de tabac. Actuellement, il est le coordonnateur de l'Agence internationale pour le développement de l'information environnementale (ADIE).

Abel Mazido est maitre-assistant à l'Université de Bangui, formateur des auditeurs au programme de formation en gestion de politique économique à l'Université de Yaoundé II-Soa. Il a poursuivi ses études supérieures à Toulouse et Clermont Ferrand.

Les défis de la Centrafrique

gouvernance et stabilisation
du système économique

Recherche de canevas pour amorcer la croissance

Roger Yele
Paul Doko
Abel Mazido

CODESRIA

Conseil pour le développement de la recherche en sciences sociales en Afrique
DAKAR

© CODESRIA 2011
Conseil pour le développement de la recherche en sciences sociales en Afrique
Avenue Cheikh Anta Diop Angle Canal IV
BP 3304 Dakar, 18524, Sénégal
Site web : www.codesria.org

ISBN : 978-2-86978-226-6

Mise en page : Hadijatou Sy
Couverture : Florent Loso Tonadio
Impression : Imprimerie Graphi plus, Dakar, Sénégal

Distribué en Afrique par le CODESRIA
Distribué ailleurs par African Books Collective
www.africanbookscollective.com

Le Conseil pour le développement de la recherche en sciences sociales en Afrique (CODESRIA) est une organisation indépendante dont le principal objectif est de faciliter la recherche, de promouvoir une forme de publication basée sur la recherche, et de créer plusieurs forums permettant aux chercheurs africains d'échanger des opinions et des informations. Le Conseil cherche ainsi à lutter contre la fragmentation de la recherche dans le continent africain à travers la mise en place de réseaux de recherche thématiques qui transcendent toutes les barrières linguistiques et régionales.

Le CODESRIA publie une revue trimestrielle, intitulée *Afrique et développement*, qui se trouve être la plus ancienne revue de sciences sociales basée sur l'Afrique. Le Conseil publie également *Afrika Zamani* qui est une revue d'histoire, de même que la *Revue africaine de sociologie*; la *Revue africaine des relations internationales* et la *Revue de l'enseignement supérieur en Afrique*. Le CODESRIA co-publie également la *Revue africaine des médias; Identité, culture et politique : un Dialogue afro-asiatique ; L'Anthropologue africain* ainsi que *Sélections afro-arabes pour les sciences sociales*. Les résultats de recherche, ainsi que les autres activités de l'institution sont aussi diffusés à travers les « Documents de travail », le « Livre vert », la « Série des monographies », la « Série des livres du CODESRIA » les « Dialogues politiques » et le « *Bulletin du CODESRIA* ». Une sélection des publications du CODESRIA est aussi accessible en ligne au www.codesria.org.

Le CODESRIA exprime sa profonde gratitude à la Swedish International Development Corporation Agency (SIDA/SAREC), au Centre de Recherches pour le Développement International (CRDI), à la Ford Foundation, à la Fondation MacArthur, à la Carnegie Corporation, à l'Agence norvégienne de développement et de coopération (NORAD), à l'Agence Danoise pour le Développement International (DANIDA), au Ministère Français de la Coopération, au Programme des Nations-Unies pour le Développement (PNUD), au Ministère des Affaires Etrangères des Pays-Bas, à la Fondation Rockefeller, à FINIDA, à l'Agence canadienne de développement international (ACDI), à l'Open Society Initiative for West Africa (OSIWA), au TrustAfrica, à l'UNICEF, à la Fondation pour le renforcement des capacités en Afrique (ACBF) ainsi qu'au Gouvernement du Sénégal pour le soutien apporté aux programmes de recherche, de formation et de publication du Conseil.

Table des matières

Tableaux

Figures

Abréviations et acronymes

ACFPE	Agence centrafricaine pour la formation professionnelle et l'emploi
AEF	Afrique équatoriale française
BAD	Banque africaine de développement
BDM	Banque de développement mobile
BEAC	Banque des États de l'Afrique centrale
BICA	Banque internationale pour la Centrafrique
B M	Banque mondiale
BPMC	Banque populaire maroco-centrafricaine
BTP	Bâtiments et travaux publics
CCIMA	Chambre de commerce, d'industrie, des mines et de l'artisanat
CEDIFOD	Centre de documentation, d'information, de formation pour le développement
CEEAC	Communauté économique des États d'Afrique centrale
CEMAC	Communauté économique et monétaire en Afrique centrale
CEMI	Commission électorale mixte indépendante
CMCA	Crédit mutuel centrafricain
HPHI	Habitat pour l'humanité international
IBW	Institutions de Bretton Woods
IEC	Information, éducation, communication
MEDAC	Mouvement pour l'évolution de l'Afrique centrale
MESAN	Mouvement pour l'évolution sociale en Afrique noire
MICS	Multiple Indicator Cluster Survey (Enquête à indicateurs multiples)
MINURCA	Mission des Nations Unies en République centrafricaine
MISAB	Mission d'intervention et de surveillance des accords de Bangui
MLPC	Mouvement de libération du peuple centrafricain
NEPAD	New Partnership for African Development / Nouveau partenariat pour le développement de l'Afrique

OCSS	Office centrafricain de sécurité sociale
OHADA	Organisation pour l'harmonisation en Afrique du droit des affaires
OMS	Organisation mondiale de la santé
ONG	Organisation non gouvernementale
ONIFOP	Organisation nationale interprofessionnelle de formation et perfectionnement
ONMO	Office national de la main-d'œuvre
ONU	Organisation des Nations Unies
PANEF	Première assise nationale de l'économie et des finances
PARN	Projet d'aménagement des ressources naturelles
PAS	Programme d'ajustement structurel
PCA	Poste de contrôle administratif
PDES	Plan de développement économique et social
PED	Pays en développement
PETROCA	La Centrafricaine des pétroles
PIB	Produit intérieur brut
PMA	Pays les moins avancés
PNB	Produit national brut

Remerciements

Ce document, résultat d'un programme de recherche financé et appuyé par le CODESRIA, a été réalisé par une équipe pluridisciplinaire d'économistes de la République centrafricaine dirigée par M. Roger Yele (ingénieur statisticien, macroéconomiste), directeur de la comptabilité nationale et de la conjoncture. L'équipe comprend M. Paul Doko (ingénieur agro-économiste), coordonnateur national de l'Agence internationale pour le développement de l'information environnementale (ADIE), M. Abel Mazido (Dr ès-Sciences économiques), chargé de mission, Responsable des synthèses et de la gestion de l'économie, maître-assistant à la faculté de sciences économiques à l'Université de Bangui.

Nous n'aurions pas pu aboutir à ces résultats sans la bienveillante collaboration de MM Yembeline Pascal, économiste à la Banque africaine de développement, Mvondo Thierry et Evrard Ulrich Mounkala, tous deux chargés d'études à la direction des études, cellule de recherche (BEAC centrale, Yaoundé), Kaïne Vermont, chargé d'études à l'ADIE, Kpanou Charles, chef de service à la direction des études et planification au ministère de la santé, Goula Raymond, expert statisticien économiste au FNUAP, Galbert Ngaïbona, ingénieur informaticien à la SOCATRAF, Jérémie Mopili, directeur des systèmes et méthodes, Jeannot Gbanza, directeur des études à l'ISSEA (Yaoundé), Samuel Gbaza, Expert économiste à la CEMAC, Dr Jeannot Christophe Gouga III, de Mme Dengou-Dokossi Marie Laure, directrice des statistiques économiques.

Outre ceux ci-dessus cités, les auteurs ont aussi bénéficié de l'appui de MM Pounamale Zacharie, qui a fait les travaux de collecte, Ndiba Gnamandje Jean Noël, artiste peintre plasticien, qui a su dessiner l'illustration conçue par M. Roger Yele, des Mlles Pecko Charlotte, Endjizago Armelle qui ont fait tous les travaux de dactylographie.

Que Son Excellence, Monsieur le ministre de l'Économie, du plan et de la coopération internationale, son directeur de cabinet, M. Thierry Poulizouh, et tous nos collaborateurs, trouvent ici l'expression de notre gratitude, eux qui très tôt, ont compris l'intérêt de cette recherche, et nous ont apporté tout leur soutien.

Enfin, nous restons redevables à tous ceux qui, de façon anonyme, ont contribué à la réalisation de cette recherche. À tous nous disons humblement merci.

Les opinions exprimées dans cet ouvrage sont celles des auteurs et n'engagent ni le CODESRIA, ni le Gouvernement centrafricain.

Introduction

La République centrafricaine se trouve actuellement dans une situation économique et financière très difficile. L'histoire économique de ce pays, depuis la colonisation jusqu'à nos jours, est marquée par un parcours erratique. Pays enclavé (du point de vue spatial, social, politique et économique), situé au cœur de l'Afrique, il est handicapé dans son développement économique par la longueur et la difficulté de communication avec l'océan, ce qui rend les exportations moins concurrentielles et augmente sensiblement le coût des importations. L'éparpillement de la population sur une vaste étendue du territoire, conjugué avec l'insuffisance d'infrastructure du transport tant intérieur qu'extérieur, se traduit par des coûts de production et de prix très élevés. L'insuffisance qualitative et quantitative des ressources humaines pour faire face aux besoins de développement accentue encore ces graves contraintes. Jusqu'ici la Centrafrique, malgré ses potentiels réels de richesses, n'a jamais pu atteindre un stade de développement encourageant.

Très mal gérée au fil du temps, l'économie s'est dégradée de façon drastique. Ces difficultés que connaît la Centrafrique sont dues à une mauvaise orientation de la politique économique et aux évolutions de l'environnement international parce que la RCA est un petit pays preneur de prix. Face à cette situation, n'y a t-il pas une solution ou une issue pour que la Centrafrique puisse amorcer sa croissance et stabiliser son économie ? Mais pour pouvoir stabiliser un système, il faut d'abord atteindre les cibles visées. Il se pose un problème d'accès aux cibles : quels instruments de politique économique doit-on utiliser pour atteindre une cible donnée ? Quelles sont les solutions probables pour pouvoir sortir ce pays du marasme socio-économique ?

Ce sont ces questions relatives, d'une part, à la possibilité d'atteindre les objectifs économiques visés et, d'autre part, à celle de stabiliser l'économie autour des objectifs visés et atteints, et ceci en présence de chocs, que notre étude se propose d'éclairer en prenant comme cadre de référence, l'économie centrafricaine.

Dès le soleil des indépendances, René Dumont en 1966 posait déjà le problème du difficile développement de la RCA, son article a été précédé par celui de André Gide qui a écrit « Voyage au Congo » publié en 1927. Ces deux auteurs décrivaient une économie mal partie, mal organisée. Dans le secteur agricole le volume de la récolte était fonction de la surface de production, donc lié au système d'incitation-répression à l'égard des paysans. En outre, l'une des caractéristiques fondamentales de l'économie centrafricaine est la désarticulation entre l'économie moderne et rurale (Yung 1989). Pierre Kalk, dans « Réalités oubanguiennes », affirme que la Centrafrique est un pays qui va à la dérive, puisque depuis plus d'une décennie, elle vit dans un contexte de forte morosité macroéconomique.

Ainsi, il se pose un problème d'accès aux cibles et de stabilisation de l'économie centrafricaine. Mama Ouattara (1988, 1989) a démontré qu'on ne peut stabiliser une économie, que si les cibles visées sont atteintes. Pour atteindre les objectifs visés, il faut faire un choix judicieux des instruments à affecter à ceux-ci. La règle de Tinbergen (1969) donne une première affectation des instruments. Il ne suffit pas seulement d'affecter les instruments pour atteindre les objectifs, pour la RCA, mais il se pose également pour elle un problème d'ouverture et d'activité économiques (Henner 1997).

Avant d'aborder le problème de gouvernabilité et de stabilisation du système économique, nous nous sommes appesantis sur l'analyse de l'évolution structurelle et contextuelle de l'économie centrafricaine, c'est-à-dire que nous avons fait une constatation longitudinale des actions et des activités réalisées dans le passé jusqu'à 2003. C'est cette analyse qui nous a menés vers l'utilisation d'un modèle macroéconométrique simplifié (statique et dynamique). Le modèle est basé sur trois équations représentant l'équilibre des biens et services en économie ouverte, le solde des finances publiques et le solde de la balance des paiements ; ce modèle nous a permis d'appréhender quel instrument il faut affecter à tel objectif économique afin de pouvoir l'atteindre. Et si l'objectif visé est atteint, est-on capable de stabiliser ce système ? Ce type de problème a été initialement étudié par Tinbergen dans un contexte statique, Mama Ouattara l'a fait dans les contextes statique et dynamique.

L'objectif final de cette recherche est que celle-ci puisse servir de canevas pour éclairer la décision de l'homme politique ; elle peut lui donner un fondement rationnel de choix de politique économique. Son rôle est d'indiquer aux décideurs ou autres acteurs les affectations possibles des instruments de politique économique pour atteindre les objectifs visés, ou, les usages possibles des ressources rares, le coût de telle ou telle décision, le sacrifice que présente tel ou tel choix. Notre souci se porte également sur ce que l'économiste peut apporter comme balise à un décideur pour éviter la navigation à vue : quelles sont les règles que celui-ci peut apporter pour améliorer le bien-être d'une communauté donnée ?

Cette étude apparaît donc comme un guide ou une aide à la décision rationnelle, car les choix, quoi qu'ils soient, doivent respecter les contraintes de cohérence, c'est là où la réflexion prend toute son importance. Il ne s'agit pas ici de brider les choix légitimes des décideurs politiques, mais d'éclairer ceux-ci et l'opinion, sur la nécessité d'une stratégie cohérente et d'autant plus efficace qu'elle saura éviter les pièges de la précipitation et d'annonce démagogique.

Chapitre 1

Le profil de la République centrafricaine

Situation géographique

Les partages coloniaux et les arrangements administratifs ont découpé sur la carte de l'Afrique un vaste quadrilatère ayant sensiblement la forme d'un fer de hache jeté au centre du continent africain, auquel fut donné le nom, faute de mieux, des deux cours d'eau les plus importants, l'Oubangui et le Chari : l'Oubangui-Chari. Le 1er décembre 1958, l'Oubangui-Chari prit le nom de la République centrafricaine.

La République centrafricaine forme ainsi un bloc compact de 623 000 km² appartenant à la zone continentale de l'Afrique équatoriale. Son allure générale est celle d'une vaste pénéplaine avec de légères ondulations que viennent parfois interrompre quelques accidents et escarpements rocheux.

Elle est située entre 2°15' et 11° de latitude nord, et, entre 13° et 27° de longitude est. Ses frontières sont bordées :

- à l'est par le Soudan sur 1000 km ;

- à l'ouest par le Cameroun sur 700 km ;

- au nord par le Tchad sur 1100 km ;

- au sud par le Congo-Brazzaville sur 400 km et la République démocratique du Congo (ex-Zaïre) sur 1 200 km. Cette dernière frontière est matérialisée par le fleuve Oubangui.

Le relief général de la RCA est constitué d'un ensemble de plateaux formant, au centre, la dorsale oubanguienne (600 à 800 mètres d'altitude), encadré par les bassins du Chari au nord et de l'Oubangui au sud. Le relèvement de la dorsale à l'est, forme un massif montagneux culminant à 1 330 mètres (massif du Fertit) ; à l'ouest la dorsale culmine à 1 410 mètres au mont Ngaoui. La RCA forme donc une zone de relief adouci, elle est barrée à l'ouest, au-delà de ses frontières, par des plateaux étagés, parfois accidentés, qui s'étendent depuis le fleuve Congo jusqu'au nord du Cameroun.

Les ports les plus proches de Bangui sont ceux de Douala au Cameroun situé à 1 500 km et de Pointe-Noire au Congo situé à 1 000 km. L'économie du pays dépend fortement du port de Douala. Le pays ne dispose pas d'un réseau de transport suffisant pour pallier aux problèmes liés à son enclavement. Ce qui pose des problèmes d'approvisionnement, de coûts des produits importés et également d'écoulement des produits destinés à l'exportation.

Climat et végétation

La Centrafrique se présente donc comme un vaste plateau ondulé, dont l'altitude varie de 600 à 900 m. Les montagnes du nord-ouest et du nord-est font partie des hauts plateaux, qui vont de l'Adamaoua (Cameroun) aux confins de Darfour (Soudan), d'où naissent certains affluents du Nil. La partie située au nord de la ligne reliant les deux zones montagneuses appartient au bassin du Tchad, zone relativement fertile comportant des terrains limono-sableux ; au sud de cette ligne, s'étendent des grès dont certains sont diamantifères, comprend quelques formations de latérite. La région la plus fertile se situe aux confins est et sud-ouest du pays.

La Centrafrique est ainsi divisée en deux bassins hydrauliques séparés par la dorsale oubanguienne : d'une part, le bassin oubanguien, recouvre le sud-ouest, le sud et le sud-est du pays ; il présente une altitude minimale de 334 mètres dans une zone située au carrefour de trois frontières (celle du Congo, de la RCA et du Congo démocratique) ; d'autre part, le bassin du Chari-Logone (ou bassin du Tchad) qui recouvre le nord-ouest et le nord du pays, présente un point d'altitude minimale de 376 mètres, il est situé près de la frontière du Tchad dans la Préfecture du Bamingui-Bangoran.

Paysage de collines, de plaines et de forêt, la République centrafricaine constitue un véritable château d'eau pour l'Afrique centrale. Outre les deux principaux fleuves l'Oubangui et le Chari, ce pays est arrosé par de nombreuses rivières aux innombrables affluents, qui fournissent de l'eau douce en toute saison, entretiennent une végétation verdoyante et jouent un rôle important aussi bien dans la vie domestique que dans les relations avec les pays voisins. L'abondance et le nombre de cours d'eau font de la RCA un pays vert, aux multiples galeries forestières et à la vocation agropastorale.

À un échelonnement de zones climatiques correspondent des zones de végétation que l'on peut distinguer au nombre de cinq :

- au sud, le sous-climat congolais septentrional de type équatorial, correspond à la partie nord de la grande forêt, la plus dense et la plus riche de toutes, elle est très humide ;

- la grande zone centrale de climat intertropical et beaucoup plus humide, dans laquelle on peut distinguer les sous-climats oubanguien, soudano-oubanguien et soudano-guinéen ; pendant la saison sèche (entre novembre et mars), période pendant laquelle la population se livre activement aux activités de la chasse, pêche et cueillette ; cette zone permet des grandes cultures vivrières et industrielles ;

- au nord-est du pays, dans la région de Birao, règne un climat du type sahélo-soudanien, la végétation xérophile de la zone subsaharienne annonce déjà celle de Ouaddaï ou du Darfour ; cette zone est connue par la variété extraordinaire de sa faune sauvage.

Évolution historique, politique et sociale

Le territoire de Centrafrique était une zone de transition ou de refuge. Sa population semble avoir subi une malédiction historique.[1] D'abord victime de la traite arabo-soudanaise, laquelle a désertifié la partie orientale du pays, il faisait partie de l'ancienne Afrique équatoriale française (AEF), domaine de la forêt dense, certains historiens pensent que cette forêt a empêché le développement de vastes entités politiques qui ont existé en Afrique de l'Ouest, et d'autres attribuent l'extrême dispersion des habitants aux passages des troupeaux d'éléphants qui auraient ainsi divisé les tribus en marche. La majorité de la population (Gbaya, Mandja, Banda, Zandé) s'est installée seulement à la fin du XVIIIe siècle et début XIXe siècle ; les pygmées issus d'un peuple très ancien sont les premiers occupants de la région et occupaient la zone qui s'étendait au nord de Bouar et Bambari ; les peuples de rivières se sont installés avant les migrations du XIXe siècle et la plupart des habitants de savane qui sont arrivés avant ces migrations ont soit disparu, soit beaucoup diminué. Aussi, la population a été réduite de moitié entre 1890 et 1940, victime d'une exploitation forcenée[2] (travail forcé, portage, traite du caoutchouc, construction du chemin de fer Congo-Océan, etc.).

En effet, des relations familiales très étroites et de manifestation de solidarité déterminaient les structures sociales et les valeurs de la population. La puissance de structures de parenté a empêché l'établissement d'autorités politiques organisées, de systèmes législatifs et de forces de l'ordre. Les communautés traditionnelles Gbaya, Banda, Sara s'élevaient contre la notion d'État et vivaient depuis des siècles dans ce qui paraît aux yeux de l'observateur étranger comme de l'anarchie. Toutefois, en cas de danger commun, elles pouvaient choisir un roi ou un chef aux pouvoirs étendus ; mais ceux-ci ne duraient que les périodes d'hostilités et spécifiques.

Pierre Savorgnan de Brazza explora le fleuve Congo à la fin du XIXe siècle, il atteignit Nola et la région de la Haute Sangha dans les années 1890. Bangui fut fondée en 1889 et en 1914, la RCA qui s'appelait Oubangui-Chari, était, à l'exception du nord-est, sous l'influence française. La période de la colonisation a été caractérisée par la mise en place du système administratif français et du régime des sociétés concessionnaires en Afrique équatoriale. Ces sociétés avaient des droits exclusifs sur l'ensemble des exploitations agricoles et forestières, et, pouvaient se déclarer propriétaires de toutes les terres et forêts qu'elles exploitent.

Sous l'AEF, la Centrafrique apparaît comme le type même de la colonie dite d'exploitation, tardivement explorée, âprement disputée entre les puissances occidentales, repartie entre les sociétés créées pour la circonstance, elle fit l'objet d'une exploitation hâtive assimilable au pillage.

À l'aube du XXe siècle, l'apparition des impôts, obligea la population à récolter l'ivoire et le caoutchouc. L'effondrement du prix de caoutchouc après la Première Guerre mondiale, entre 1920 et 1922, a facilité l'abandon de la récolte de la sève d'hévéa au profit du coton. Ainsi, pour faire face à l'impôt de capitation, la culture de coton a été introduite pour la première fois dans la région de Bangassou. Sa culture obligatoire, associée à un lourd impôt de capitation, et la faible rentabilité de son exploitation, ne contribuèrent pas à en faire une activité agricole attrayante.

Le Dr Maurice Saragba, historien, publie dans les colonnes du quotidien centrafricain indépendant, *Le Citoyen* n° 2352 du vendredi 3 février 2006 que la période d'introduction de la coton-culture était la « période chaude de la colonisation, laquelle était caractérisée par les répressions violentes et les exactions commises sur la population par les auxiliaires de l'administration coloniale » (gardes territoriaux, miliciens et boys-coton). Les paysans, excédés car réduits au rang des bêtes de somme depuis des années, qualifiaient cette période de RPF (le Rassemblement du peuple français, le parti politique du Général de Gaulle fondé en avril 1947 à Strasbourg lorsqu'il quitta pour convenance personnelle, le 21 janvier 1946, la tête du gouvernement). La section du RPF, créée en Oubangui, était présidée par un transporteur appelé Durant-Ferté. Les états généraux de la colonisation dont les membres étaient très influents et reconnus pour leurs brutalités et cupidités, y avaient tous adhéré. S'appuyant sur ce nouveau parti, ils se livrèrent à des abus et sévices sur la population, elle qualifia le RPF comme le parti du travail forcé, de la chicotte et des châtiments corporels.

La lutte pour l'indépendance a été menée par Barthélemy Boganda et son mouvement, le MESAN, créé en 1952. B. Boganda forma un gouvernement provisoire à la fin de 1958. Il mit en place d'importantes réformes législatives, administratives et économiques. Etant persuadé que le système des grandes sociétés concessionnaires européennes, la culture forcée du coton et le type d'administration instaurés par la France n'aboutiraient ni à la libération de la population, ni à l'amélioration de son niveau de vie, B. Boganda mit l'accent dans son programme de politique sur l'action directe parmi les paysans eux-mêmes. Il créa et promu les coopératives dans divers secteurs de l'économie et régions du pays, soulignant que seule une main-d'œuvre libre pourrait en fin de compte mettre en valeur l'agriculture du pays. En raison du manque d'instruction et d'expérience des paysans, et du fait que les marchands européens ne tenaient guère à collaborer avec les coopératives, celles-ci connurent des graves difficultés d'organisation et de financement.

Sur le plan international, Boganda chérissait l'objectif à long terme de créer les « États-Unis d'Afrique Latine », qui pourraient réunir outre les quatre États membres de l'AEF, le Congo Belge, le Burundi, le Rwanda, le Cameroun, l'Angola et le Mozambique. Cependant les dirigeants des autres membres de l'AEF ne partageaient pas ses points de vue. Boganda mourut tragiquement dans un accident d'avion le 29 mars 1959. Après sa mort, David Dacko devint chef provisoire de l'État. Le 13 août 1960, la République centrafricaine fut proclamée indépendante, et Dacko est élu Président. Toutefois, le 31 décembre 1965, Dacko fut renversé par un coup d'État militaire dirigé par le Colonel Jean Bedel Bokassa, qui se proclama président à vie le 2 mars 1972, puis sera intronisé premier empereur de Centrafrique le 4 décembre 1976.

La dégradation rapide de l'économie, les difficultés et les troubles politiques croissants aboutirent à la désintégration de l'administration publique et, en septembre 1979, Bokassa fut renversé par l'ancien Président D. Dacko, qui organisa des élections en mars 1981 : il se succéda à lui-même. Ses efforts de stabilisation et de reconstruction n'eurent guère de succès. En septembre 1981, il sera renversé par le Général André Kolingba.

De l'indépendance jusqu'à la fin des années 1980, la RCA a connu trois régimes monopartistes avec une première tentative manquée de démocratisation en 1981. Suite à un long et difficile processus de démocratisation (1990–1993) caractérisé par des grèves, la quasi-paralysie de l'Administration, le ralentissement de l'activité économique, l'affaiblissement des finances publiques, puis la dévaluation du FCFA en 1994, le pays a noué avec le multipartisme, des élections libres et démocratiques ont eu lieu en 1993 et les institutions du pays ont été installées.

Cette période de troubles s'est traduite par un affaiblissement des institutions étatiques et un relâchement dans la rigueur d'application des politiques économiques et financières. Une telle situation a donné un coup d'arrêt aux réformes structurelles amorcées par le pays.

L'accroissement des retards de paiement des salaires au début de 1996 a provoqué le mécontentement d'une partie de l'armée nationale d'où les mutineries militaires d'avril, mai et novembre 1996.

La poursuite des désordres politico-militaires au cours de l'année 1997 a entraîné une baisse considérable des recettes de l'État, l'accumulation d'arriérés intérieurs supplémentaires (6 mois de salaires non régularisés à la fin octobre 1997) et extérieurs (cessation du paiement des échéances envers la Banque mondiale à partir d'avril 1997), et l'arrêt quasi-total du processus de réformes.

En effet depuis 1996, la République centrafricaine a traversé une crise sévère, qui a été également marquée par les effets conjugués d'une conjoncture internationale difficile (ajustement structurel, dévaluation du franc CFA, chute des cours et des niveaux de production des principales cultures d'exportation) et de la récurrence des crises sociales, politiques et militaires (mutineries et coups d'État).

Cette crise a profondément affecté le développement rural. Le tissu économique a été profondément ébranlé au cours des derniers événements, aussi bien en milieu rural qu'en milieu urbain. En effet, à la différence des mutineries (1996 et 1997) et du coup d'État de mai 2001, dont les effets ont été très localisés, les évènements d'octobre 2002 et de mars 2003 ont affecté profondément le secteur rural du fait de la localisation, de l'intensité et de la durée des combats : pillage des usines et du parc roulant de la société cotonnière, destructions de récoltes, vols de bétail et de matériel agricole. L'ampleur des pillages et de l'insécurité a profondément perturbé la vie économique et le fonctionnement des exploitations agricoles. Des déplacements massifs de populations ont eu lieu et il reste aujourd'hui 40 000 réfugiés centrafricains au sud du Tchad.

La crise a également contribué à la dégradation de la situation alimentaire déjà précaire. En effet, la sécurité alimentaire en Centrafrique est caractérisée par une Disponibilité énergétique alimentaire (DEA) en diminution constante au cours de la dernière décennie. Elle est passée de 2 360 Kcal (kilo-calorie) par jour par personne en 1 993 à 1 930 Kcal par jour par personne en 1998 et 1850 Kcal par jour par personne en 2002. Cette situation de précarité a été encore aggravée par les évènements politico-militaires de 2002-2003. La détérioration de la situation alimentaire s'est poursuivie après les évènements du 15 mars 2003.

En conséquence, la RCA est classée 166e selon l'Indice de développement humain (IDH) du PNUD, le revenu par tête (PIB par tête) estimé à 480 US$ en 1989 s'est effondré à 290 US $ en 1999. Depuis cette date, le pays a connu une grave récession économique qui a entraîné une nouvelle chute du PIB d'environ 6 pour cent en 1996. Cette situation ne s'est guère améliorée : au contraire, les Centrafricains ont vécu une dégradation régulière de leurs conditions de vie, du fait des troubles socio-politiques et de tensions sociales chroniques. Les retards de salaires dans la fonction publique (plus de 26 mois d'arriérés de salaires[3] en fin 2002), les disparitions d'emplois dans le secteur privé, ont rendu précaire la situation de nombreuses familles tout en accentuant le phénomène de misère aiguë.

Population

Pays enclavé, situé au cœur de l'Afrique d'où son nom, la République centrafricaine est une véritable création de la colonisation. La population centrafricaine a progressé de 1,6 pour cent pendant les années 1960, de 2 pour cent dans les années 1970 et de 2,5 pour cent pendant les deux dernières décennies. La part des citadins dans la population totale est passée d'environ un cinquième pendant les années 1950 et au début des années 1960 à un tiers à la fin des années 1970 et au début des années 1980. Environ un tiers de la population vit dans les villes et les deux-tiers vivent en zone rurale. La densité générale de la population est très faible, environ 6,3 habitants au km² ou bien moins de 50 habitants au km² de terre arable. Le recensement de 1988 a trouvé un taux annuel d'urbanisation de la population de 3,78 pour cent entre 1975 et 1988. La population est estimée 3 895 139[4] habitants en 2003. Ces chiffres dissimulent d'importantes différences selon les régions :

- environ 12 habitants au km² à l'ouest (Nana Mambéré, Mambéré Kadéi qui font frontières avec le Cameroun) et au nord-ouest (Ouham, Ouham-Péndé ayant des frontières communes avec le Tchad et le Cameroun) ;
- 5,9 habitants au km² au centre (Kémo, Nana Gribizi, Ouaka) ;
- près d'un habitant au km² au nord-est (Haute Kotto, Bamingui-Bangoran, Vakaga) et à l'est (Haut-Mbomou), ces régions sont presque inhabitées.

La taille moyenne des ménages est de 5 personnes. Les ménages de salariés du secteur public ou privé formel ont des tailles moyennes plus élevées (7,4 et 6,1 respectivement), alors que ceux des indépendants autres et des travailleurs des mines ont une taille moyenne faible (moins de 4 personnes). Pour des raisons de solidarité familiale, les ménages des salariés, vivant pour la plupart en milieu urbain, accueillent plus de collatéraux qui viennent poursuivre les études ou chercher du travail. Les ménages d'agriculteurs et de vendeurs ont une taille qui approche la moyenne nationale. Les ménages de Bangui ont une taille moyenne plus élevée (5,7). Enfin, les ménages du milieu urbain ont une taille moyenne plus élevée que ceux du milieu rural.

Le taux brut de natalité est inférieure à celui des autres pays africains au sud du Sahara, tandis que le taux de mortalité est plus ou moins le même. Ce faible taux de natalité peut s'expliquer notamment par un fort taux de stérilité, la détérioration des services sanitaires et l'accentuation du phénomène IST/VIH/SIDA (14 pour cent en 2002). L'espérance de vie est passée de 39 ans au début des années 1960 à 46 ans pour les hommes et 49 ans pour les femmes dans les années 1980. Dans ce contexte, il se pose donc le problème d'optimum de la population qui constitue un frein au développement économique de la Centrafrique.

Avec une production en net recul depuis 1990, l'économie est au point mort. Les infrastructures de transport sont déliquescentes, alors que seuls 600 kilomètres de routes sont bitumés pour un réseau de 24 000 kilomètres. Le système énergétique est totalement déficient et Bangui voit les coupures d'électricité se multiplier. Dans ces conditions, la population survit difficilement avec les arriérés de salaires qui s'accumulent. Les principaux opérateurs économiques quittent le pays pour le Cameroun ou le Tchad, pour cause de baisse régulière du pouvoir d'achat des centrafricains et des troubles socio-politiques exacerbés. La population rurale, quant à elle, est livrée à elle-même, elle retourne à l'agriculture de subsistance. L'éducation est devenue une fiction avec la multiplication des années blanches et le non-versement des bourses aux étudiants, alors que 56 pour cent de la population est analphabète. Le système de santé tombe en déshérence, la mortalité infantile atteint les 97 pour mille.

L'éducation une fiction ou un mirage[5]

Le capital humain (éducation et formation) est une arme décisive dans la lutte contre la pauvreté. L'éducation est la clé de l'avenir, car elle permet aux enfants d'apprendre à maîtriser la vie, leur devenir et leur permet de résoudre certains problèmes, elle jette les bases d'un emploi qualifié. Elle est le véhicule ou l'ascenseur social qui permet à l'individu de changer de catégorie sociale. Jean-Christophe Dumont (1999) argue que la formation des compétences exerce un effet indirect sur la croissance, mais elle stimule aussi l'investissement, contribue à réduire la fécondité, conditionne l'ouverture à l'échange, favorise la réduction des inégalités ou encore elle encourage le progrès technique au travers des activités de recherche et développement.

Barthélemy Boganda en a fait son cheval de bataille au début des indépendances. Il a dénoncé le fait qu'en 1959, c'est-à-dire vers la fin de la période coloniale, seulement 8 pour cent de la population oubanguienne était scolarisée. Il a longtemps reproché aux colons d'instituer un système scolaire qui se limitait à la formation médiocre des cadres administratifs qui devaient permettre aux colons d'asseoir davantage leur domination.

Le système éducatif centrafricain est semblable à celui des autres pays francophones, héritage de la colonisation. Il est constitué de six années d'enseignement primaire, de quatre années d'enseignement secondaire du premier cycle et de trois années d'enseignement secondaire du second cycle technique et général. Le dernier cycle secondaire est couronné par le baccalauréat qui ouvre la porte vers l'enseignement supérieur (université et autres grandes écoles de formations professionnelles).

Après les indépendances, le système scolaire s'est très rapidement développé et s'est modernisé. Malheureusement, on assiste depuis peu à une nette dégradation de la situation, elle n'est guère brillante. Les indicateurs concernant l'éducation montrent qu'en moyenne, il y a un enseignant pour 95 élèves et 127 élèves par classe dans le primaire, ces ratios pouvant être plus élevés dans certaines régions du pays. Des études ont révélé que dix pour cent seulement des élèves du primaire accèdent à l'enseignement secondaire et seulement un pour cent du secondaire accède à l'enseignement supérieur. En 1993, plus de soixante-dix-sept écoles primaires ont fermé leur porte faute d'enseignants ; ce chiffre a atteint plus de 120 écoles en 1997, à cause des événements qui ont secoué le pays, mais également le non recrutement des enseignants par l'administration.

L'éducation primaire : l'investissement le plus rentable

L'enseignement primaire revêt une importance particulière, il est une chance pour la Centrafrique de briser le cercle vicieux de la pauvreté et de l'ignorance.

Durant les années 1960, le nombre d'inscriptions au primaire a connu une croissance spectaculaire d'environ 13 000 écoliers par an. Le taux brut de scolarité au primaire avoisinait les 30 pour cent. Après cette période d'inscription massive des enfants à l'école, on assista courant les décennies 1970 et 1980 à un ralentissement modéré de nombre d'inscrits, le nombre d'inscription moyen fluctuait autour de 2 500 à 3 000 écoliers par an. Suite au doublement du taux scolarisation entre les années 1960 et 1970, il s'est stabilisé autour de 70 pour cent dans les décennies 1980. Au milieu des années 1990, le taux brut de scolarisation au primaire a enregistré une légère baisse (67,8 pour cent), chiffre relativement inférieur à la moyenne des pays africains au sud du Sahara (77 pour cent). En 2000, ce même taux se situait autour de 68,4 pour cent (MICS 2000) tandis qu'en 2002, le taux brut de scolarisation est de 67 pour cent contre 82 pour cent pour la CEMAC et 95 pour cent pour toute l'Afrique. Le ratio enseignant-élèves est de un enseignant pour 80 élèves avec un effectif de 80 à 250 élèves par salle de classe. L'indice de parité (0,69) place la RCA parmi les dix derniers pays du monde. Pis encore, 22,4 pour cent des élèves abandonnent l'école avant la fin du cycle primaire. Les garçons représentent plus de 10 pour cent de cette proportion alors que les filles n'en font que 8,4 pour cent.

Dans l'enseignement primaire, il est très difficile d'obtenir du matériel pédagogique, les élèves manquent de fournitures les plus rudimentaires, les écoles sont en mauvais état, souvent les enseignants n'ont pas la formation nécessaire pour s'occuper des classes surchargées. Par conséquent la qualité de l'enseignement baisse, la fréquentation scolaire tombe, le taux d'abandon grimpe. À partir de 1980, un cinquième des élèves au primaire ont abandonné leur scolarité à la fin de la première année et environ la moitié, ont interrompu leur scolarité à la fin de la troisième année. Le taux de redoublement à la sixième année était de 42 pour cent et seulement 39 pour cent des enfants avaient réussi l'examen d'entrée en sixième (première année du premier cycle secondaire). La situation était très préoccupante dans les zones rurales, où les taux d'inscription sont très faibles et où les taux d'abandon sont deux fois plus élevés.

Le taux net de scolarisation (TNS), c'est-à-dire le rapport de l'effectif des élèves âgés de 6 à 11 ans fréquentant un établissement scolaire à la population des enfants de la même tranche d'âges, est de 42,9 pour cent au niveau national en 2000 contre 62,7 pour cent en 1996 ; ce qui signifie que la fréquentation scolaire s'est nettement détériorée en moins de 5 ans. On note une différence significative entre le TNS en milieu urbain (60,4 pour cent) et celui du milieu rural[6] (32 pour cent). Ce constat se confirme également selon le genre. En effet, au niveau national, le TNS au primaire du sexe masculin est de 46,5 pour cent alors que celui du sexe féminin est de 39,1 pour cent. Comparé au taux moyen des PMA (60,4 pour cent), le taux centrafricain place la RCA parmi les PMA les moins performants en matière de scolarisation.

L'enseignement secondaire : une ouverture vers l'école des métiers

Le développement de l'enseignement secondaire technique et général est non seulement une aubaine pour l'avenir de la société mais est également crucial pour l'amélioration de l'efficacité et de la productivité du travail. Une main-d'œuvre qualifiée comportant des ouvriers spécialisés, des contremaîtres et des techniciens aptes (œuvrent de la formation secondaire et professionnelle), permet de relever le défi des handicaps naturels et de mettre en valeur les énormes potentialités du pays.

Le constat est qu'en 1960, la RCA comptait huit établissements publics pour 1 044 élèves (y compris les élèves-maîtres), vingt et un établissements d'enseignement technique (avec 1 392 élèves) contre neuf établissements privés (516 élèves) et un établissement d'enseignement technique privé (contenant 20 élèves) soient au total 2 972 élèves comptant 2 084 boursiers. Par la suite les effectifs ont rapidement augmenté pour atteindre les 7 000 élèves dans les années 1970. À partir de cette décennie, le nombre d'élèves au secondaire n'a cessé de croître vertigineusement pour approcher les 50 000 élèves au milieu des années 1980. Toutefois dans la décennie 1970, le taux brut de scolarisation au secondaire avoisinait les 14 pour cent, évoluant d'année en année pour atteindre les 20 pour cent au début des années 1990 (27,1 pour cent des garçons contre 12,8 pour cent des filles). Le taux net de scolarisation au secondaire se situait autour de 10,6 pour cent, chiffre inégalement reparti, soit un taux de 13,7 pour cent pour les garçons et 7,6 pour cent pour les filles.

En 2002, seulement 11 pour cent des enfants âgés de 12 à 17 ans fréquentent le secondaire ; ce qui signifie que le pays est loin d'atteindre l'objectif du sommet mondial pour l'enfance qui fixe à 80 pour cent la proportion devant terminer le primaire. Cette entrave au processus de développement affecte davantage les zones rurales qui ont un plus faible taux (4 pour cent) que les zones urbaines (17,3 pour cent), à cause de la concentration des établissements d'accueil du secondaire dans les chefs-lieux des entités administratives. Dans les établissements techniques, le nombre d'élèves a augmenté rapidement et celui des étudiants est passé de 72 en 1971 (date d'ouverture de l'Université de Bangui) à plus de 2 000 étudiants en 1982, actuellement culmine à plus 5 000 étudiants.

L'augmentation notable des inscriptions dans le secondaire n'ayant pas été suivie d'une augmentation proportionnelle des fonds disponibles, la qualité de l'enseignement dans le secondaire a elle aussi baissé. Entre 1973 et 1980, par exemple, le pourcentage de réussite à l'examen de fin d'études était tombée de 60 à 39 pour cent dans le premier cycle et de 44 à 36 pour cent dans le second cycle. L'enseignement des mathématiques, des sciences qui exigent plus de matériel et d'équipement, a plus que souffert que d'autres disciplines.

Le désenchantement[7]

La détérioration des conditions de vie dans les campagnes, le manque d'infrastructures sanitaires et scolaires, l'inexistence des crédits d'investissements nécessaires aux villages pour améliorer la situation des jeunes, expliquent le désenchantement des jeunes ruraux et leur exode vers Bangui et certaines grandes villes où malgré tout les conditions de vie et d'emploi sont rudes.

Coupée du monde traditionnel par une scolarisation non adaptée, perméable au mode de consommation occidentale, mais aussi plus réceptive aux nouvelles idées, la jeunesse vit avec davantage d'acuité le chômage, la misère des parents, la différenciation sociale et la répression. Ses révoltes sont quasi permanentes : en témoignent les nombreuses grèves des lycéens depuis 1971, qui devaient aboutir aux révoltes généralisées de janvier et d'avril 1979 ; grèves des lycéens en 1971 et 1972 pour protester contre les conditions scolaires ; 1974, 1975, 1976, grèves à l'Université de Bangui ; 1977, 1978, grèves des lycéens au sujet des bourses et des salaires des parents non payés.[8]

La dégradation du système éducatif trouve son origine non seulement dans la faillite de l'État mais également dans la décimation du corps enseignant par la pandémie du SIDA, première cause de décès des enseignants en République centrafricaine. Le décès intervient d'ailleurs chez ceux qui sont en pleine activité professionnelle (85,7 pour cent de cas de décès entre 1996 et 1997). Une telle situation pèse sévèrement sur la qualité de l'enseignement.

Les problématiques de l'éducation en Centrafrique

En dehors des connaissances académiques et scientifiques qu'il transmet, le système éducatif brasse des hommes, des femmes et des jeunes de différentes origines régionales et sociales. Les établissements scolaires et universitaires sont les rares lieux où leur sont inculqués les valeurs universelles permettant la vie en commun telles que le civisme, le patriotisme, l'amour du travail. En conséquence, l'éducation est à l'échelle du pays un puissant facteur de stabilité. Cependant le système éducatif centrafricain est confronté à d'énormes problèmes.

Un problème d'accès à l'éducation et d'équité

L'échec de la politique ou du système éducatif dû à une offre éducative insuffisante, inégalement répartie au niveau des régions (capitale-province), du genre (filles/garçons) et des filières d'enseignement (littéraire, scientifique, technique et professionnel), cependant on note :

- un faible accès à l'éducation se traduisant par un taux brut de scolarisation parmi les plus bas d'Afrique (TBS de 67 pour cent contre 82 pour cent dans la zone CEMAC et 95 pour cent en Afrique) ;
- de fortes disparités entre les Préfectures (TBS de 37 pour cent en Basse Kotto et de 77 pour cent dans la Lobaye) ou entre les garçons et les filles (une fille scolarisée pour deux garçons dans le secondaire) et des déséquilibres importants entre les filières : seulement 10 pour cent des effectifs sont scolarisés dans l'enseignement technique.

En quelque sorte la formation n'est pas assez poussée dans les disciplines susceptibles de déboucher sur un emploi, c'est-à-dire l'agriculture et les matières techniques. Près de 95 pour cent des élèves poursuivent des études générales aux programmes trop scolaires, compte tenu du manque de techniciens qualifiés. Le petit nombre d'élèves recevant une formation pratique continue de peser sur la productivité de l'agriculture et la petite industrie. D'où la nécessité de réorienter les écoles vers les écoles de métiers, les méthodes et le matériel pédagogique vers l'acquisition des compétences, des connaissances techniques et pratiques.

Un problème de capacité institutionnelle de pilotage du système

L'administration est très mauvaise, désorganisée, incapable d'assurer la bonne gestion du personnel, des installations et du matériel, expliquant immédiatement la carence des compétences en matière d'administration, de gestion, de planification et d'analyses prospectives.

Un problème de qualité de l'éducation

Il se manifeste par un faible rendement interne et externe du système, un manque de supports pédagogiques ainsi qu'un nombre insuffisant d'enseignants qualifiés, d'encadreurs pédagogiques et administratifs formés à tous les niveaux du système :

- des indicateurs de qualité sont également faibles, notamment caractérisés par un indice d'efficacité interne en décalage avec les pays voisins et l'Afrique (0,35 contre 0,64 dans la zone CEMAC et 0,73 en Afrique) ;
- un faible taux d'encadrement, on note un enseignant pour 80 élèves jusqu'à un enseignant pour 200 élèves dans le primaire ;
- un niveau moyen de qualification des enseignants très faible : un enseignant sur trois du primaire (fondamental I) est non formé ;
- une profession enseignante en difficulté dont les signe visibles sont le fort vieillissement, la grande démotivation, le fort taux d'infection par le VIH/SIDA, la fuite vers des postes administratifs et vers d'autres ministères attrayants ;
- des conditions de travail insuffisantes et très dégradées : 17 pour cent des salles fonctionnant en double flux dans le primaire, six élèves se partagent

un livre de lecture contre quatre pour un livre de calcul dans le primaire, 1 200 places assises pour plus de 5 000 étudiants inscrits à l'Université.

Santé

Après la déclaration d'Alma Ata en 1978 sur les Soins de Santé primaires (SSP) et les autres résolutions adoptées par le Comité régional de l'OMS pour l'Afrique (Lusaka en 1985 et Bamako en 1987), la République centrafricaine s'était engagée dans un processus de réforme de son système de santé. C'est ainsi que, le pays, subdivisé en sept régions sanitaires, seize préfectures sanitaires et soixante-dix-huit sous-préfectures sanitaires, a adopté un système de santé de type pyramidal à trois niveaux :

- le niveau central chargé de fournir l'appui politique et stratégique ;
- le niveau intermédiaire chargé de fournir l'appui technique et ;
- le niveau périphérique ou préfectoral, chargé de la mise en oeuvre des interventions.

Depuis 1996, le pays est confronté à des crises sociales et politiques qui ont mis en péril tous les secteurs du développement, y compris le secteur de la santé. Les conditions de vie des populations se sont significativement dégradées et l'on peut constater une forte inaccessibilité des populations aux soins de qualité.

Malgré une croissance rapide de l'espérance de vie à la naissance de 38,5 ans en 1960 à 49,5 ans en 1996, soit une augmentation de 10 ans, cet indicateur suite aux différents événements a fléchi entre 1996 et 2003. La RCA se présente comme le pays où la baisse de mortalité est lente entre 1960 et 1996 (le taux est resté pratiquement le même), ce n'est qu'après cette date, que celui-ci a sensiblement augmenté pour passer de 26 pour mille à 26,5 pour mille en 2003.

Toutefois, il faut noter que le taux de mortalité infantile est le plus élevé en dépit d'une diminution respective de 190 pour mille en 1960 à 132 pour mille en 1988 tout en frôlant les 97 pour mille en 1995 pour remonter durant les cinq dernières années jusqu'à atteindre les 130,6 pour mille en 2000. De même que le taux de mortalité infanto-juvénile qui a suivi le même chemin, mais a subi une légère baisse, passant de 217 pour mille en 1960 à 212 pour mille en 1988, et cette baisse fut significative entre 1988 et 1995 pour se stabiliser autour de 157 pour mille en 1995, les différentes crises ont fait de sorte que, cet indicateur s'est dégradé entre 1995 et 2000, tout en affichant un chiffre supérieur à 194 pour mille. Quant à la mortalité juvénile (enfant de un à quatre ans), son taux qui était de 27 pour mille en 1960 a pris une proportion inquiétante en 2000 (73,4 pour mille). Aussi vraisemblable qu'il soit, le taux de mortalité maternelle a cru dans la période de 683 décès maternels pour 100 000 naissances vivantes en 1995 à plus de 948 pour 100 000 naissances en 2000.

Sur le plan de la morbidité, les principales causes de maladies restent de nature infectieuse, parasitaire ou liée à la reproduction. Dans l'ensemble, les six problèmes de santé majeurs sont :

- la mortalité maternelle ;

- la mortalité infantile par la diarrhée, paludisme, maladies respiratoires aiguës, maladies carentielles, maladies du PEV, etc. ;

- le VIH/SIDA (14,9 pour cent dans la population active et 15,6 pour cent chez les femmes enceintes) ;

- la tuberculose ;

- les maladies endémiques (paludisme trypanosomiase, onchocercose, lèpre, filariose lymphatique, ver de guinée, troubles dus à la carence en iode, etc. ;

- les maladies non transmissibles (diabète, maladies cardio-vasculaires, hypertension, troubles mentaux, maladies bucco-dentaires, etc.) ;

- les urgences médicales et chirurgicales.

Sur le plan des infrastructures de soins, le pays dispose de 3 377 lits répartis dans les 617 formations sanitaires que compte le pays dont 514 sont publiques et 103 privés; soit un ratio d'une formation sanitaire pour 6 000 habitants et un lit pour 1 095 habitants. Les formations sanitaires étaient pour la plupart vétustes et mal équipées, surtout au niveau périphérique. À cette faible couverture en infrastructures, on peut ajouter le déséquilibre distributionnel, une inégale répartition du personnel qualifié au plan national, alors on comprend aisément que l'accès géographique des populations aux soins soit faible.

Sur le plan des ressources humaines, les effectifs du personnel de santé sont passés de 2 651 en 1994 à 2 997 en 1998 grâce aux efforts déployés par le gouvernement en intégrant 584 agents de santé. Mais ces effectifs restent insuffisants et inégalement repartis : par exemple 17 pour cent seulement des médecins exercent dans l'arrière pays, et presque 100 pour cent des sages-femmes exercent à Bangui la capitale où vit moins de 30 pour cent de la population.

La situation de l'emploi en RCA

Le marché de l'emploi en RCA a connu des problèmes qui relèvent de la période de la mise en œuvre des premiers programmes d'ajustement en 1986. Entre 1986 et 1990, l'effectif des emplois dans la Fonction publique est passé de 27 000 à environ 20 000 fonctionnaires. Au cours de la même période où le pays a connu une récession de l'économie, les emplois dans le secteur privé moderne ont chuté de 25 000 à environ 17 000. À cette contre performance s'est ajoutée la poussée démographique de la population active qui, selon le dernier recensement de la population de 1988 représentait 53 pour cent de la population. Au début des années 1990, les programmes des départs volontaires assistés de la fonction publique ont occasionné des pertes considérables d'emplois qui n'ont pas été suivies d'une bonne politique de reconversion des déflatés.

Les données partielles du marché de l'emploi recueillies par l'Office de la main-d'œuvre au niveau de Bangui où se trouve l'essentiel de l'emploi du secteur moderne, présentent une situation de déséquilibre chronique entre l'offre et la demande d'emploi. Les demandes d'emploi qui sont répertoriées dans cette institution concernent en majorité la main-d'œuvre qui manque de qualification. Les difficultés économiques du pays ne permettant pas la création d'emplois en nombre suffisant, le chômage ne cesse de s'aggraver. Les résultats du dernier recensement de la population ont montré que les enfants âgés de 7 à 15 ans sont également actifs dans une proportion non négligeable. Ces jeunes qui sont pour la plupart rejetés du système éducatif, arrivent de façon précaire sur le marché du travail sans qualification. Pour survivre, ils se livrent à des occupations de commerce de type informel qui, depuis deux décennies, a pris de l'ampleur et a créé une génération de commerçants « Boubanguéré » (vendeurs ambulants). Cette catégorie professionnelle demeure aujourd'hui l'alternative de la création d'emploi et est à la base de l'informalisation progressive de l'économie centrafricaine.

Jusqu'alors aucune politique réelle de création d'emploi n'est appliquée en RCA. Les récentes crises qu'a connu le pays à partir de 1996 jusqu'en 2003 ont contribué à aggraver la situation de l'emploi et aussi par manque d'un système de sécurité sociale adéquat.

Cadre institutionnel de l'emploi à l'indépendance

Le constat est que depuis les indépendances, aucune politique d'emploi n'a été mise en place. Mais des cadres institutionnels ont existé pour réguler le prix du salaire. Ainsi à l'indépendance de la RCA, il existait une Direction du travail, de la main-d'œuvre et de la Sécurité sociale qui relevait du Ministère du travail et œuvres sociales. Cette direction comprenait les services et offices suivants :

- Service de l'Inspection du travail et de la sécurité sociale, subdivisé en trois inspections : Bangui, Bambari et Berbérati ;
- Centre d'études des problèmes de travail (Psychotechnie) ;
- Office centrafricain de la sécurité sociale (OCSS), composé des branches ; action sanitaire et sociale, prestations familiales accidents de travail ;
- Office national de la main-d'œuvre (ONMO) ;
- Centre de formation professionnelle rapide.

En pluréussiss de ces structures, un organe judiciaire était aussi mis en place, il s'agissait des tribunaux de travail de Bangui, Bambari et Berbérati.

Évolution de la population active par grand secteur économique

La lecture longitudinale des chiffres nous montre que la population active est passée de 929 000 personnes en 1960 (soit 60 pour cent de la population totale) à plus 1 271 000 en 1980 (55 pour cent de la population). D'une part, le nombre de personnes travaillant dans l'agriculture représente de loin la majeure partie du total, mais il est tombé de 94 pour cent en 1960 à 91 pour cent en 1970 pour atteindre les 63 pour cent en 1990, cette chute est due au fléchissement de la production agricole et de l'exode rural. Alors que la main-d'œuvre industrielle, quant à elle, a plus que doublé entre 1960 et 1980, cette croissance n'a cru que d'un point entre 1960 et 1980, ce taux continua son ascension jusqu'aux environs de 7 pour cent dans les années 1990. Tandis que la proportion de la population active employée dans les services a augmenté vertigineusement de 4 pour cent en 1960 à plus de 8 pour cent en 1980 et bondit pour approcher les 30 pour cent au courant des années 1990. Cette hausse s'explique par l'augmentation du nombre des fonctionnaires et l'arrivée sur le marché de l'emploi des vendeurs à la sauvette ou le phénomène de l'informalisation de l'économie centrafricaine.

Tableau 1 : Évolution de l'effectif des fonctionnaires centrafricains

	1962	1970	1975	1980	1984	1988
Effectifs des fonctionnaires	13 858[9]	12 500	17 752	25 000	22 254	22 201

Source : DSEES

On peut noter également que la masse salariale dans la fonction publique centrafricaine, après avoir augmenté de 6 pour cent l'an entre 1960 et 1978, a diminué progressivement au même rythme entre 1979 et 1988. Cette baisse résulte à la fois du gel des salaires, de la réduction effective du nombre des fonctionnaires à partir de 1982.

Tableau 2 : Pourcentage de la population active par secteur économique

	1960	1970	1980	1990	2003
Agriculture	94	91	88	63	78
Industrie	2	3	4	7	4
Services	4	6	8	30	18

Source : DSEES

En approfondissant l'analyse, on constate à l'œil nu, la prédominance du secteur traditionnel (agriculture), et que le secteur moderne salarié est très réduit. En 1980, 55 000 personnes seulement (5 pour cent de la population active) étaient employées dans le secteur salarié formel. Près de la moitié d'entre elles étaient des fonctionnaires et seul un cinquième était employé dans l'industrie manufacturière.

En 1960, ce marché représentait 6 pour cent de la population active (soit 51 793 salariés) et les fonctionnaires faisaient un quart de la population active.

Le constat est que le doublement de l'effectif des fonctionnaires n'a pas apporté une quelconque amélioration dans l'administration publique, au contraire les services se sont dégradés, la pléthore des agents de l'Etat en poste dans la capitale est l'un des plus gros problème d'emploi et de développement. Le chômage et le sous-emploi semblent avoir augmenté depuis le début des 1980, ceux-ci s'expliquent par le fléchissement de la production, la pression qui s'exerce sur la fonction publique en matière d'emploi, les troubles socio-économiques, l'informalisation de l'économie.

Une grande disparité entre les centres urbains et les zones rurales

Vu l'importance du secteur informel (y compris l'agriculture), seule une faible proportion de la population active exerce un emploi salarié. En dépit des travailleurs semi et non qualifiés en chômage, le secteur public domine le secteur salarié moderne. Le salaire minimum est garanti dans le secteur moderne, également les travailleurs agricoles bénéficient aussi d'un Salaire minimum agricole garanti (SMAG).

Cependant, il existait un système de tarification à plusieurs zones depuis la colonisation, qui distinguait Bangui et sa banlieue, le reste du pays (les travailleurs urbains étaient légèrement mieux rémunérés que ceux du milieu rural pour un même travail). Ce système fut aboli en 1979. Les salaires minimums ont, par la suite, doublés entre 1978 et 1980, période où les syndicats sont parvenus à faire augmenter le salaire pour compenser l'inflation. Depuis 1980, les taux salariaux n'ont pas changé en valeur nominale, ce qui représente une baisse sensible du pouvoir d'achat des travailleurs.

Dans le secteur public, le barème des traitements, en 1980, allait de l'indice 130 à 2 000. Les traitements allaient de 13 000 FCFA à plus de 200 000 FCFA, et le salaire moyen se situait autour de 60 000FCFA. Des augmentations importantes de traitements ont été accordées durant les années 1980 sous forme : de relèvement général du barème des traitements appliqué de façon uniforme à tous les fonctionnaires, de promotion et de reclassement des postes, ce qui a fait que la masse salariale a doublé entre 1978 et 1982.

Durant la colonisation et au début des indépendances, des textes ont été pris pour fixer les salaires minimums, la durée du travail, les zones de salaires et le remboursement des avantages en nature.

Durée du travail de la colonisation à l'indépendance

Antérieurement à l'application du Code du travail du 15 décembre 1952 (CTOM), la durée du travail s'établissait aux environs de 42 heures par semaine en secteur non agricole. Ce n'est qu'à partir du 1er janvier 1953 que la durée du travail est fixée à 40 heures par semaine en secteur non agricole et de 48 heures en secteur agricole. Pour obtenir à partir de cette date les salaires journaliers et mensuels, il fallait, en secteur non agricole, multiplier le salaire horaire par 6,66 pour obtenir le salaire journalier, par 173,33 pour obtenir le salaire mensuel ; en secteur agricole, multiplié le salaire horaire par 8 pour avoir le salaire journalier, par 200 pour avoir le salaire mensuel.

On peut aussi noter qu'à partir du 29 mars 1952, le salaire journalier fut fixé par un arrêté (S.O.AEF du 1/5/52 page 629).

Les zones de salaires de la colonisation à l'indépendance

Sous la colonisation jusqu'à l'indépendance, la politique des zones de salaires en RCA a suivi l'évolution suivante :

- antérieurement au 30 janvier 1954, il existait une zone spéciale de salaires à Bangui, suivit de deux autres zones l : le district de Bimbo et le reste du pays ;

- après cet arrêté de 30 janvier 1954, le pays fut divisé en six zones de salaires, ce n'est qu'à partir du 1er novembre 1959,[10] le pays a été reparti de nouveau en trois zones de salaires ;

- Quant aux avantages en nature (ration alimentaire et logement), en 1952, ils étaient sans objet à Bangui et valaient 17 francs par jour dans les zones 1 et 2,14 francs par jour dans la zone 3. Au cours des années 1954, la ration était de trois heures de SMAG et le logement à une demi-heure du SMAG. Tandis qu'en 1961, la ration valait trois heures et demie de SMAG et le logement une demi-heure de SMAG.

Déséquilibre entre possibilités d'emplois et les aspirations individuelles

Sur le plan des emplois et de la valorisation des ressources humaines, il existe un véritable déséquilibre entre les possibilités d'emplois et les aspirations ou les besoins des individus. Pourtant, une décennie après l'indépendance, la croissance de l'emploi public notamment dans les entreprises publiques et l'administration centrale avait permis de maintenir le niveau de celle-ci dans sa totalité. À l'époque, il y avait au moins 50 000 personnes salariées dans le secteur moderne, public et privé.

De 1973 à 1979, l'emploi dans la fonction publique avait augmenté au rythme de 80 pour cent, alors que dans le secteur privé, il aurait diminué de 1 000 personnes entre 1970 et 1979, suite au départ des français et israéliens. Il importe de souligner que de l'indépendance jusqu'en 1982, le recrutement dans la fonction

Tableau 3 : Évolution du salaire horaire depuis la colonisation jusqu'à l'indépendance

Textes	Date d'application	1er Zone SMIG	SMAG	2e Zone SMIG	SMAG	3e Zone SMIG	SMAG	4e Zone SMIG	SMAG
29/03/52 N°82/TIT	01/05/52[11]	70		40		35		30	
du 30 janv. 54 N°99/ITOC	01/03/54	11,25	9,4	7	5,85	6,5	5,4	0	5
du 30 avril 55 N°732/ITOC	01/06/55	11,25	9,4	7,5	6,25	7	5,85	6,5	5,4
du 4 aout 56 N°527/MT.OC	01/09/56	12,5	10,4	8,25	6,9	7,5	6,25	50	50
du 15 juillet 57 N°483/MT.OC	01/08/57	14	11,5	9	7,5	8,1	6,75		
du 10 mai 58 Décret 59/171	01/11/59	16,1	13,25	10,2	8,5	9,1	7,6		
du 16/11/59		17,4	14,4	11,05	9,13	9,85	8,25		
04/09/61	01/09/61	19	16	12	10	9	9		

Source : DSEES

publique centrafricaine était conditionné par l'offre et ne tenait pas compte ni de la demande ou ni des ressources disponibles. Le recul des emplois dans le secteur privé formel a fait de la fonction publique le seul débouché ouvert aux diplômés.

À partir de 1982, le gouvernement décida pour rendre performant la fonction publique, de réduire son effectif. Cette décision a été matérialisée par le « Plan de réforme administrative ». Les raisons évoquées furent les suivantes:

- pléthore des fonctionnaires et agents de l'État ;
- critère d'appréciation non basé sur le contrôle de gestion ou de résultat ;
- absence d'objectifs, de perspectives, etc. ;
- trop grande mobilité des cadres supérieurs ;
- subjectivité (recrutement par cooptation) dans la désignation ou la nomination des cadres.

Tableau 4 : Évolution d'offres d'emploi par le statut de l'employeur

	1991	1992	1993	1994	1995
État	84	33	423	10	19
Para-Public	508	715	133	131	196
Privé	508	715	457	1054	1052

Source : ONMO

Problématique de l'emploi en Centrafrique

Pour un pays à vocation agricole, où plus de 75 pour cent de la population active est rurale, le secteur formel compte environ 80 000 salariés dont le quart émarge sur le budget de l'État. Ces dernières années, sous la pression des Programmes d'Ajustement, la tendance est à la diminution des effectifs de fonctionnaires et agents de l'État. À l'heure actuelle l'effectif des fonctionnaires est aux alentours de 25 000 salariés (y compris les personnels d'appui).

Paradoxalement, la balance entre les offres et les demandes d'emploi de la période allant de 1993 à 1997, révèle un net déséquilibre, lequel confirme un important dépassement des demandes sur l'offre. Cette situation paraît préoccupante surtout en milieu urbain, en raison de l'attraction qu'elle exerce sur la population active rurale. La fonction publique naguère grand pourvoyeur d'emploi fait face actuellement à une forte demande d'embauche. Les différents programmes d'ajustement mis en place depuis 1986 n'ont pas permis de déclencher un processus allant dans le sens d'une plus grande opportunité de création d'emploi.

Avec les crises économiques et militaro-politiques successives qu'a connues le pays depuis 1996 jusqu'en 2003, qui a occasionné la destruction d'une grande partie des infrastructures économiques et sociales, ont fait de sorte que le problème de l'emploi est devenu dramatique en RCA.

Tableau 5 : Évolution de l'emploi en Centrafrique de 1988 à 1997

	1988	1989	1990	1991	1992	1993	1994	1995	1996	1997
Offre	2519	1970	1564	942	1255	1203	1454	1513	747	834
Demande	9117	7840	7842	7698	5751	5606	9806	7513	7513	5070
Taux de placement	27,6	25,1	19,9	12,2	21,8	21,5	14,8	20,1	9,9	16,4

Source : ONMO

Problématique de la valorisation des ressources humaines en Centrafrique

À l'instar de l'enseignement général, technique et supérieur, la formation professionnelle connaît une crise sans précédent aggravée par les troubles politico-économiques. Cette situation est criarde quand on connaît l'importance de la formation professionnelle dans le processus d'amélioration des compétences des ressources humaines en général et particulièrement la couche active de la population totale.

Dans un rapport de l'Organisation internationale du travail (Bureau régional pour l'Afrique, bureau de Yaoundé, version 3 de 1995 à 1997), le paradoxe de l'emploi en Centrafrique est évoqué en ces termes : « un nombre élevé de diplômés sans emploi et un manque crucial de personnel qualifié ».

Les quelques institutions de formation professionnelle (lycée technique, collège d'enseignement technique, ENS) existantes sont limitées par manque des ressources humaines, financières et informatiques. La structure de production du système universitaire est largement déséquilibrée en faveur des filières non scientifiques dont les débouchés deviennent de plus en plus rares. Enfin, les centres de formation professionnelle d'initiatives privées existent à travers le pays, mais la qualité des prestations est plus que douteuse.

Tableau 6 : Évolution de la population active selon l'occupation et par sexe

Occupation	1988			1992			2003		
	M	F	E	M	F	E	M	F	E
Scientifiques, techniques et libérales	3,2	0,8	2	3,7	0,8	2,3	10	6,9	8,5
Directeurs, cadres administratifs supérieurs	0,4	0	0,2	0,5	0,1	0,3	0,5	0,1	0,3
Personnels administra- et travailleurs assimilés	1	0,4	0,7	1	0,4	0,7	1,1	0,6	0,8
Personnels commerciaux et vendeurs	1,5	3,9	2,7	5	9	6,9	6,4	10	8,1
Travailleurs spécialisés, manoeuvres	3,6	0,5	2,1	7,6	0,7	4,4	7,2	1,2	4,3
Agricultures, éleveurs et forestiers	72	85,5	78,5	64,3	86,2	74,5	66,8	80,8	73,8
Ouvriers, conducteurs et artisans	17,8	8,4	13,3	5,4	0,4	3	6,9	0,4	3,6
Militaires				0,6	0	0,3	1	0,5	-
Autres actifs	0,5	0,5	0,5	11,9	2,4	7,6			
Ensemble	100	100	100	100	100	100	100	100	100

Source : RCA-RGP 1988, ECAM EP 1992, RGPH03

Notes : M = Masculin   F = Feminin   E = Ensemble

Problématique de la protection sociale

La protection sociale constitue l'ensemble des mesures ou actions mises en œuvre par les pouvoirs publics pour sortir les groupes vulnérables de la misère absolue. Mais en RCA, ces dispositifs d'insertion ou de réinsertion sont inopérants, car l'encadrement juridique et institutionnel ainsi que les possibilités d'emploi font défaut. Les principales raisons tiennent aux difficultés d'ordre socio-politique et économique auxquelles font face les centrafricains. Environ 62 pour cent des ménages ont un niveau de dépenses de consommation inférieur à la moyenne. Cette situation est encore défavorable en milieu rural car elle touche environ 75 pour cent des ménages. L'amenuisement des revenus, tant au niveau de l'État qu'au niveau des parents, ne pourrait permettre de soutenir les coûts de formation des enfants, de favoriser l'insertion et la réinsertion sociales des jeunes, de créer des structures adéquates d'assistance et d'encadrement des groupes vulnérables.

Le chômage touche environ 50 pour cent de la population de moins de 25 ans dont 46,6 pour cent n'ont jamais fréquenté l'école, principalement les filles (60 pour cent). Les groupes vulnérables et marginalisés représentent plus de 60 pour cent de la population. La RCA compte en 1988 une population de 13 394 handicapés physiques dont 5 953 à Bangui et 7 441 dans l'arrière pays. Les personnes âgées du troisième âge représentent 5 pour cent de la population centrafricaine.

Pour toutes ces catégories, la couverture sociale fait défaut. Or plus de 70 pour cent des richesses nationales sont confisquées par 20 pour cent des ménages les plus riches. Néanmoins, certains efforts sont déployés par des services spécialisés de l'État, des ONG en faveur des groupes vulnérables. Mais les ONG sont pour la plupart du temps concentrées à Bangui. L'examen des actions menées par ces services et ONG, révèle l'insuffisance des stratégies mises en place.

Problématique du secteur informel

Le concept du secteur informel a pris naissance au début des années 1970, pour rendre compte des aspects spécifiques que prend l'emploi non salarié urbain dans un contexte de fort exode rural et de croissance urbaine accélérée.

Les récentes crises que traverse la RCA, ont fait que ces activités découvertes avec un certain intérêt, du fait de leur facilité d'accès et de leur flexibilité, jouent un rôle d'atténuation du chômage. Ainsi, tout laisse à croire que le secteur informel contribue fortement à la création de l'emploi et à la formation de la richesse nationale.

Le secteur informel défini comme l'ensemble des activités marchandes non agricoles et non pastorales couvrent le milieu urbain et rural. On peut regrouper les activités du secteur informel en Centrafrique en cinq catégories :

- activités artisanales de production comprenant les menuisiers, les fondeurs d'aluminium, les soudeurs, les ferronniers, les vanniers, les forgerons, les cordonniers, les tailleurs, les coiffeurs ;

- activités artisanales d'art comprenant les sculpteurs d'art sur ivoire et bois, les plasticiens, les bijoutiers, les photographes ;

- activités de bâtiments comprenant les petits entrepreneurs de construction, les briquetiers, les maçons, les peintres, les plombiers, les électriciens ;

- activités de services comprenant les réparateurs de motocycles, les mécaniciens d'automobiles, les horlogers, les réparateurs de radio, les meuniers ;

- activités de commerce et de transport comprenant les petits commerçants (wali-gala, Boubanguéré, vendeurs à la sauvette), les pousseurs (Kwa kwe kwa), les piroguiers.

Les infrastructures

Transport routier

La situation d'enclavement intérieur et extérieur de la Centrafrique fait du transport un secteur stratégique. Située au carrefour des grands itinéraires transafricains, la Centrafrique est isolée du reste du monde par les énormes distances qui la séparent des océans Atlantique et Indien :

- Berbérati, la ville la plus à l'ouest du pays, est située à 850 km de Douala ;

- Obo, la plus à l'est, est à 1 700 km de Mombassa sur la côte de l'océan Indien ;

- Paoua, au nord-ouest, est à 2800 km de Tripoli qui, pendant des siècles, a été le principal débouché de l'Afrique centrale sur la Méditerranée ; et

- Birao, au nord-est, est à 2 250 km d'Alexandrie et à 1 800 km du port de Soudan sur la mer Rouge.

D'est en ouest, une route relie Yubu (sur la frontière sud-ouest soudanaise) à Garoua-Boulaï (sur la frontière est camerounaise) via Obo- Bangassou-Bambari-Bangui-Bouar-Garoua-Boulaï. Sur l'axe sud-nord, le pays est relié au Tchad par deux routes secondaires.

En effet, en 1960, le réseau routier centrafricain comportait plus de 6500 km de routes principales et d'environ 10 000 km de routes et de pistes secondaires. La longueur des routes utilisables durant toute l'année atteignait les 1 700 km tandis que celle des routes utilisables seulement en saison sèche avoisinait les 18 000 km (dont 3 096 km de routes nationales, 3 276 km de routes préfectorales et 11 200 km de pistes et chemins ruraux).

Alors que dans les années 1970, les routes n'ont pas été entretenues et étaient en piteux état. Ce n'était qu'à partir de 1980, que l'Etat avec l'aide de l'assistance technique et financière des donateurs étrangers, avait pu entretenir et remettre en état les routes prioritaires (environ 4 700 km). Ainsi en 1984, le réseau routier centrafricain avait une longueur totale de 20 278 km dont 442 km de bitumé, 2 694 km en terrassement bitumé (latérite) et 17 142 km de pistes (avec 11 300 km de réseau non aménagé).

En 2000, ce réseau routier affiche un total théorique de 25 600 km de longueur, mais du fait de l'absence de maintenance depuis quelques années, la plus grande partie de ce réseau est fortement dégradée en particulier pour les pistes rurales. En Centrafrique la quasi-totalité des pistes agricoles et pastorales estimées à 11 000 km, sont impraticables pendant les saisons de pluies et difficilement carrossable en saison sèche. Ce qui constitue une contrainte majeure à la communication, et un facteur limitant pour l'écoulement des intrants et des produits agricoles. Ces 25 600 km de route se décomposent de la manière suivante :

- routes nationales et régionales : 10 000 km (dont 4 000 km classés prioritaires et seulement 700 km sont bitumés) ;

- pistes rurales : 15 600 km.

L'axe essentiel d'approvisionnement routier de la RCA est la route qui relie Bangui au Cameroun via Bouar. Cet axe de 600 km est bitumé sur 400 kilomètres de longueur et se trouve dans un état globalement acceptable. C'est également le cas de la route Bangui-Sibut (environ 200 km au Nord), elle est aussi bitumée.

Ce n'est pas le cas des autres grands axes reliant Bangui et les principales villes de province. La route Bangui-Mbaiki (sud-est de Bangui) est fortement dégradée, comme l'est l'axe qui dessert les principales villes de l'est du pays (Sibut-Bambari-Bangassou-Obo). Il faut environ six jours (en saison sèche) pour aller en quatre fois quatre de Bangui á Obo.

Transports aérien et fluvial

La voie de transport fluviale est importante pour l'approvisionnement du pays compte tenu de son caractère enclavé. Elle est toutefois lente, non opérationnelle en saison sèche, et a souvent été perturbée par l'insécurité dans l'un des États riverains. Les transports fluviaux sont limités pendant quatre mois (pendant la saison des pluies) sur l'Oubangui, la Lobaye et La Sangha à cause du faible niveau des eaux. De plus, le non-fonctionnement du chemin de fer Brazzaville-Pointe noire, augmente le temps de transit vers la mer. De ce fait, le potentiel de la voie fluviale est limité à certains produits pondéreux, essentiellement les produits pétroliers et les matériaux de construction. Le transport de grumes au départ de RCA qui passait autrefois par le fleuve est désormais effectué uniquement par route.

Le transport fluvial vers Bangui est assuré par la Société centrafricaine de Transport fluvial (SOCATRAF). L'entretien des voies navigables, actuellement assuré par le Service commun d'entretien des voies navigables (SCEVN), organisme binational (RCA et Congo-Brazzaville). La faiblesse du tonnage transporté depuis quelques années sur le fleuve a diminué les ressources du SCEVN qui éprouve des difficultés à assurer ses missions.

Bangui est relié à l'Europe et à d'autres centres régionaux par des vols commerciaux (Air France, Camair). Près de 90 pour cent du trafic aérien passe par l'aéroport international de Bangui. Le pays possède onze aéroports secondaires, quinze aéroports tertiaires plus vingt-deux pistes privées.

Fourniture d'eau

La distribution d'eau á Bangui et dans huit centres urbains secondaires est assurée par la société SODECA. Elle dessert 8 500 abonnés répertoriés à Bangui et environ 3 000 dans les centres secondaires. À Bangui, la société dessert indirectement un nombre important de consommateurs à travers les bornes fontaines. La société a traité et distribué 9,2 millions de mètres cubes en 2003.

SODECA fournit une eau globalement de bonne qualité sur le plan sanitaire, la qualité d'approvisionnement étant toutefois mauvaise dans certains quartiers situés en hauteur ou en bout de réseau.

Les tarifs de vente sont progressifs avec la consommation et varient entre 150 F CFA par mètre cube sur la première tranche de consommation jusqu'à 450 F CFA sur la dernière tranche. Le prix moyen de vente s'est établi à 315 F CFA en 2002.

La société emploie 206 employés qui n'ont jusqu'à présent pas souffert d'arriérés de salaire. Les effectifs de SODECA représentent un ratio de 24 employés pour mille connexions, ce qui est élevé, même en tenant compte de la petite taille de SODECA (les comparatifs régionaux disponibles — deux en RDC et une au Gabon — donnent des ratios se situant entre trois et onze employés).

Électricité

La production annuelle d'ENERCA sur le système de Bangui s'est élevée à 119,1 GWH en 2003. Le réseau de Bangui est approvisionné par deux centrales hydroélectriques Boali 1 et Boali 2 situées à environ 80 Km de Bangui, avec une capacité totale de 18,75 méga watts. Ces centrales sont reliées à Bangui par deux lignes de moyenne tension (63 KV). Par ailleurs, ENERCA dispose d'un total théorique de 15,5 MW de capacité de production thermique, dont, en fait seuls 2,5 MW sont effectivement disponibles.

La quasi-totalité de la production est par conséquent assurée par les centrales de Boali 1 et 2. La centrale de Boali 1, construite dans les années 1950, dispose de 8,75 MW de capacité de production (5 turbines de 1,75 MW chacune). Boali 2 qui date des années 1970 dispose de 10 MW de capacité (2 turbines de 5 MW). Un barrage construit en amont des deux centrales permet d'assurer un approvisionnement continu en eau tout au long de l'année. ENERCA n'est donc pas contrainte dans sa production par le niveau de la ressource en eau.

Tant les lignes de transport, que les centrales n'ont pas fait l'objet de révisions depuis leur mise en service.

À Bangui, la qualité de service d'ENERCA est mauvaise avec des délestages très fréquents, en particulier le soir, période de demande maximale. ENERCA indique que sans ces délestages, la puissance appelée maximale serait de l'ordre de 24 MW contre une capacité de production hydroélectrique de l'ordre de 18,7 MW. ENERCA fait très peu appel à son générateur thermique, selon toute probabilité à cause de son coût. Il ressort en effet des indications données par ENERCA que le coût du carburant doit être de l'ordre de 170 F CFA du KWH.

Les centres secondaires d'ENERCA en province sont alimentés par des groupes thermiques diesel. La puissance installée totale de production pour l'ensemble de ces centres est limitée à 2,5 MW. Du fait de leurs coûts de fonctionnement élevés, les groupes ne fonctionnent au plus, que quatre à cinq heures par jour, dans la soirée. Par ailleurs, à la suite des évènements de 2003 qui ont occasionné des dégâts dans plusieurs centres, de l'absence de réparation sur les groupes en panne, et des difficultés d'approvisionnement en carburant, l'alimentation des centres secondaires a été fortement perturbée en 2003.

Télécommunications

Le secteur de télécommunications est peu développé en RCA. En dehors de Bangui, seul la ville de Berberati a un réseau de téléphonie fixe et une dizaine de villes disposent de téléphones publics.

En plus du réseau fixe de l'opérateur historique, SOCATEL, seul un seul opérateur mobile, TELECEL, est actuellement opérationnel. Avec 35.000 abonnés environ en février 2004 (dont 25 000 abonnés mobiles), le taux de télédensité de la RCA dépasse à peine un pour cent.

Le secteur est marqué par les grandes difficultés de l'opérateur public SOCATEL. Avec 387 employés pour 9 100 lignes fixes, SOCATEL présente des niveaux de productivité très faibles (moins de 24 lignes fixes par employé). La qualité de service de SOCATEL est particulièrement mauvaise, avec une indisponibilité fréquente du service. SOCATEL a très peu investi pour se moderniser et se retrouve aujourd'hui avec des équipements largement obsolètes.

L'opérateur mobile TELECEL est présent à Bangui depuis 1996 mais ne possède encore que 25 000 abonnés. La fiabilité du service est faible. Les troubles à la paix civile, la faiblesse des infrastructures (électricité), le coût des équipements (très fortement taxés), sont autant de facteurs qui restreignent l'expansion du secteur et l'augmentation des taux de couverture.

Services collectifs et infrastructures en milieu urbain

La fourniture de services collectifs dans les grandes villes et la situation des infrastructures urbaines se caractérisent par :

• un délabrement du réseau de voies primaires, fortement dégradé du fait du vieillissement des chaussées et de l'absence d'entretien depuis de nombreuses années ;

• la présence de nombreuses zones hydromorphes, notamment dans les espaces occupés par les populations les plus défavorisées ;

• des quartiers d'habitat insalubres et non structurés sujets aux inondations, aux ravins lors de chaque saison des pluies ;

• une insalubrité générée par l'absence chronique du dispositif de collecte et de traitement des ordures ménagères et l'insuffisance de l'entretien du réseau d'assainissement.

Les services municipaux, insuffisamment équipés, disposent de trop faibles moyens financiers pour assurer la pérennité du patrimoine dont ils ont la charge ainsi que pour assurer les services publics minimums.

De plus, les crises économiques et politiques qu'a connues la RCA ces dernières années ont eu pour effet une accélération de l'accroissement démographique de ces villes. Les conséquences pour la ville sont visibles et préoccupantes. Cette situation aggrave en effet les conditions de vie des plus défavorisés, creuse les écarts entre les quartiers centraux et les espaces d'habitat populaire, et, au-delà des drames humains qu'elle génère, constitue un ferment d'instabilité sociale qu'il conviendra de neutraliser dans une perspective de recherche de paix sociale durable.

Notes

1. Laurent Carroue, Professeur à Paris VIII, dans *Alternatives économiques*, n° 196 d'octobre 2001 : « Les oubliés de la mondialisation ».

2. André Gide, 1927, *Voyage au Congo*, Paris, Gallimard.

   Dans son discours aux élus de la nation centrafricaine, Son excellence, Monsieur Jean-Pierre Esmieu, Chef de mission de l'Union européenne, a affirmé que : « historiquement, la Centrafrique, même bien avant la colonie, a été une victime de l'histoire. Elle était à l'époque le vivier d'esclaves pour les nations de Moyen Orient avant de devenir celui des occidentaux », Journal *Le Citoyen*, n° 2231 du 09 août 2005.

3. Certaines personnes totalisaient plus de trente six mois d'arriérés, pour se moquer des fonctionnaires, on disait que le salaire des fonctionnaires centrafricains a été atteint par le sida.

4. Selon le résultat définitif du troisième recensement général de la population effectué en décembre 2003.

5. Depuis le début de la décennie 90, la crise économique, les troubles socio-politiques et surtout la clochardisation des fonctionnaires centrafricains ont fait de sorte que les années scolaires se sont réduites entre 1995 et 2003 à 4 ou 5 mois de cours au lieu de 9 mois, le volume horaire également a été réduit faute d'enseignants, pire aussi qu'entre 1990 et 1994, il n'y a eu que des années blanches (années sans cours).

6. En milieu rural, un élève parcourt au moins 1 800 à 3 600 km à pied par an pour se rendre dans un établissement scolaire le plus proche.

7. Après l'embauche massive des étudiants dans la fonction publique, mi-décennie 1970 et début 1980, face à l'incapacité de l'État de recruter les nouveaux diplômés, le chômage s'est pointé à l'horizon. Ne trouvant plus d'emploi, l'école est devenue noire pour certains, ce qui peut se confirmer par une interview-radio accordée à un ancien parent d'élève : « on nous avait dit d'inscrire nos enfants à l'école, ce que j'ai fait, mon fils est allé à l'école jusqu'à l'université, étudié à l'étranger, il est revenu et ne travaille pas depuis deux ans, alors vous me dites de ne plus couper les bois pour cause de déforestation, je n'ai pas de quoi nourrir mes enfants et petit-fils, c'est en coupant les bois que je les nourris, pourquoi on nous a recommandé d'inscrire nos fils à l'école ? pour aller labourer la terre ? ramasser la boue ou couper les bois ? tant que mon fils ne trouvera pas du travail, je continuerai toujours à couper les bois pour les nourrir ».

8. Yarisse Zoctizoum, 1984, *Histoire de la Centrafrique (1959-1979)*, Paris, l'Harmattan, p. 323.

9. Dont 4 000 travailleurs saisonniers et 600 cadres étrangers.

10. Le salaire des personnels d'appui de l'administration centrafricaine continue à être payé sur les catégories et échelons de 1959.

11. Il s'agit ici des salaires journaliers.

Chapitre 2

Potentialités nationales et atouts majeurs

L'analyse diagnostique des dotations naturelles de la République centrafricaine montre qu'il y a de fortes potentialités nationales, car elles constituent des atouts majeurs qui ne demandent qu'à être exploités.

Le relief, l'hydrographie et le climat déterminent les zones de végétation. Les forêts fournissent l'ombre nécessaire à la culture du café, de l'hévéa, de la cola, du poivrier, du palmier et des autres cultures vivrières ou des cultures de contre-saison. La région de Nola est connue pour sa fertilité. Dans les zones de savane, les vastes prairies ont attiré les Foulani et leurs troupeaux dans les années 1920. Le reste de la principale zone de végétation se divise entre la savane soudanaise, au nord, et la savane guinéenne, au sud, où les vallées sont bordées de cordon d'arbres. On a souvent affirmé que les herbages de ces deux zones de savane sont parmi les meilleures prairies humides d'Afrique.

Des potentialités réelles existent sur le territoire pour des productions agro-industrielles à haute valeur ajoutée telles que le poivre, la cola, les cultures maraîchères de contre saison (haricot vert, tomate, cerise, oignon), le piment langue d'oiseau, la gomme arabique et les plantes colorifères.

Les potentialités naturelles

La République centrafricaine dispose d'écosystèmes diversifiés qui se répartissent suivant la latitude et le climat. On distingue :

- la forêt dense humide au sud, elle couvre une superficie d'environ 92 500 km² soit 15 pour cent du territoire national ;

- les forêts denses sèches sont réparties sur la ligne est-ouest, avec une superficie d'environ 7 000 km² ;

- les forêts galeries y compris les savanes arborées et arbustives couvrant plus de 340 000 km² ;

- les steppes à l'extrême nord du pays à la lisière du Sahel qui couvrent moins de 5 pour cent du territoire ;

- le potentiel fourrager centrafricain reste largement sous-exploité car les parcours naturels couvrent une superficie de 310 000 km².

Les atouts hydrographiques

La République centrafricaine bénéficie d'un réseau hydrographique très dense. Il forme trois blocs dont le bassin du Chari au nord, le bassin de l'Oubangui au sud et la Sangha à l'extrême sud-ouest. Les cours d'eau qui composent le réseau hydrographique centrafricain sont de nature à offrir au pays des opportunités de pêche, de chasse et d'éco-tourisme à grande échelle de par sa superficie et de par leur intégration au niveau des sources.

Le réseau hydrographique du nord se dirige vers la cuvette du Tchad, se compose de deux grands cours d'eaux et de leurs affluents, à savoir : le Chari (370 km) au nord-est et le Logone (1 000 km) au nord-ouest.

À coté de ces cours d'eau permanents et intermittents, il existe dans le nord et le nord-est de la République centrafricaine, des eaux stagnantes constituées par un ensemble de lacs, de mares et de marécages qui renferment d'immenses réservoirs des poissons mais également une grande concentration d'hippopotames. Les principales mares sont : Gata, Maka, Dongolo, Dangavaya, Am-Ndafok, Am Timan, Tizi, Danal. Il y a aussi des lacs tels que le Mamoun, le Kididji, le Tiringoulou et Ada. Ces eaux stagnantes représentent une superficie d'environ 20 km².

On note aussi l'existence des zones d'inondation qui ont une grande productivité de pêche à cause des présences des animaux et de dépôts de leurs excréments.

Le réseau hydrographique du sud draine des eaux vers l'Oubangui et la Sangha, et baigne la cuvette congolaise. Les principaux cours d'eau sont le Mbomou (720 km), l'Oubangui (608 km) et leurs affluents.

La Sangha (180 km) draine le sud-ouest de la République centrafricaine. Elle est longue, calme et dispose également des ressources halieutiques très variées pour la pêche.

L'ensemble de ces cours d'eau et des eaux stagnantes constituent un véritable potentiel pour l'alimentation et la prolifération des espèces animales sauvages. La variabilité de ces écosystèmes a permis au pays de disposer d'une faune riche et variée.

Les atouts halieutiques et potentiels aquacoles

Les bassins les plus exploités sont :

- celui du nord (avec une superficie de 205 000 km²) a une capacité actuelle de production d'environ 80 pour cent du total des poissons, dont les principaux cours d'eau sont le Chari et l'Aouk ;
- celui du sud constitué du bassin de l'Oubangui (couvrant une superficie de 304 000 km²) et de la Sangha à l'extrême sud-ouest (avec une superficie

de 73 000 km²), ont une capacité moindre, soit près de 14 pour cent, malgré la superficie du bassin et aussi que l'Oubangui est le principal affluent du fleuve Congo qui est le deuxième cours d'eau au monde en matière de débit après l'Amazone.

Muguet (1994) estime que le potentiel halieutique centrafricain varie entre 50 000 tonnes et 100 000 tonnes par an et que ce potentiel est fonction de la variation du climat. L'étude des caractéristiques de la faune aquatique en Afrique au sud du Sahara a montré que la faune aquatique centrafricaine est classée parmi les faunes dites éthiopiennes. Elle comprend 260 genres dont douze familles existent en Centrafrique. Seulement dix familles sont exploitées, il s'agit des : protopteridae, mochocidae, claridae cyprinidae, bagridae, citharinidae, cichlidae, marmyridae, gymnarchidae, malopteridae.

Les principales espèces que l'on trouve le plus souvent sur les marchés centrafricains sont les : mormyrus sp, lates sp, hydrocyan sp, alestes sp, tilapia sp, barbus sp, clarias sp et labeo sp.

Selon certains auteurs (Breuil 96, Moreau 94), la pêche occupe plus de 95 000 pêcheurs professionnels, pêcheurs paysans et occasionnels.

Tableau 7 : Estimation des captures de poisson par bassin fluvial en RCA en 1997

Bassin fluvial	Capture min. (tonnes/ an)	Capture max. (tonne/ an)	Pêcheurs profes- sionnels (tonne)	Pêcheurs paysans (tonne)	Nombre des pêcheurs (nombre)	Capture mini. par pê- cheur	Capture max. par pê- cheur
Chari (Nord)	10 400	41 500	7 697	30 788	38 485	0,270	1,078
Sangha	1 500	1 500	2 795	11 180	13 975	0,107	0,107
Oubangui	8 500	8 600	9 104	36 415	45 519	0,189	0,189
Sud	10 100	10 100	11 899	47 595	59 494	0,222	0,170
Total RCA	20 500	51 500	19 596	78 383	97 979	0,209	0,526

Source : DSEES/PLAN

Note : min. =minimum   max. = maximum

Les potentiels piscicoles

La pisciculture a été introduite en RCA sous la colonisation à partir de 1950, pour pallier à la carence en nutrition (poisson) des populations. Dès lors, on dénombra 20 000 étangs familiaux de petites superficies (1 à 1,5 are). Ces activités ont été abandonnées, faute d'encadrement après les indépendances. Pour prendre en compte leurs destinées alimentaires en matière de poisson, quatre États de la sous-région, à savoir le Congo-Brazzaville, la RCA, le Cameroun et le Gabon ont créé un Projet régional de Formation et de Recherche piscicole en Centrafrique basée à Landja-Bangui entre 1968 et 1972, ce qui a permis la relance de la pisciculture. Les principaux atouts de la pisciculture ont été :

- le lancement du Centre piscicole nationale de Bangui-Landja, malheureusement détruit lors des événements militaro-politiques de 1996 à 1997 ;

- la formation des encadreurs chargés de la vulgarisation des techniques modernes de la pisciculture ;

- la formulation de nouveaux aliments composés permettant de maximiser la production piscicole dans un délai réduit à six mois pour obtenir un poisson de poids moyen allant de 200 à 300 g ;

- l'expérimentation de la reproduction artificielle et d'élevage des clarias lazera, des carpes, des crevettes, de spiruline et d'élevage associé.

À la fin des années 1990, on dénombrait 8 500 pisciculteurs propriétaires de 10 000 étangs produisant 250 à 300 tonnes de poisson par an. Actuellement, on peut estimer à 3 500 le nombre des pisciculteurs répartis sur tout le territoire national. Après la destruction de Landja, une station piscicole a été créée à Ndrès pour pallier et appuyer la vulgarisation. Elle a permis d'atteindre un niveau record malgré les difficultés sociales (vol, pillage).

Le potentiel technique de la pisciculture en Centrafrique est ainsi estimé à 100 000 pisciculteurs pour 2 000 hectares pouvant produire plus de 3 500 tonnes de poisson par an.

Le potentiel hydroélectrique

La RCA dispose d'une bonne base énergétique, particulièrement en combustible ligneux, en hydroélectricité et en énergie solaire. La grande partie de la consommation nationale d'énergie est assurée par le bois ou charbon de bois à 87,7 pour cent, le reste par les produits pétroliers importés (10,9 pour cent) et l'hydroélectricité qui ne représente que 1,4 pour cent.

La production, le transport, la distribution et la vente de l'énergie électrique sont assurés sur l'ensemble du territoire national par la société Énergie centrafricaine (ENERCA), qui bénéfice d'un monopole naturel dans le domaine. Jusqu'à ce jour, le système électrique comprend :

- un réseau principal desservant l'interconnexion Boali-Bangui et alimentant la ville de Bangui avec une puissance installée de 36 MW dont 18 MW en hydraulique ;

- seize centres de l'intérieur de puissance totale installée de 3,3 MW alimentés par des groupes diesel fonctionnant en séparé de quatre à cinq heures par jour (dans la soirée de 18 h à 23 h).

L'aménagement d'autres sites potentiels pourrait permettre à la RCA d'améliorer sa capacité en énergie électrique avec une puissance qui avoisinerait 500 MW. Il s'agit des sites tels que : Toutoubou, Baïdou, M'Becko, Lobaye, Lancreno, Kotto, Palambo, Gbassem, Dimoli...

Par ailleurs, la République centrafricaine dispose d'une capacité de stockage totale en produits pétroliers de 48 550 m3, pour une consommation moyenne annuelle estimée à 60 000 m3. Les hydrocarbures sont importés par le fleuve à partir de la République Démocratique du Congo et par voie routière (Cameroun). Cette situation crée une dépendance permanente vis à vis de l'extérieur et un important déséquilibre de la balance des paiements. La recherche pétrolière a permis :

- d'identifier une zone prometteuse dans les bassins de Doséo et de Salamat d'une superficie d'environ 30 000 km² et

- de retraiter les données sismiques et aéromagnétiques par la société RSM Production Corporation, dans la période 2001-2003, aboutissant à des résultats concluants.

Tableau 8 : Principaux sites hydroélectriques identifiés

N	Cours d'eau	Localité	Nom du site	H . chute (m)	Débit estim. (m³/s)	Puissance (MW)
1	Baidou	Bambari	Bac	5,00	14,00	0,56
2	Bangui Ketté	Mobaye	Ngoumbélé	ND	ND	ND
3	Fafa	Batangafo	ND	ND	ND	ND
4	Gbango	Gbango	PK 40	6,00	0,10	0,005
5	Kadéi	Nola	Dimoli	50,00	450,00	1 80,000
6	Kotto	Alindao	ND	ND	ND	ND
7	Kotto	Bria	Mangouloumba	2,50	20,00	0,40
8	Kotto	Kembé	Kembé	24,00	225,00	43,20
9	Kouma	Sibut	Bomandja	ND	ND	ND
10	Lim	Bocaranga/Bougoui	Lancreno	150,00	2,50	3,00
11	Loamé	Boda	Gbassem	15,00	6,00	0,72
12	Lobaye	Baoro	Pont	6,00	1,50	0,07
13	Lobaye	M'baiki	Bongoumba	15,00	300,00	36,00
14	Lobaye	Mongoumba	Bac	15,00	310,00	37,20
15	M'béko	M'baiki	M'béko	60,00	1,75	0,84
16	Mambéré	Carnot		10,00	5,00	0,40
17	Mambéré	Baboua	Gbassoum	ND	ND	ND
18	Mbali	Boali	Boali 1	52	21	8,75
19	Mbali	Boali	Boali 2	64	18	9,2
20	Mbali	Boali	Boali 3	29	50	9
21	Mbari	Bangassou	Pont	ND	ND	ND
22	Mbi	Boali	Amont	75,00	10,00	6,00
23	Mbi	Boali	Mandjo	40,00	36,00	11,52
24	Mbomou	Bangassou		ND	ND	ND
25	Mpoko	Damara	Bogangolo	20,00	45,00	7,20
26	Nana	Carnot		60,00	1,50	0,72
27	Nana	Kaga-Bandoro		18,00	13,40	1,93
28	Nana	Bouar	Dongué	ND	ND	ND
29	Oubangui	Bangui	Palambo	5,50	375,00	30,00
30	Ouham	Bozoum	Kayanga	ND	ND	ND
31	Owou	Gba	PK 45	40,00	0,07	0,02
32	Pama	Dobizon	Dobizon	68,00	40,00	21,76
33	Soumbe	Bossangoa	Soumbe	ND	ND	ND
34	Toutoubou	Carnot / Berberati	Toutoubou	60,86	1,56	0,76

Source : Direction générale des mines

Le potentiel forestier

Trois types principaux d'écosystèmes caractérisent la RCA :

- le massif forestier (forêt humide située au sud-ouest et au sud-est) dans lequel on trouve des essences commerciales très exploitées, telles que : le Sapelli (Entandrophragma cylindrcum), le Sipo (Entandrophragma utile), l'Ayous (Triplochiton scleroxylon), le Limba (Terminalia superba), l'Aniégré (aningeria altissima) et bien d'autres arbres géants comme le Mukulungu (Antranella congolensis), l'Acajou (Khaya grandifolia), l'Azobe (lophira alata), Longhi et Limba, etc. ;

- une savane boisée au centre riche en Daniella oliveri, Hymenocardia acida, Albizzia zigya, Karité (Vitellaria paradoxa) et parsemée de nombreuses galéries forestières liées au réseau hydrographique très dense ;

- une savane herbeuse au nord dominée par les Acaciae et les Caparidaceae.

D'après les récentes données des inventaires effectués par le Projet d'aménagement des ressources naturelles (PARN 1991-1995), et par le projet Forêt de Bangassou, la République centrafricaine dispose d'un potentiel forestier d'environ 5,4 millions d'hectares de forêts denses humides réparties en deux blocs :

- le massif du sud-ouest avec une étendue de 3 787 777 hectares dont 2 608 700 hectares de domaine productif avec un potentiel global de quelque 866 millions de m3, toutes essences et types de bois confondus; environ 301 espèces d'arbres ont été identifiés dans ce massif, pour un volume exploitable de quelque 241 millions de m3 dont 66 essences constituent un volume commercialisable de 93 millions de m3 ;

- le massif de Bangassou au sud-est d'une superficie de 1 600 000 ha est exploité exclusivement de façon artisanale du fait de son éloignement (se trouve à l'extrême sud-est du pays).

Deux catégories d'essence ont été identifiées :

les essences de catégorie I dites essences principales qui sont dénombrées au nombre de 25, il s'agit de : sapelli, sipo, acajou, tiama, kossipo, iroko, doussié, mukulungu, bossé, dibétou, etc, représentant un volume global exploitable de 50 millions de m3 ;

- les essences de catégorie II composées de 38 espèces avec un volume exploitable de 77 716 millions de m3 (ayous, aniégré, longhi, limba).

Si l'on tient compte de ces deux catégories, le rendement à l'hectare serait de 27,52 m3 tandis qu'avec l'exploitation de toutes les essences confondues on serait à 60,14 m3 à l'hectare. En ce qui concerne les possibilités annuelles maximales, celles des essences de catégorie I sont estimées à 1 252 350 m3 sur les 50 millions de m3 commercialisables. On peut dire que jusqu'à présent, seules huit espèces sur les quinze font l'objet d'exploitation, et les plus appréciées sont le sapelli et le sipo.

Tableau 9 : Potentiel ligneux commercialisable du massif forestier du sud-ouest

Nom commercial	Nom scientifique	DME (cm)	Potentialité (m³)	Utilisations
Acajou	Khaya spp	80	707 000	Bois de placage, contreplaqué, menuiserie, ébénisterie
Aniégré	Aningéria altissima	70	600 000	Bois de placage, ébénisterie
Ayous	Triphochiton	50	20 000 000	Bois de menuiserie légère, placage
Bété	Mansonia altissima	40	3 800 000	Bois de placage, menuiserie
Bossé	Guréa sp	80	500 000	Bois de menuiserie, contreplaqué
Dibétou	Lovoa trichiloïdes	80	1 000 000	Bois de placage, menuiserie
Doussiè	Afzelia spp	80	1 000 000	Bois de menuiserie, construction
Eyong	Eribroma oblogum	60		Bois de placage, ébénisterie
Emien	Alstonia bonie	50		Bois de menuiserie industrielle
Fraké	Terminalia superba	60	27 000 000	Bois de placage, menuiserie intérieure
Ilomba	Pycnantus angolensis	80		Bois de contreplaqué, baguette
Iroko	Milicia excelsa	70	2 200 000	Bois de construction lourde
Sapelli	Entandrophagma	70	19 000 000	Bois de construction lourde traverses
Tiama	Entandrophagma	80	1 400 000	Bois de menuiserie, construction
Mukulungu	Antranella	80	7 000 000	Bois de menuiserie, placage
Tali	Erythrotheleum sp	80		Bois de placage, menuiserie
Padouk rouge	Ptérocarpus soyauxii	80	3 700 000	
Ohia	Celtis sp	50		
Kossipo	Entandrophagma	80	3 100 000	
Azobé	Lophira alata	70	250 000	
Bubinga	Guibourtia demeusei	60	300 000	
Kotibé	Nesorgordonia spp	70	400 000	
Sipo	Entandrophagma	80	1 600 000	

Source : Inventaire PARN 1996

Les atouts bois-énergie

Le bois demeure la principale source d'énergie des ménages (98 pour cent des ménages ruraux et près de 85 pour cent des ménages urbains). Ce qui reflète le caractère prononcé de la pauvreté en Centrafrique. Les potentialités existantes des ressources en bois-énergie sont énormes tant au niveau des forêts denses que des savanes et des galeries forestières.

La consommation journalière par personne est estimée à 20 g de charbon de bois et 1,37 kg de bois de chauffe. Pour l'ensemble du pays, une estimation de la vente du bois-énergie est évaluée à environ 6,6 milliards de F CFA.

Les résultats de l'inventaire forestier établis par le PARN situent le rythme de déboisement des forêts proches de Bangui à 2 500 hectares par an et ce depuis 1989 et d'ici 2007, 50 000 hectares de forêts disparaîtront. L'effort de reboisement reste très faible (0,003 pour cent), soit environ 1 703,5 hectares en 2000.

Les potentiels produits forestiers non ligneux

Les produits forestiers non ligneux sont variés et très répandus sur toute l'étendue du territoire centrafricain, tant en forêt qu'en savane. Plus de la moitié de la population centrafricaine cueille, ramasse les produits forestiers non ligneux. Certains servent à l'alimentation d'autres à l'éradication de certaines maladies, génèrent également d'importants revenus.

Certains produits forestiers non ligneux comme la gomme arabique, la cire d'abeille, le rauwolphia vomitora, le rotin, les poivres et autres épices font l'objet d'exportation.

Tableau 10 : Les principaux produits forestiers non ligneux et leur saisonnalité

	J	F	M	A	M	J	J	A	S	O	N	D
Gnetum africanum			▓	▓	▓	▓	▓	▓	▓	▓	▓	▓
Vin de palme			▓	▓	▓	▓	▓	▓	▓	▓	▓	▓
Vin de raphia			▓	▓	▓	▓	▓	▓	▓	▓	▓	▓
Huile de palme			▓	▓	▓	▓	▓	▓	▓	▓	▓	▓
Feuille de raphia			▓	▓	▓	▓	▓	▓	▓	▓	▓	▓
Maranthacée			▓	▓	▓	▓	▓	▓	▓	▓	▓	▓
Rotin			▓	▓	▓	▓	▓	▓	▓	▓	▓	▓
Miel			▓	▓	▓	▓	▓					
Cire d'abeille			▓	▓	▓	▓	▓					
Dioscorea sp				▓	▓	▓	▓	▓	▓	▓	▓	▓
Champignons					▓	▓	▓	▓	▓			
Irvinga excelsa						▓	▓	▓	▓	▓		
Canarium schweinfurtii							▓	▓	▓	▓	▓	
Sterculia africana								▓	▓	▓	▓	▓
Pipper guinensse			▓					▓	▓	▓	▓	▓
Hillaria latifolia							▓	▓	▓	▓	▓	
Chenilles							▓	▓	▓	▓		
Escargots						▓	▓	▓	▓			
Termites							▓	▓	▓			
Xylopia aethiopica (masindi)			▓	▓	▓						▓	▓
Kilinga erecta			▓	▓	▓	▓					▓	▓
Rauwolphia vomitora				▓	▓	▓	▓	▓	▓	▓	▓	
Butyrospermum parkii			▓	▓	▓	▓	▓	▓	▓	▓	▓	
Gomme arabique			▓	▓	▓						▓	▓
Aframomum sp			▓	▓	▓						▓	▓

Source : Georges N'Gasse et Michel Bonannee

Selon l'ONG DONAVAL, l'huile essentielle de Lippi sp se vend à 500 000 F CFA le litre et un kilogramme de beurre de karité coûte 1 000 F CFA à Bangui. Ce dernier produit est très recherché sur le marché international de cosmétique. Par ailleurs, d'autres plantes présentent des vertus médicinales remarquables, tel est le cas de l'herbacée Centella asiatica qui, réduite en poudre, est vendue en pharmacie sous forme de poudre ou compresses sous le nom de « madécassole» aux propriétés cicatrisantes.

Le potentiel faunique

La grande variabilité des écosystèmes en Centrafrique a permis à ce pays de disposer d'une faune riche et variée, un pays par excellence de grande chasse, à obliger les autorités gouvernementales de créer des aires protégées (parcs et réserves de faunes) et des zones cynégétiques pour une gestion durale du patrimoine. Ainsi la RCA est divisée en :

- zone d'intérêt cynégétique (ZIC) couvrant une superficie de 270 000 km² soit 47 pour cent de la superficie totale du pays ; presque la totalité des aires protégées se trouve dans cette zone ;

- zone de chasse banale couvrant le reste du pays.

Tableau 11 : Les principales aires protégées de la RCA

Nom	Statut	Superficie (Km²)	Année de création
Vassako-Bollo	Réserve naturelle intégrale	860	1940
Manovo-Gounda Saint Floris	Parc national et patrimoine mondial de l'UNESCO	17 400	1940
Bamingui-Bangoran	Parc national et réserve de biosphère	10 700	1934
André-Félix	Parc national	1 700	1940
Dzanga-Ndoki	Parc national	1 220	1990
Basse Lobaye	Réserve de biosphère	450	1997
Dzanga-Sangha	Réserve spéciale	3 359	1990
Awakaba	Parc présidentiel	1 700	1968
Zemongo	Réserve de faune	10 100	1940
Aouk-Aoukale	Réserve de faune	3 300	1940
Gribingui-Bamingui	Réserve de faune	4 500	1940
Koukourou-Bamingui	Réserve de faune	1 100	1940
Ouandja-Vakaga	Réserve de faune	4 800	1940
Yata-Ngaya	Réserve de faune	4 200	1940
Nana-Barya	Réserve de faune	2 300	1953

Source : Plan Directeur agricole

Ces aires protégées couvrent une superficie totale de 68 422 km² soit 11 pour cent du territoire national. Il faut également préciser qu'une partie des ZIC est affectée aux sociétés de Safari pour des activités de chasses amodiées. Ces sociétés sont au nombre de quatorze et que sept sont opérationnelles du fait des crises militaro-politiques. On dénombre dix Zones cynégétiques villageoises (ZCV). Parmi les réserves énumérées certaines ont été reclassées en parcs nationaux et en zone de chasse villageoise, il s'agit des réserves de faune de : Aouk-Aoukalé, Ouandjia-Vakaga, Koukourou-Bamingui.

L'importance de la faune sauvage centrafricaine est reconnue mondialement (le parc national Manovo-Gounda-Saint Floris a été déclaré « Patrimoine mondial » de l'UNESCO). Toutefois, le potentiel faunique centrafricain quoique fortement menacé par les braconniers, est l'un des plus intéressants tant quantitativement que qualitativement, et est estimé à plus de 208 espèces de mammifères, 668 espèces d'oiseaux et une vingtaine de familles de reptiles :

- les forêts de la République centrafricaine abritent les grands mammifères tels que : l'éléphant, le gorille, le chimpanzé, le buffle, l'hippopotame, le bongo, le sitatunga, divers céphalophes, des reptiles, des vertébrés spécifiques et une avifaune riche, où l'on observe des mouvements migratoires de certaines familles aussi bien dans la zone de contact forêt-savane (les forêts du sud à Ngotto) ainsi que les zones humides du nord. En plus de ces grands mammifères, il existe des micro-mammifères tels que les musaraignes et autres rongeurs ;

- dans la savane, la faune est riche et plus diversifiée qu'en forêt, on peut citer les espèces suivantes : l'éléphant, le lion, le léopard, l'éland de Derby, l'autruche, la girafe, le lycaon, les cobs, l'hippotrague, les céphalophes, l'hippopotame, le sitatunga, l'hilochère et une avifaune particulièrement variée ;

- dans les écosystèmes de l'extrême nord du pays, les principales espèces présentes sont : le grand koudou, l'éland de Derby, le redunca, la gazelle de Thomson et le damalisque.

Dans l'ensemble, toutes les espèces animales sont représentées sur toute l'étendue du territoire, en dehors du rhinocéros qui a complètement disparu. Cette représentation est en :

- augmentation pour certaines espèces telles que : l'éland de Derby, le Sitatunga, le phacochère ;

- diminution pour d'autres telles que : la girafe, le lion, l'hyène, le koudou.

Tableau 12 : Population animale estimée dans la zone ex PDRN

Espèces	Estimation 1985	Estimation 1988
Hyène tachetée	3 000 - 5 000	500 - 1 000
Lycaon	-	225 - 325
Lion	770 - 1 040	1 100 - 1 950
Léopard	25 - 50	
Guépard	100 - 200	3 550 - 4 500
Eléphant	2 100 - 3 200	770 - 880
hippopotame	960 - 1 100	8 400 - 11 750
Phacochère	2 600 - 4 600	4 250 - 6 500
Potamochère	2 300 - 3 950	300 - 400
Hylochère	200 - 300	430 - 465
Girafe	225 - 1 280	100
Céphalophe à front noir	-	650 - 1 000
Céphalophe à dos jaune	-	650 - 1 000
Céphalophe bleu	-	3 100 - 5 600
Céphalophe à flancs roux	-	3 400 - 5 000
Céphalophe de Grimm	-	7 450 - 11 000
Ourébi	1 955 - 2 275	2 425 - 4 150
Cob de fassa	665 - 1 200	435 - 640
Cob de Buffon	4 100 - 6 550	2 650 - 5 200
Redunca	4 200 - 4 350	1 270 - 1 890
Gui harnaché	7 500 - 13 000	3 170 - 4 850
Situatunga	-	175 - 250
Bongo	175 - 250	200 - 300
Grand koudou	-	350
Eland de Derby	2 200 - 3 900	3 550 - 5 000
Damalisque	225 - 350	225 - 390
Bubale	4 600 - 7 050	3 000 - 4 300
Hippotrague	1 950 - 2 400	1 930 - 2 425
Buffle	13 950 - 17 900	11 800 - 15 500
autruche	200 - 300	135 - 200
Crocodile du Nil	1 500 - 2 500	1 750 - 3 500
Faux Gavio	-	-
Crocodile noir	-	500 - 1 000

Source : Rapport Final PDRN 1999 (ces données ne doivent pas faire l'objet
d'extrapolation sur d'autres zones)

L'écotourisme, c'est-à-dire le tourisme de vision, la photographie, voire le tourisme cynégétique, a toute les chances de se développer en RCA, parce qu'il n'opère qu'un prélèvement rationnel des ressources. Les potentialités sont multiples, nous pouvons citer entre autres :

- la marre de Gata à Gordil ;

- la saline de Dzanga à Bayanga, seul endroit où l'on peut observer au même endroit des centaines d'hippopotames, d'éléphants, des buffles, des perroquets... ;

- la station de Baï-Okou à Bayanga, où il est également possible de visionner le gorille de plaine dans son milieu naturel ;

- la zone humide du futur parc national de la Mbaéré-Bodingué, avec sa haute diversité biologique où l'on continue de découvrir des espèces endémiques parmi les singes telles que le Cercopithécus cephus ngottoensis.

Le tourisme cynégétique est la seule forme de valorisation de la faune, ayant réellement fait connaître la République centrafricaine à l'étranger. Mais les opérateurs de tourisme et les agences de voyages évoquent ce dernier temps le problème de l'insécurité.

Il faut noter aussi que l'avifaune en République centrafricaine reste exceptionnelle. Pendant la saison sèche les zones humides du nord et du sud accueillent de nombreuses espèces d'oiseaux migrateurs inter-africains et paléartiques: le pélican, le marabout, la cigogne, les oies, les canards, etc.

Une étude sur l'avifaune réalisée au cours de l'année 1998 dans le nord a permis d'identifier 485 espèces d'oiseaux et que 70 pour cent des espèces sont connues en République centrafricaine. Parmi ces espèces, 351 sont résidentes, soixante dix migratrices et soixante quatre paléartiques.

Mentionnons pour mémoire les perdreaux, pintades et aussi les outardes qui foisonnent partout. Il faut ajouter également les safaris de papillons dont les variétés des espèces sont les plus importantes d'Afrique. Parmi les groupes les plus spectaculaires, qui ont la forêt centrafricaine pour habitat, on peut citer les Charaxes et les Cymothoe, les Mylothris et les Acraea.

Le simple fait que la République centrafricaine soit un pays sous- peuplé avec un cheptel animalier bien représenté et un réseau d'aires protégées bien circonscrit constitue un atout pour un développement durable de la faune. Jusqu'alors la faune ne représente qu'environ 3 pour cent du PIB et reste pour l'ensemble du territoire la principale source de revenus et d'emplois dans les zones d'intérêt cynégétiques.

Des études socio-économiques réalisées en zone forestière indiquent que le revenu moyen tiré de la chasse serait de l'ordre de 43 450 F CFA par chasseur pour 113 jours de chasse par an. Ce revenu est plus élevé pour les chasseurs commandités, il est de l'ordre de 217 250 F CFA par an, alors que les grands chasseurs du sud-est du pays peut gagner plus 1 000 000 F CFA.

Tableau 13 : Estimation de la consommation de la viande de chasse
en République centrafricaine

Année	Consommation de la viande de chasse (tonne)		
	Milieu urbain	Milieu rural	Totale
1988	9 700	23 800	33 500
1994	13 200	26 150	39 350
1995	13 100	27 300	40 400
2000	15 400	29 750	45 150
2005	18 200	32 800	51 000
2010	21 300	34 500	55 800

Source : Michel Bonannee et Alphonse Guerret-Domba (2001)

Le potentiel agropastoral

En considérant l'étendue des savanes, des forêts, la fertilité des sols et le réseau hydrographique élevé, la RCA dispose donc d'un potentiel formidable en production agropastorale d'où l'on déduit que l'agriculture reste et demeure le principal pilier du démarrage économique. Parce que les conditions édaphiques et climatiques favorables permettent de pratiquer presque partout des cultures vivrières, des cultures d'exportation, des cultures de contre-saison et l'élevage.

La production agricole, avant tout de subsistance et fondée sur de petites exploitations, se concentre dans la zone forestière (du sud-ouest et du sud-est) soumise aux pluies tropicales, dans les zones de savane du nord-est et du centre. Plus de 350 000 familles sont des exploitants agricoles, comptant en moyenne 5,2 personnes par famille. Une famille travaille sur environ 1,7 hectare par an, soit une superficie totale cultivée de plus de 600 000 hectares sur les 150 000 km² (15 000 000 ha) de terre arable disponible en Centrafrique et une superficie pâturable de 313 000 km² ; à ces superficies, on peut ajouter un potentiel de terres irrigables estimé à environ 1,9 millions d'hectares.

La population rurale est disséminée dans plus de 9 000 villages (contre 6 000 villages en 1960) situés le long des routes et aux sommets des collines qui sont souvent des terres présentant peu de valeur pour l'agriculture. Cette situation combinée à une agriculture itinérante, impose aux terres arables une pression beaucoup plus grande.

Les cultures vivrières

Les cultures vivrières occupent près de 75 pour cent des surfaces cultivées et représentent plus de 40 pour cent de la valeur ajoutée de l'agriculture. Les plus importantes sont :

- le manioc, aliment de base de la population, est la culture la plus répandue, représente 60 à 70 pour cent des disponibilités calorifiques d'origine végétale (la consommation brute est estimée à 178 kg par personne par an), couvrant une superficie d'environ 40 pour cent de la surface totale cultivée. Le rendement moyen est d'environ trois tonnes à l'hectare de cossette, mais selon les zones, il est de deux tonnes à l'hectare dans les zones septentrionales et de sept tonnes à l'hectare en zone forestière ; le manioc est l'un des produits vivriers exportables vers le Congo-Brazzaville, la République démocratique du Congo et le sud du Tchad ;

- le maïs occupe 15 pour cent des superficies cultivées en produits vivriers. Le rendement moyen est estimé à 900 kg à l'hectare avec de fortes disparités, il peut dépasser trois tonnes à l'hectare sur de nouvelles défriches. Néanmoins, il existe une forte demande potentielle du maïs en République centrafricaine nécessitant de développer le maïs intensif mécanisé, qui peut créer des activités de synergie donnant ainsi naissance à une filière industrielle (gritz de maïs, aliments pour bétails) ;

- le mil et sorgho sont principalement produits au nord-ouest sur environ 34 000 hectares et dans le nord (8 500 ha) avec un rendement pouvant dépasser une tonne à l'hectare. Mais ils sont aussi cultivés dans les autres zones avec un rendement faible de 600 à 700 kg à l'hectare ;

- l'arachide en coque est produite pour 50 pour cent dans la zone de savanes cotonnières avec un rendement moyen estimé à une tonne à l'hectare. Les besoins du pays sont satisfaits en partie par des importations en provenance du Tchad, du Cameroun et du Soudan ;

- le sésame est produit pour environ 80 pour cent en zone de savane, le rendement est environ 500 kilogrammes à l'hectare. Le développement de cette culture est fonction de la demande interne et des possibilités d'exportation vers l'Europe et le Moyen Orient ;

- le riz est le second aliment de base des ménages centrafricains. La production nationale est de l'ordre de 7 800 tonnes de riz décortiqué. La consommation moyenne annuelle est de l'ordre de trois kilogrammes par personne. L'essentiel de la production est d'origine pluviale avec un rendement d'environ 1,6 tonne à l'hectare ;

- la production fruitière concerne d'une part la banane douce, la mangue, les agrumes et l'ananas provenant des zones forestières, et d'autre part, les bananes plantains, les ignames, le taro, le haricot, la patate douce et diverses légumineuses ;

- le maraîchage concerne essentiellement la production des légumes traditionnels (légumes de feuilles, gombo, piment) réalisée dans les jardins de case ou en inter-culture et la production en zone périurbaine des légumes de type tempéré (choux, tomates, concombre, carottes, aubergines, laitues, courgette, oignons, poireaux, ...).

Les cultures d'exportation ou de rente

L'agriculture d'exportation reste le pilier et le principal fournisseur de l'économie centrafricaine en devise, et est dominée par la culture du café, du coton et du tabac. Dans le passé d'autres cultures eurent une importance indéniable (caoutchouc, roselle), mais sont devenues inexistantes. Cependant, face à l'instabilité des cours des produits primaires, ces principales cultures subissent de graves difficultés. Certains exploitants découragés, abandonnent leurs plantations au profit des cultures vivrières.

Le café

La culture du café a débuté en 1926, à peu près en même temps que celle du coton. À cette époque, le café était la culture des européens (le coton étant la culture des indigènes)[1], et ceux-ci étaient incités à investir dans les grandes plantations alors que les Centrafricains en étaient découragés.

La production a atteint respectivement 4 000 tonnes et 6 000 tonnes en 1940 et 1960. À partir de l'indépendance, la production a cru régulièrement jusqu'en 1982 ou elle atteint les 17 400 tonnes. De 1983 à 1985, elle a baissé suite à la grande sécheresse de 1983. En 1988, la production du café culmina les 24 270 tonnes. Cette croissance correspondait à la montée en puissance des petites exploitations suite à l'abolition progressive des entraves.

Aujourd'hui le café est planté en zone forestière par près de 47 000 petits exploitants et quelques rares exploitants industriels sur une superficie totale d'environ 50 000 à 60 000 ha, dont 80 pour cent de plantation ont une superficie inférieure à deux hectares (la superficie moyenne est d'environ 0,80 hectares à l'est et de 1,5 hectare à l'ouest).

Malgré certains travaux de recherche appliquée, les rendements sont restés faibles et sont de l'ordre de 260 kg à l'hectare sur les petites plantations et de 400 kg à l'hectare sur les plantations industrielles qui pourraient techniquement produire 800 kilogrammes à l'hectare. Ces faibles rendements sont imputables à l'utilisation du matériel végétal non sélectionné, à l'application des techniques traditionnelles et à la médiocrité des services de vulgarisation.

À partir de 1994, le redressement des cours mondiaux conjugués aux effets de la dévaluation du F CFA et des mesures prises pour la restructuration des filières, ont permis la relance de l'exportation du café.

Le coton

La culture du coton a été introduite en RCA à Bangassou vers 1925 et à partir de 1928, elle connut une croissance spectaculaire. Le développement reposait, en ce temps sur trois principes fondamentaux :

- le travail forcé, abondamment décrit par André Gide ;

- la monétarisation des campagnes par la création d'un impôt de capitation;
- le développement d'une culture vivrière qui n'entre pas en conflit avec la culture du coton. Cette culture vivrière a été le manioc qui peut être cultivé en association avec l'arachide au détriment du mil.

Tableau 14 : Paramètres structurels de la culture du coton

	1930	1941	1950	1959	60/64	65/69	70/81	82/89
Surface cultivée (ha)	9	127	126	176	109,5	134	53,6	83,1-53
Rendement (kg/ha)	202	310	290	248	233	438	246	450
Production (tonne)	2	39	37	44	24,4	58,73	45,5	-7,2
Superficie par planteur		0,33	0,38	0,6				0,55

Source : Structures techniques (SOCADA, SOCADETEX, Ministère techniques).

Après l'accession à l'indépendance, le nouvel État veut rompre avec l'ordre colonial. Le travail forcé est supprimé et la culture du coton est censée être le résultat de la libre adhésion des paysans. La production tomba du coup à son plus bas niveau, mais au cours de la deuxième moitié des années 1960, elle a plus que doublé en moyenne annuelle, atteignant un record de 59 000 tonnes en 1969/70. Cette remontée s'explique par une augmentation substantielle des rendements et par la pression exercée par le régime Bokassa en faveur de la culture du coton.

Entre 1970 et 1980, la production cotonnière a diminué de plus de 50 pour cent sous l'effet d'une baisse constante de la superficie cultivée et que les rendements moyens ont aussi chuté de 441 à 175 kilogrammes à l'hectare et figuraient parmi les plus bas d'Afrique, alors qu'ils atteignaient 1 000 kg à l'hectare au Cameroun voisin, aux conditions de sol et de climat similaires. De 1982 à 1985, le rendement de coton fluctuait respectivement entre 276 kg à l'hectare et 572 kg à l'hectare. Et de 1985 à 1990, les rendements pivotaient autour de 450 kg à l'hectare. Depuis lors, les paramètres de production ont évolué positivement à l'exception de la superficie moyenne qui demeure stable autour de 0,55 ha, mais varie d'une zone à l'autre. Entre 1994 et 1997, la production cotonnière a enregistré une augmentation de rendement moyen, qui de 243 kg à l'hectare passa de 540 kg à l'hectare à 723 kg à l'hectare avec un pic de 845 kg à l'hectare.

Le tabac

Le tabac représente la troisième culture d'exportation pratiquée par les planteurs centrafricains. À l'origine, cette culture est basée sur deux types de tabacs :

- le tabac de coupe (Maryland et Rio Grande qui sont de moins bonnes qualités) cultivé à l'est, cette culture a été abandonnée pour cause d'absence de rentabilité et était en déclin sur le marché mondial ;

- le tabac de cape (type Sumatra, de bonne qualité avec un marché mondial demandeur) dont les feuilles sont destinées à la fabrication des enveloppes de cigare. Le rendement était de 0,65 tonnes à l'hectare en 1988.

Le tabac possède donc d'importants atouts pour son développement en RCA, on note aussi l'existence d'un potentiel de terres vierges disponibles, d'une dynamique paysanne de production, d'une possibilité de production du tabac de qualité et haut de gamme.

Les autres cultures industrielles

Le palmier à huile est l'une des cultures industrielles, il est exploité par une société d'État CENTRAPALM sur une superficie de 2 500 hectares. La production de cette usine estimée à 3 000 tonnes par an, ne parvient pas à couvrir la forte demande intérieure. La production d'huile de palme artisanale est mal connue.

La canne à sucre fait l'objet d'une exploitation industrielle par la société agro-industrielle SOGESCA devenue SUCAF en 2003. Le besoin national en sucre est d'environ 12 000 tonnes par an, alors que la production avoisine les 8 500 tonnes par an.

L'élevage

L'élevage centrafricain est dominé par l'élevage bovin transhumant, constitué de troupeaux zébus introduits dans le pays par les éleveurs peuls à partir de 1920, en provenance du Cameroun, du Tchad, du Nigeria et du Soudan.

L'élevage bovin se concentre au nord-ouest du pays et se trouve presque essentiellement aux mains de plus de 20 000 familles d'éleveur. À travers différentes enquêtes et surtout celles sur la productivité du bétail pastoral réalisée en 1996 par le CIRAD-EMVT et sur les bovins trypanotolérants et les petits ruminants (1998), les taux moyens annuels d'accroissement du bétail centrafricain sont répartis de la manière suivante : bovins (2,27 pour cent), ovins (5,21 pour cent), caprins (4,71 pour cent), porcins (4,38 pour cent) et les volailles (4,24 pour cent).

Le cheptel bovin pastoral représente 99 pour cent de l'effectif total, contre 0,24 pour cent pour les bovins trypanotolérants, 0,48 pour cent pour bovins zébus des agro-éleveurs et 0,24 pour cent pour les bœufs de culture attelée.

Les opportunités en matière d'élevage en Centrafrique sont conséquentes :

- forts cheptels (évalués à plus de trois millions de bœufs) ;

- 1,3 millions de ruches d'abeilles ;

- surface pâturable importante (313 000 km^2), et loin d'être utilisée en totalité ;

- déficit de certains pays d'Afrique centrale en viande (Congo-Brazzaville, République démocratique du Congo, Gabon et Guinée équatoriale) ;
- réseau hydrographique très dense pour l'abreuvement facile des troupeaux et une climatologie adéquate.

Le potentiel minier

La République centrafricaine anciennement appelée Oubangui-Chari était un territoire de l'Afrique équatoriale française (AEF). Les premières descriptions et les cartes géologiques du pays datent de 1913. C'est à partir des années 1920 que des prospections minières ont été véritablement entreprises. À partir de 1927, des grandes campagnes de prospection ont été menées par la Compagnie équatoriale des mines (CEM) au centre et à l'est de l'Oubangui-Chari. Ces travaux ont été faits avec la collaboration des géologues, tels que : G. Korableff, Rodine, Moussienko, G. Borgniez, F. Delhaye, E. Polinard.

Leurs travaux ont permis de subdiviser la RCA en trois grandes unités stratigraphiques :

- des grès horizontaux de la Haute Sangha (actuelle Mambéré Kadéi et Sangha Mbaéré) et de Mouka-Ndélé ;
- des séries sédimentaires anciennes, peu ou pas métamorphiques de Fouroumboula et de la Pama ;
- du socle cristallin et cristallophilien.

De ces différentes études, les limites des formations gréseuses de l'est et de l'ouest ont été définies. Portées sur le diamant et l'or en raison de leur valeur, ces recherches vont s'étendre à d'autres indices minéraux pour aboutir entre 1950 et 1960 à un levé géologique au 1/500 000. Depuis 1961, il y a eu très peu de recherche de prospection permettant de retracer les contextes géologiques du pays et de leur relation avec la distribution des ressources minérales.

Malgré la faiblesse de ces recherches, le recensement effectué dans le cadre du nouveau Plan minier national avec le concours de la Banque mondiale achevé en mars 1995 a identifié et localisé de manière précise pas moins de 470 indices minéraux. Quelques gisements ont été mis à jour : l'uranium de Bakouma, le lignite de Nzako, le fer de Bogoin, le cuivre de Ngadé et le calcaire de Bobassa. À cela, on peut ajouter à des degrés différents l'étain, le nickel, le chrome et les terres rares.

Les concentrations de minéraux lourds dans les sédiments fluviatiles récents offrent en quantité de la cassitérite, du diamant, de la monazite et de l'or. La présence de greenstones belt donne la possibilité de découvrir de gros gisements primaires d'or. De même, la position du pays à cheval sur une zone mobile et sur la bordure du craton congolais fait espérer la mise à jour des kimberlites.

Enfin, les fosses sédimentaires de Doba au nord, voisines des bassins de Doséo et de Salamat ouvrent des perspectives pour l'exploration pétrolière.

Seuls le diamant, l'or, l'argile, la latérite, le quartzite et le granite ont fait l'objet d'exploitation artisanale et semi-indutrielle. Ainsi, la production officielle cumulée de diamants de 1929 jusqu'à 2003 est d'environ 19 500 000 carats dont 16 454 209 carats résultent de l'activité artisanale qui assure depuis près de 45 ans la quasi-totalité de la production, alors que celle de l'or est estimée à environ 15 tonnes. À l'échelle mondiale, la RCA occupe le dixième rang des pays producteurs et fournit 0,4 pour cent de la production totale. Cependant, la renommée des diamants centrafricains vient de leur excellente qualité, ce sont des diamants de joaillerie, ils représentent 75 pour cent de la production.

La RCA dispose d'un fort potentiel minier, le sous-sol centrafricain regorge d'importantes ressources minérales et des substances telles que le fer (2,5 tonnes à teneur de 60 à 64 pour cent), le calcaire (60 à 70 pour cent), l'uranium (1,6 tonnes au mètre cube), le titane (30 à 50 kg au mètre cube), le colombo-tantalite (100 g au mètre cube), la lignite (3 000 000 mètres cubes), et d'autres en indice[2] par manque de recherche approfondie.

Tableau 15 : Les principales ressources minières de la République centrafricaine

Préfectures	Sous-Préfectures	Substances minérales et roches
BAMINGUI-BANGORAN	Bamingui	Sable
	Bangoran	Diamant, tourmaline
	Bolo	Or
	Manovo (zone cynégétique)	Or
	Ndélé	Or, fer, quartz, sable
BASSE-KOTTO	Kémbé	Or, latérite
	Satéma	Diamant, Or, latérite
	Dimbi	Diamant, Kaolin, latérite
	Alindao	Or, latérite, granite
	Djéma	Or, fer
	Haute Kosho	Diamant
	Am-Borogo	Granite
HAUTE-KOTTO	Bria	Diamant, or, fer, étain, latérite
	Ouadda-Djallé	Diamant, or, latérite, manganèse, quartz, pyrite, cobalt, fer
	Yalinga	Diamant, latérite, or
KEMO	Dékoa	Or, graphite, fer, eau thermale, granite
	Possel	Calcaire, dolomie et marbre
	Galafondo	Granite
LOBAYE	Boda	Diamant, or, latérite, argile, sable, granite

Tableau 15 : Suite

Préfectures	Sous-Préfectures	Substances minérales et roches
	M'Baïki	Diamant, or, latérite, calcaire, sable, quartzite
	Bogangangone	Diamant, latérite, sable
MAMBERE-KADEÏ	Berbérati	Diamant, or, calcaire
	Carnot	Diamant, or, graphite
	Amadagaza	Diamant, or
	Gamboula	Diamant, or
MBOMOU	Bangassou	Diamant, or, plomb, chrome
	Bakouma	Uranium, étain, cuivre, lignite, zinc
	Yakoma	Or, cobalt
NANA-GRIBIZI	Kaga-Bandoro	Or, quartz, granite
	Mbrés	Or, granite
NANA-MAMBERE	Bouar	Diamant, or, graphite, latérite, granite
	Baoro	Diamant, graphite, latérite, granite
	Baboua	Etain, graphite, latérite, granite
OUAKA	Bambari	Diamant, or, cuivre, nickel, disthène, quartz, granite
	Grimari-Bakala	Or, fer, étain, cuivre
	Ippy	Or, étain
OUHAM	Bossangoa	Diamant, or, titane, sable, quartzite, granite, étain
	Markounda	Or, sable, quartzite
	Kouki	Or, sable
	Baboro	Fer, sable, quartzite
	Boué	Quartz
	Markounda-Kouki	Or, sable, quartzite, granite, ardoise, ampérite
OUHAM-PENDE	Bozoum	Diamant, or, thorium, granite
	Paoua	Diamant, or, cuivre, Colombo-tantalite, zirconium, granite
	Bocaranga	Diamant, or, Colombo-tantalite, zirconium, granite
	Béangombo	Thorium, granite
SANGHA-MBAERE	Nola	Diamant, or

Tableau 15 : Suite

Préfectures	Sous-Préfectures	Substances minérales et roches
	Bania	Diamant
	Bambio	Diamant
	Salo	Diamant
VAKAGA	Birao	Granite, quartzite, granite, hydrocarbure
	Dolembo	Eau thermale
	Ngadé	Cuivre
	Sikikédé	Hydrocarbure

Source : Rapport des États généraux des mines (2003)

Notes

1. Certaines anecdotes du sud-ouest, dénommées « poêles au feu » racontées dans la Haute Sangha (actuelle Mambéré Kadéi et la Sangha M'Baéré) affirment que la population locale ne désirant pas planter le coton pour cause que sa culture provoque la gale, les chefs coutumiers ont intimé l'ordre à la population locale de mettre les poêles au feu afin de griller les graines de coton à semer. Ce qui fut fait. Après la semence du coton, les techniciens blancs d'antan ont constaté que le coton semé ne germait pas, ils ont conclu que la préfecture de la Haute Sangha n'était pas propice à la culture du coton, que seule la culture du café était adéquate.

2. Voir Annexe sur les traces des principales substances découvertes en Centrafrique.

Chapitre 3

Les grandes phases de l'évolution de l'économie centrafricaine de 1960 à 2003

L'économie centrafricaine a connu diverses phases de récessions et de reprises économiques. Ces différentes phases s'articulent de la manière suivante :

Figure 1 : Évolution du PIB réel (prix de 1995) et du PIB nominal de 1965 à 2001

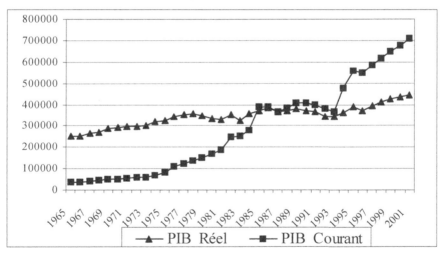

Émergence d'une nouvelle administration et stagnation de l'économie de 1960 à 1966

L'émergence de la nouvelle administration se traduit par le besoin croissant de financements, acquis par des prélèvements autoritaires sur les revenus du monde rural. L'incidence directe d'une telle politique a pour effet de décourager la production agricole et entraîner ainsi dans son sillage la baisse du revenu par habitant.

L'économie centrafricaine en 1960 reposait essentiellement sur le secteur agricole, qui représentait 50 pour cent du PIB et occupait 80 pour cent de la population active. L'indépendance acquise le 13 août 1960 n'a pas modifié la structure générale du monde agricole, dont l'aspect général est celui d'une économie de traite caractéristique de l'activité coloniale.

Les principales cultures d'exportation de l'époque étaient le café et surtout le coton, qui fournissaient 80 pour cent des recettes d'exportation du pays, et sont restées longuement les principales sources du revenu monétaire des paysans.

Après les indépendances, l'émergence de la nouvelle administration s'est caractérisée par une importante augmentation du nombre des fonctionnaires et agents de l'État, qui passa de 8 500 en 1963 à 11 650 en 1965. Ceux-ci ont bénéficié des salaires élevés soit 30 000 F CFA par mois contre 2 000 F CFA de revenu pour un planteur de coton. Ce qui fit accroître rapidement la part de l'administration dans le PIB qui passa de 13 pour cent à 18 pour cent. Cet accroissement n'est pas sans mot dire sur la charge croissante de la nouvelle administration. L'État sera donc contraint à rechercher par des procédés coercitifs, une augmentation de volume de production agricole tout en prélevant un lourd tribut sur les revenus des paysans.[1] Au début de l'année 1965, un emprunt national obligatoire est lancé ; au courant de la même année, le Président D. Dacko lança la campagne dite du « travail naturel » avec le slogan « faire son travail, c'est faire son devoir », ainsi les paysans se voient contraints à faire des journées gratuites de travaux pour des tâches d'utilité collective.

Les résultats de cette politique furent désastreux pour l'économie. Non seulement le paysan subit à la fois le prélèvement des sociétés cotonnières et celui de l'État pour financer les dépenses de la nouvelle administration, mais il est aussi soumis de nouveau aux travaux forcés. Deux conséquences immédiates s'en sont résultées, on nota :

- une baisse progressive de la production du coton qui passa de 40 000 tonnes de coton graine à la fin des années 50 à 28 000 tonnes entre 1964 et 1965, et à la même époque les autres productions stagnèrent ;

- entre 1960 et 1965, le PIB agricole régressa de 1,4 pour cent par an, entraînant une stagnation de la production globale ; tandis que la population augmentait au rythme de 1,9 pour cent par an, alors on assista au cours de ces premières années d'indépendance à une baisse de revenu par habitant.

En effet, toutes ces politiques ont engendré la réduction de la consommation des ménages (0,82 pour cent de croissance en moyenne annuelle). Par contre la consommation de la nouvelle administration a été relativement soutenue, de même l'investissement. Comme la production intérieure était insuffisante pour satisfaire la demande, on nota un accroissement des importations (7,95 pour cent). Néanmoins, pendant cette période, les exportations se sont accrues à un rythme supérieur à celui des importations, si bien que la hausse de la demande intérieure ne s'est pas traduite par un déséquilibre de la balance commerciale, d'autant plus que les termes de l'échange étaient légèrement favorables sur la période. Les finances publiques sont restées en équilibre grâce aux recettes d'exportation.

Le boom du secteur cotonnier, le décollage des secteurs miniers et forestiers : croissance et déséquilibre de l'économie de 1967 à 1970

Le boom du secteur cotonnier couplé avec le décollage du secteur minier et le démarrage de l'exploitation forestière constituent les principaux moteurs de la croissance et ont favorisé l'émergence du secteur industriel. La croissance s'est aussi traduite par l'apparition des premiers déséquilibres.

Entre 1967 et 1970, le PIB réel s'est accru de plus de cinq pour cent par an, si on tient compte du taux de la croissance démographique, le taux de croissance réel par an et par habitant était d'environ trois pour cent. Cette croissance était, en fait, tirée par les exportations du coton, du diamant et des bois d'œuvres. C'est ainsi qu'après avoir connu dix années de marasme, la production de coton fibres non égrenés passa de 24 000 tonnes en 1966 à 58 000 tonnes en 1970. Cette hausse est le résultat d'une profonde transformation dans la politique cotonnière par la mise en œuvre par le FED d'un programme de productivité. L'assistance technique aux paysans s'était amplifiée, on a ainsi assisté à la vulgarisation, la motorisation, l'introduction de nouvelles variétés, de fertilisants et d'insecticide, le soutien aux instituts de recherche agronomique.

Il faut aussi noter que l'augmentation des rendements du coton n'est pas liée aux variations des prix. Tout au contraire, le prix au producteur est resté stable de 1966 à 1968 à 28 F CFA le kg pour passer à 30 F CFA en 1969-1970, soit une hausse en terme nominal de 7 pour cent, ce qui correspond à une baisse en terme réel puisque le prix à la consommation a augmenté de 13,4 pour cent.

La rationalisation du transport et le gain de productivité ont fait que le coût au kilogramme du coton égrené est passé de 152,10 F CFA en 1963-1964 à 133 F CFA en 1967-1968. Le coton centrafricain devint pour la première fois ainsi compétitif sur le marché mondial en 1967-1968.

Le décollage de la production diamantifère date du début des années 1960 : de 105 000 carats en 1960, elle passa à 400 000 carats en 1964 puis atteignit le point culminant, jamais retrouvé en 1968, une production de 640 000 carats, elle fut une année exceptionnelle dans l'histoire du diamant centrafricain. Parallèlement à cet accroissement de la production, le prix du diamant à doublé grâce au redressement des cours mondiaux, mais également en raison d'une meilleure qualité des diamants vendus, du fait d'une plus grande proportion des ventes d'origine artisanale. La production artisanale a été autorisée par l'État en 1961. La valeur des exportations de diamants passa de 0,3 milliards de F CFA en 1960 à 4,7 milliards en 1968 (on estimait que les exportations clandestines représentaient 20 à 30 pour cent du total officiel). Cette augmentation de production est due à l'afflux de nouveaux artisans miniers individuels qui ont procuré 90 pour cent de la production en 1968 contre 50 pour cent en 1960. Par contre, la production des compagnies privées qui avait débutée en 1930, régressa fortement en 1965 lorsque le gouvernement de l'époque augmenta le taux de royalties. En 1969, un conflit éclata suite à l'exigence par le gouvernement d'une nouvelle hausse des droits de concession, qui aboutit à l'expulsion des principaux dirigeants des sociétés minières, marquant ainsi le déclin de la production officielle, compensée par l'exploitation artisanale. Pendant la même période, l'État percevait une taxe ad valorem de l'ordre de 15,5 pour cent à l'exportation. La contrebande devint très importante lorsque les diamants furent frappés de moins d'impôts dans les pays limitrophes.

Pendant la même période, la production forestière était destinée à alimenter le marché local et le Tchad. Cette production forestière remonte à 1945. L'exportation date des années 1950. Depuis la fin des années 1960, la Centrafrique exporte du bois vers l'Europe qui achète 50 à 70 pour cent de sa production. Les concessions qui ont été accordées dans les années 1960 entraînèrent une forte expansion du secteur. La production de grumes s'est accrue de 50 pour cent entre 1964 et 1968. À cette date, 25 pour cent des réserves en forêts exploitables sont exploitées par une douzaine de firmes privées en dépit des coûts de transports élevés.

Tirée par les exportations qui connurent une augmentation de huit pour cent par an, la croissance de l'économie évolua à un rythme soutenu de cinq pour cent par an. La production industrielle s'accrut sensiblement sous l'effet d'une demande solvable. La consommation finale augmenta de quatre pour cent par an entre 1967 et 1970. Environ 120 usines fonctionnaient en 1968, employant 1 500 personnes. Dans le même temps, l'investissement s'est accru à un rythme soutenu de 6,4 pour cent par an.

On voit ainsi apparaître les premiers déséquilibres. Le solde des biens et services s'est creusé suite à l'achat des biens d'investissement importés. Il était resté supérieur à 10 pour cent du PIB. Cette évolution défavorable du solde de biens et services est la conséquence de l'accroissement de la demande intérieure, qui s'était traduite par une augmentation du volume des importations conjuguées avec une quasi-stagnation des termes de l'échange. De plus, les finances publiques ont accusé un léger déficit qui atteignit près de trois pour cent du PIB en 1970.

Ralentissement de la croissance entre 1970 et 1975 : échec de la réforme agraire

La réforme agraire initiée par Bokassa et le renvoi des chercheurs et coopérants occidentaux et israéliens ont eu un impact vicieux sur l'économie.

L'objectif principal de la réforme était d'accroître la productivité agricole par une mécanisation accrue, couplée à l'utilisation massive d'engrais, tout en doublant les surfaces cultivées de coton par des déplacements autoritaires des paysans vers des nouveaux sites à haut rendement.

Cette méthode de reforme agraire couplée au renvoi des chercheurs blancs (en créant des centres nationaux de recherche fébriles),[2] ont eu des effets désastreux sur l'économie en générale. Ils ont influencé durablement l'évolution de l'économie. Car ce fut un échec total, la production du coton ne cessa alors de chuter jusqu'en 1980, passant de 58 000 tonnes en 1970 à moins de 30 000 tonnes en 1980, tandis que celle du café continua de chanceler. Au cours de la même période, le prix mondial du coton s'est amélioré, mais cette hausse de cours n'a pas profité aux producteurs de coton et de café pour lesquels les prix d'achat ont baissé en terme réel.

Par contre, les revenus de cette relative amélioration des termes de l'échange sont affectés à la caisse de stabilisation ou vers l'État, les producteurs de café et de coton se sont donc vus ponctionner de leurs revenus. Fait aggravant et pis, ces revenus n'ont pas servi à financer les investissements pour relever la production future, mais ils ont été utilisés pour importer les biens de consommation. Ceci, engendrant du coup une baisse spectaculaire de l'investissement de l'ordre de 9 pour cent, alors que le taux d'investissement par rapport au PIB qui au début des années 1970 était de 20 pour cent, chuta pour atteindre les 14 pour cent en 1975. Cette baisse de taux d'investissement a pesé durablement sur l'évolution économique du pays.

Amélioration des termes de l'échange : envolée des cours des matières premières de 1976 à 1978

Entre 1976 et 1978, le pouvoir d'achat du diamant a été multiplié par plus de deux et celui du café a presque quadruplé. L'euphorie naturellement née de cette envolée de prix, s'installa dans le pays, entraînant ainsi dans son sillage une forte accélération de la consommation publique et privée (dépenses exagérées pour le couronnement de Bokassa en 1976, augmentation du nombre des fonctionnaires), ces dépenses élevées suscitèrent une forte demande en produits importés destinés à la consommation finale. Les dépenses d'investissement ont donc vu leur part s'amenuiser par effet d'éviction au profit des produits consommés importés.

Ainsi, on nota qu'au cours de cette période, la Centrafrique disposait d'une ressource abondante en devises, au lieu de l'investir pour préparer son avenir, elle s'est lancée dans la consommation des produits importés,[3] compromettant immédiatement son futur proche économique, car le pays n'a su tirer profit de l'évolution favorable des termes de l'échange. Et, encore que les prix au producteur n'ont pas été incitatifs pour motiver les producteurs, ils eurent automatiquement des répercutions sur la production, entraînant indéniablement la chute du volume à l'exportation, alors que les prix internationaux ont continué à flamber. Ce phénomène résume en quelque sorte toute l'inadaptation ou l'incohérence de la politique économique mise en œuvre, ou bien, témoignait de la pure navigation à vue de l'économie centrafricaine par les politiques.

Détérioration des termes de l'échange : récession de 1979 à 1983

Suite à une période d'euphorie qui n'a profité qu'à une frange de privilégiés, la masse paysanne a enregistré une baisse vertigineuse de son revenu, pour cause l'évolution non adaptée des prix aux producteurs. L'effet immédiat s'est traduit par une baisse sensible de la production agricole. La conséquence qui s'en est suivie est la stagnation de la production globale, parce que la valeur ajoutée du secteur agricole a enregistré une régression de plus de 1,5 pour cent par an.

D'un coté, le seul fait positif qu'on peut mettre en exergue au cours de cette période, est la reprise soutenue de l'investissement au rythme de 13,4 pour cent par an, puisque les bailleurs de fonds ont affiché de nouveau, leur volonté réelle de soutenir la Centrafrique (devenue crédible) dans son développement après qu'elle s'est débarrassée du régime Bokassa (système totalitaire et dictatorial).

De l'autre coté, la Centrafrique a souffert également durant cette période, de la détérioration prononcée des termes de l'échange consécutive à la hausse des prix du pétrole conjuguée avec la baisse des cours mondiaux des matières premières. Cette situation défavorable pour le pays qui est exportateur de celles-ci, a provoqué un creusement aigu de son déficit commercial, mais s'est légèrement atténuée à partir de 1981 suite à l'appréciation du dollar américain par rapport au FCFA.

Tentative de stabilisation de l'économie de 1983 à 1985 marquée par une faiblesse de la croissance économique

Après la période de contraction de l'économie qui s'est traduite par une baisse inexorable du revenu par tête, entraînant une réduction de l'activité, et ayant pour corollaire une diminution du bien être de la population, le gouvernement de l'époque a affiché une nette volonté par la mise en place d'une politique de stabilisation financière, de relance de la production par le développement de l'agriculture et de la remise en état de l'infrastructure nationale.

Pour encourager et relancer la production agricole, les prix aux producteurs du café et du coton ont été relevés, certains organismes d'encadrement des paysans ont été également restructurés. Pour couronner l'ensemble du secteur, plusieurs mesures ont été prises pour inciter les différents acteurs de la vie économique.

Malgré cette tentative de stabilisation, l'impact socio-économique de cette politique, resta mitigé, elle n'a pas apporté une amélioration notable. La croissance économique bien que supérieure à la période précédente, resta très médiocre et certains déséquilibres structurels continuèrent de persister.

D'une manière générale, la crise mondiale a également amplifié la baisse des cours des produits primaires. Couplée avec la sécheresse de 1983 et le gel des salaires des fonctionnaires, on a assisté à une contraction aiguë du revenu par habitant, à une amputation des dépenses publiques et à une diminution drastique des recettes de l'État.

L'État s'est donc trouvé confronté à la fin de cette période à de graves problèmes structuraux qui ont inhibé cette tentative de stabilisation de l'économie, il s'agissait des problèmes liés à :

• la faiblesse de l'organisation et de la gestion de l'économie ;

• l'insuffisance des recettes publiques ;

• l'inefficacité de l'administration et des entreprises para-publiques ;

• la faible participation du secteur privé dans l'activité économique.

Persistance des déséquilibres structurels de 1986 à 1989

Pour pouvoir arrêter l'hémorragie, le gouvernement a mis en place une politique rigoureuse de gestion par :

• la réduction des déficits budgétaires et de la balance courante ;

• des politiques restrictives du crédit ;

• du relèvement des taux d'intérêt ;

• des mesures axées sur l'offre, visant à rétablir le potentiel de croissance.

Cette tentative a été compromise par des facteurs externes défavorables. Force est de constater que le déficit budgétaire n'a pas été résorbé en dépit d'une politique très stricte en matière des dépenses publiques (départ volontaire assisté de certains fonctionnaires). Les dépenses courantes par rapport au PIB, sont demeurées stables soit 13,2 pour cent en 1988 contre 13,3 pour cent en 1984. Et aussi que les recettes n'ont pas atteint le rythme souhaité, soit 12,3 pour cent en 1988 contre 14,2 pour cent en 1984.

Au niveau des échanges extérieurs, les résultats attendus ne sont plus guère satisfaisants. Le déficit commercial après une nette aggravation dans les années 1986 et 1987, est revenu à son niveau stable de 1984. En effet, les recettes d'exportation ont baissé de 33 pour cent entre 1985 et 1987, en raison des chutes des cours des matières premières. La conséquence de la convulsion des recettes à l'exportation, a généré la contraction des recettes publiques de près de 10 pour cent entre 1987 et 1988, une augmentation du service de la dette qui est passée de 13,2 pour cent à 18,3 pour cent du montant des exportations, et, de 26 pour cent à 33 pour cent des recettes intérieures.

En 1987, les arriérés extérieurs atteignirent 4,4 milliards de F CFA. La forte compression des exportations est due surtout aux facteurs extérieurs, et a eu comme résultat immédiat la déprime de l'activité économique, qui a contribué largement à la dégradation de la situation financière du pays : la croissance réelle du PIB est restée relativement positive sur la période soit une moyenne de 1,5 pour cent par an, mais a enregistré une diminution du revenu par habitant de 1,2 pour cent en 1986 et 1,3 pour cent en 1987.

La situation financière de la RCA en 1989, était toujours marquée par la persistance de la convulsion économique dans tous les secteurs. Ceci, en raison de l'obstination des facteurs extérieurs défavorables. Les cours du café sont restés déprimés malgré une faible croissance du PIB, les recettes à l'exportation ont vu leur part s'affaiblir. Cela a contribué à retarder la réduction du déficit public engagée par le gouvernement. L'État s'est donc vu obligé de venir en aide à tous les secteurs déficitaires parce que l'économie était largement atteinte par le marasme.

La grande récession de 1990 à 1993

À l'instar de nombreux pays africains, après les discours de La Baule, au début des années 1990, la Centrafrique n'a pas échappé aux mouvements de revendication démocratique qui ont eu des effets défavorables sur les recettes de l'État, suite à un long et difficile processus de démocratisation, caractérisé par :

• des grèves répétitives dans la fonction publique et privée ;

• la quasi-paralysie de l'administration ;

• le ralentissement de l'activité économique ; et

• l'affaiblissement des finances publiques.

C'était une période de trouble marquée par l'affaiblissement des institutions étatiques et un relâchement dans la rigueur d'application des politiques économiques et financières. Une telle situation a donné un coup d'arrêt aux réformes structurelles amorcées par le pays. Le PIB a chuté d'environ 6 pour cent entre 1990 et 1993 ; les services de recouvrement des recettes se sont pratiquement effondrés. Face à la compression budgétaire, l'investissement public a vu sa part se réduire drastiquement, soit une diminution d'environ d'un tiers en trois ans.

Cette contre-performance économique est également due au fait essentiel des prix : le pouvoir d'achat des consommateurs (surtout les agents des fonctions publiques) s'était amenuisé voir presque inexistant, pour cause, qu'entre 1992 et 1993, les fonctionnaires ont accusé dix mois d'arriérés de salaires.

Amélioration de la compétitivité entre 1994 et 1995

À la sortie d'une période de graves récessions déclenchées par des tensions sociales et des crises politiques, le gouvernement a mis en place un programme visant à amorcer les bases d'une croissance durable. Ainsi, on a constaté qu'après la dévaluation du F CFA, intervenue le 12 janvier 1994, l'activité économique a fortement repris, grâce à l'amélioration de la compétitivité résultant de la nouvelle parité du F CFA et à la remontée des prix des produits de base sur les marchés mondiaux.

En 1995, on a noté également une augmentation des recettes de l'État, mais le niveau élevé des dépenses n'a pas empêché l'accumulation d'arriérés de paiement tant intérieurs qu'extérieurs.

Croissance compromise : troubles politico-militaires de 1996 à 1997

L'accroissement des retards de paiement des salaires au début de 1996, a provoqué le mécontentement d'une partie de l'armé nationale, on a du assister aux troubles militaro-politiques successives entre 1996 et 1997, qui avec leurs cortèges de destructions massives d'une grande partie du léger tissu économique, du pillage des biens publics et de la paralysie de l'administration, ont réduit sensiblement les progrès économiques.

En terme de performance, la croissance forte de 1995 (5,2 pour cent) s'est effondrée en 1996 (-7,5 pour cent en terme réel) avec un fort ralentissement de l'activité économique. La poursuite des désordres politico-militaires au cours de l'année 1997 a entraîné :

- une baisse considérable des recettes de l'État (en dessous de sept pour cent du PIB) ;

- l'accumulation des arriérés intérieurs supplémentaires (six mois de salaires non régularisés à la fin d'octobre 1997) ;

- un cumul des arriérés extérieurs (cessation du paiement des échéances envers la Banque mondiale à partir d'avril 1997) ; et

- l'arrêt quasi total du processus des réformes.

De ce fait, le pays a connu durant la période, malgré l'amorçage de la croissance entamé en 1995, des trous noirs en 1996. Ainsi au cours de cette année, l'économie centrafricaine a enregistré un revers important en affichant un taux de croissance réel du PIB de -7,5 pour cent. Beaucoup d'entreprises du secteur moderne ont été endommagées, produisant ainsi des pertes considérables d'emploi et également un énorme manque à gagner dans le budget de l'État. Les dégâts ont été estimés à plus de 41 milliards de FCFA et le ralentissement des activités économiques d'environ 40 pour cent. Par ailleurs, le secteur manufacturier a dû faire face aux difficultés d'approvisionnement en consommation intermédiaire, à la baisse de la demande intérieure et à la concurrence du secteur informel (suite au gonflement de son effectif par les salariés mis en chômage).

Cette situation a mis le pays dans une position difficile vis-à-vis des partenaires économiques et financiers, ne permettant pas ainsi à l'État d'honorer ses engagements tant sur le plan intérieur qu'extérieur. Plusieurs mois d'arriérés de salaires sont alors demeurés impayés. Dans un tel contexte, la faiblesse des capacités économiques et institutionnelles ajoutée au faible niveau de revenu par habitant, limitent le financement des investissements les plus élémentaires en capital physique et humain dont le pays a besoin.

Nouvelle reprise timide de l'économie de 1998 à 1999

Après les troubles socio-économiques de 1996 et 1997, les autorités centrafricaines ont poursuivi, en 1998, leurs efforts visant à restaurer une stabilité socio-politique durable, ainsi que la sécurité des personnes et des biens :[4] conditions nécessaires pour le rétablissement de la crédibilité intérieure et extérieure, et, au maintien d'une croissance soutenue. Toutefois, les efforts ainsi déployés ont été limités dans leurs effets par un environnement international marqué par la baisse des cours, qui a affecté négativement les activités productives intérieures aussi que les comptes extérieurs et monétaires, tandis que les faiblesses internes ont pénalisé les finances publiques.

Le 21 juillet 1998, pour soutenir les efforts du gouvernement, le Conseil d'Administration du FMI a approuvé un programme triennal d'investissement (1er juillet 1998 au 30 juin 2001) au titre de FASR par un tirage global d'environ quarante (40) milliards de FCFA (soit 49,44 millions de DTS). Ce programme a pu bénéficier de l'appui de la Banque mondiale et de la BAD. Deux tirages de 8,24 millions de DTS chacun ont été effectués au cours de la première année de signature.

En 1999, suite à la baisse continuelle des cours mondiaux de la fibre de coton et, sur le plan intérieur, à la baisse de la production vivrière,[5] la perte du pouvoir d'achat des ménages et à l'attentisme de certains opérateurs économiques dans le contexte du scrutin présidentiel, la politique économique et financière a été durablement mise à l'épreuve.

D'une manière générale, la République centrafricaine demeure confrontée, durant cette période, à de sérieux handicaps relatifs à la précarité des finances publiques liée à la faiblesse des recettes publiques, aux insuffisances administratives et financières, inhibant le développement du secteur privé, ainsi que l'aggravation des problèmes d'infrastructures sanitaires et sociales qui ne répondent plus aux besoins de la population.

Aussi, la stratégie d'ensemble du gouvernement dans le cadre de FASR était de réduire les déséquilibres macroéconomiques et de réaliser une croissance soutenue de la manière à réduire la pauvreté. C'est dans cette perspective que la plupart des actions des pouvoirs publics sont demeurées axées autour d'une finance publique rigoureuse et des reformes structurelles tendant à créer un environnement propice à l'expansion du secteur privé.

Crise d'approvisionnement en produits pétroliers, persistance des troubles socio-politiques et baisse continuelle des cours mondiaux des produits d'exportation entre 2000 et 2003

Après une bonne performance macroéconomique enregistrée en 1999, l'économie centrafricaine a connu une période difficile en 2000 et 2001. Cette période a été marquée par :

- les événements politico-militaires de mai et novembre 2001 qui ont accentué les problèmes de gouvernance ;
- la chute des prix des principaux produits exportés par la Centrafrique ;
- le non-approvisionnement en produits pétroliers ;
- l'envolée du prix de baril de pétrole ;
- les difficultés dans les pays voisins ayant engendré une augmentation des coûts de transport.

Suite à une croissance moyenne de 3 pour cent entre 1994 et 1999, le PIB n'a augmenté que de 1,5 pour cent environ sur la période 2000-2001. Le déficit du compte courant de la balance des paiements s'est accentué d'à peu près 4 pour cent du PIB. L'explication qui en découle est que le volume à l'exportation a baissé couplé avec la détérioration des termes de l'échange.

En 2002, la situation économique de la RCA a évolué dans un contexte marqué sur le plan international par la baisse continuelle des cours mondiaux des produits d'exportation (diamants, coton, bois tropicaux) et la dépréciation du dollar face à l'euro. Au plan interne, l'évolution économique a été caractérisée par deux phases :

- durant le premier semestre, des efforts de consolidation de la paix sociale ont été entrepris après les tensions socio-politiques de 2001 ; en avril 2002, des discussions avec les institutions de Brettons Wood au terme du programme de référence d'octobre 2001 à mars 2002, ont été entamées ; des améliorations dans le recouvrement des recettes budgétaires ont été observées et on a assisté à un retour progressif de la confiance des investisseurs ainsi que celle des partenaires extérieurs au développement, augurant ainsi une perspective d'amélioration des performances macroéconomiques ;
- au cours du second semestre, cette reprise a été interrompue par les tensions socio-politiques au nord du pays, suite notamment aux événements du 25 octobre 2002 ; le circuit d'approvisionnement en produits vivriers en provenance du centre-est vers Bangui, a été durement affecté.

Des édifices publics, des infrastructures de certaines sociétés industrielles comme la Société centrafricaine de développement de textile (SOCADETEX) ont été détruits, la campagne cotonnière ainsi que l'accentuation des tensions de trésorerie de l'État ont mis à mal la croissance entamée au premier semestre.

En définitive, en dépit d'une progression de la production vivrière et sylvicole et de la réouverture du trafic fluvial, les performances macroéconomiques ont été caractérisées par une faible progression de la croissance réelle, une accumulation des arriérés intérieurs et extérieurs par l'Etat, la persistance des déséquilibres budgétaires et extérieurs ont engendré une situation monétaire contrastée.

La faible progression de l'activité s'explique par le repli de la demande intérieure, particulièrement par la contraction de la consommation privée, qui constitua le principal frein. Parce que la décélération de la demande finale des ménages est due, d'une part, au recul global des revenus agricoles suite à la régression graduelle des prix des cultures de rente (coton, café, tabac) et du diamant qui engendra la chute de la production de ces produits destinés à l'exportation, et ce, en dépit d'un accroissement de la production vivrière. D'autre part, la chute du prix de vente de café, la diminution des prix unitaires d'achat de diamants au producteur ainsi que le versement des revenus aux producteurs de coton par la SOCOCA, ont réduit les ressources financières du monde rural. Cette situation a, par ailleurs, été accentuée par l'accumulation des arriérés de salaires des fonctionnaires et par les événements du 25 octobre 2002, qui ont paralysé les activités et entraîné des destructions de biens.

La situation macroéconomique de la République centrafricaine s'est sérieusement dégradée en 2003, marquée par une forte contraction de l'activité économique, la persistance des tensions inflationnistes, l'aggravation du déficit budgétaire et un net recul de la masse monétaire. Ces tendances résultent, d'une part, par la dépréciation du dollar face à l'euro et de la mobilisation insuffisante de ressources extérieures en liaison avec la reconnaissance internationale tardive du nouveau régime, et, d'autre part, par les contrecoups des événements du 25 octobre 2002 et du 15 mars 2003, qui ont pesé négativement sur l'ensemble de l'activité productive et ont accentué les tensions de trésorerie de l'État.

La RCA a été marquée durant cette période par la crise d'approvisionnement en produits pétroliers, l'envolée du prix du pétrole, l'instabilité politique avec notamment le coup d'état manqué du 28 mai 2001, les soubresauts d'après cet avènement par la tentative d'arrestation du chef d'état major des armées en novembre 2001, entraînant l'entrée en rébellion de celui-ci jusqu'à son accession au pouvoir le 15 mars 2003.

Les capacités de l'administration publique ont été fortement entamées par les conflits, les difficultés financières de l'État ont favorisé la corruption, affaiblissant davantage la capacité de l'État à faire face à la situation actuelle. Les conflits ont eu un impact massif sur l'économie centrafricaine et la situation sociale, qui, suite aux années passées, était déjà dans un état particulier de déliquescence avancé. La crise dans le secteur formel s'est approfondie, un grand nombre d'entreprises ont cessé leurs activités.

Au niveau de la demande intérieure, la consommation, tant publique que privée, et les investissements se sont contractés d'une façon drastique. La balance des paiements s'est dégradée augurant une baisse de la masse monétaire suite à la contraction de l'activité économique. La situation des finances publiques s'est fortement dégradée ayant comme corollaire l'accumulation des arriérés tant extérieurs qu'intérieurs. Cette détérioration des finances publiques est liée aux conflits, mais également aux faiblesses politiques et institutionnelles.

L'administration publique a été fortement endommagée par les événements, et le fonctionnement de l'État s'est désintégré dans la quasi-totalité du pays.

Notes

1. Les paysans méritants recevaient des médailles, des primes en nature ou bénéficiaient d'un voyage tandis que les récalcitrants étaient sévèrement punis par la loi. Il est également fait obligation aux paysans d'acheter des emblèmes nationaux (en plus de l'impôt de capitation et de cotisations aux coopératives), ceci était une sorte d'incitation-répression pour obliger les paysans à travailler plus pour obtenir un revenu monétaire.

2. La désorganisation, le manque d'expérience et le laxisme des nouvelles structures mises en place, donnèrent des piètres résultats.

3. Ce que l'on appelle le phénomène du syndrome hollandais.

4. Ce regain de confiance est également du à la stabilisation, permise par les forces de l'ONU.

5. La stagnation de la demande globale due consécutivement à l'augmentation des arriérés de salaire dans la fonction publique a provoqué une décélération de la production intérieure (production vivrière et forestière).

Chapitre 4

Les principales politiques économiques mises en œuvre de l'indépendance jusqu'en 2003

Les premiers plans

Pendant la période coloniale, des plans ont été mis en œuvre de 1946 à 1953 et de 1953 à 1958. Ces plans ont vu le jour grâce à l'article 2 de la loi du 30 avril 1946 qui autorisait le Ministre de la France d'Outre Mer, en vue de la préparation et de l'exécution des plans de développement économique et social, à créer des sociétés d'État fonctionnant avec la souplesse et les méthodes des entreprises commerciales et industrielles privées. Pour ce qui est de la loi du 23 juin 1956, elle donnait au gouvernement à travers l'article 4, le pouvoir d'organiser et de soutenir les productions nécessaires à l'équilibre économique des colonies.

Dès l'indépendance de la RCA, pour mieux calibrer le projet de construction d'une société nouvelle, tournée vers le développement économique afin d'assurer le bien-être d'une nation naissante, des plans inspirés de ceux élaborés sous la colonisation ont été initiés. Le premier qui fut exécuté a été le Plan triennal provisoire du développement économique et social de 1960 à 1962, suivi par un plan biennal de 1965 à 1966. Nous notons, toutefois, que si ces deux premiers plans ont été malhabiles, ils n'ont été que partiellement exécutés. C'est ainsi que fut jeté le principe d'un développement économique planifié.

Le troisième plan élaboré fut un plan quadriennal qui a couvert la période de 1967 à 1970 : il se proposait de promouvoir une croissance économique à travers les secteurs agricoles et forestiers. Il a été suivi également par deux autres plans de même durée, il s'agit des plans couvrant les périodes respectives de 1971 à 1975 : celui-ci avait pour but d'accélérer le développement des secteurs de pointe de l'économie (agriculture, production forestière et industries associées), la mise en valeur des ressources insuffisamment exploitées, l'élimination des goulots d'étranglement (tourisme, recherches minières) ; et celui de 1976 à 1980 mit l'accent sur le désenclavement, la formation des ressources humaines à tous les niveaux, la production et le développement des ressources agricoles, animales et naturelles. Ces trois derniers correspondaient à la période où Bokassa était au pouvoir. Le second a connu un taux d'exécution de 74 pour cent avec une forte croissance économique ; alors que le troisième a été réalisé à 75,5 pour cent des prévisions, les résultats économiques furent catastrophiques, sauf dans le secteur industriel. La croissance globale était de l'ordre d'un pour cent par an.

La chute de Bokassa en 1979 a mis fin à l'exécution du troisième plan quinquennal. Sous cette période, l'économie centrafricaine était très désorganisée, elle enregistra une forte régression. En effet, sous cette même époque, on constata une prolifération des sociétés d'état et d'économies mixtes (environ une quarantaine). La majeure partie de ces entreprises étaient déficitaires et beaucoup d'entre elles étaient en cessation de paiement.

Certaines entreprises ont été pillées, saccagées à la chute de l'empire. On assista ainsi à une première destruction populaire du léger tissu industriel émergent. Les produits issus de ces pillages étaient appelés des « Grâce à Dacko ».

Le Plan de redressement économique et social (PRES) de 1980 à 1981

Suite au désordre politico-économique enregistré en 1979, qui a entraîné la chute de l'empire, un nouveau plan biennal de redressement économique et social fut concocté avec l'aide de la France, après la reprise de son aide financière en faveur de la RCA. Ce plan avait pour objectifs la remise en ordre de l'économie, l'amorçage, la consolidation et la relance économique, ainsi que de proposer une gestion rigoureuse des finances publiques.

Sur le plan financier, il est à noter que des mesures ont été prises pour réduire le déficit public. Il s'agissait de la réduction des effectifs des fonctionnaires, du blocage ou du gel de la rémunération de ceux-ci et de la réduction des dépenses hors budget.

Les résultats attendus furent mitigés, tandis que ce plan a été exécuté à 63 pour cent de ses prévisions et financé à 71 pour cent par l'extérieur. Malgré ce réel effort de cohérence et de remise en ordre, il n'a pas eu d'effet immédiat sur la croissance économique.

Le Programme national d'action (PNA) de 1981 à 1985

Il se situe dans la continuité du PRES parce qu'il correspondait à un programme intérimaire de transition suite à l'arrivée au pouvoir du Général André Kolingba et les années 1983-1985 à un programme triennal de relance. Son élaboration s'est faite avec l'appui des principaux bailleurs de fonds. Il avait pour principales orientations :

- la poursuite de l'assainissement financier ;
- la relance de la production intérieure ;
- la reprise de la croissance économique ;

- le développement et la mobilisation de l'épargne ;
- la réduction de la disparité entre le milieu urbain et rural ; et
- la satisfaction essentielle des besoins de la population.

Le PNA fut alors perçu comme un cadre de mutation du rôle de l'État vers un rôle éminent à jouer : celui d'assurer la cohérence de ses actions et de ne pas intervenir intempestivement d'une manière désordonnée et tentaculaire dans l'économie. Dès lors, des mesures d'assainissement des entreprises publiques furent réellement mises en œuvre, certaines sont devenues des sociétés d'économies mixtes, confiées à des opérateurs économiques privés. D'une manière générale, le constat fut décevant, parce que la mesure de privatisation se heurta à la méfiance des repreneurs privés.

Les investissements prévus dans le cadre du PNA ont été réalisés à hauteur de 90 pour cent, dont le financement a été assuré à 89 pour cent par l'extérieur avec une part importante de prêts, posant du coup le lancinant problème du fardeau de la dette.

Il faut également signaler que sous la période du PNA, les performances économiques enregistrées n'ont pas été négligeables, même en dépit de la sécheresse de 1983. La croissance du PIB s'est relativement maintenue autour de 3,9 pour cent, c'est surtout l'année 1983 qui a été sévèrement marquée avec un taux de croissance de moins 7 pour cent, dû à une longue période de sécheresse.

Le Plan de développement économique et social (PDES) de 1986 à 1990

Ce plan a d'abord consisté par un réexamen de l'exécution et une remise à plat (constat des actions prises lors de l'application) du PNA, ceci afin de définir les politiques sectorielles effectives à mettre en œuvre et d'améliorer le système de planification (par l'élaboration d'une programmation triennale glissante).

Les principaux objectifs s'organisèrent autour des axes suivants :

- augmentation durable de la production, en passant par l'amélioration de la connaissance du potentiel économique, la place du secteur privé par la création d'un environnement favorable à son essor, et ensuite, la priorité est donnée à la relance de la production agricole ;
- meilleure satisfaction des besoins essentiels de la population ;
- réforme du système d'éducation et de formation se caractérisant par une finalité économique et sociale ;
- accroissement de l'efficacité de la fonction publique ;
- rétablissement des grands équilibres macroéconomiques ;
- mise en place d'un système de planification permanente : programmation triennale glissante.

L'impact socio-économique des efforts entrepris fut mitigé. Le programme a été largement compromis par des facteurs extérieurs défavorables, la crise mondiale a engendré une baisse des cours des produits de base. En effet, on nota que les recettes d'exportation ont baissé de près de 33 pour cent entre 1985 et 1987, amplifiant ainsi la baisse des recettes de l'État. Couplée avec le gel des salaires des fonctionnaires et l'amputation des dépenses publiques, elle provoqua une détérioration du bien-être de la population.

La conséquence de cette réduction drastique a été la contraction des recettes publiques de près de dix pour cent en 1987 et 1988, une augmentation du service de la dette qui est passée de 13,2 pour cent à 18,3 pour cent du montant des exportations et de 26 à 33 pour cent des recettes intérieures. En 1987, les arriérés extérieurs atteignirent 4,4 milliards de FCFA. La forte contraction des exportations due surtout à des facteurs exogènes, a déprimé l'activité économique et a beaucoup contribué à la dégradation financière du pays. Par ailleurs, nous notons parallèlement que le taux de croissance du PIB est resté positif au cours de la période observée, respectivement de 1,5 pour cent et 1,4 pour cent entre 1986 et 1987.

Les Politiques d'ajustement structurel (PAS)

À partir de 1986, les autorités centrafricaines ont élaboré un programme plus complet d'Ajustement structurel, appuyé par les institutions de Bretton Woods. Entre 1986 et 1990, deux politiques économiques se sont chevauchées : les deux premiers PAS et le PDES. Le plan quinquennal (PDES) poursuivait des objectifs à moyen terme, tandis que les PAS visaient des objectifs à court terme.

Les fondements théoriques des PAS

L'étude des relations entre le secteur réel et le compte extérieur permet de justifier théoriquement l'application des PAS dans les PVD.

Notons que pour satisfaire la demande globale, le produit est composé non seulement des dépenses de consommation finale des ménages (C), de l'investissement (I), mais aussi des dépenses publiques (ensemble des administrations G) et de la demande en provenance de l'étranger (qui se traduit par les exportations X), tel que :

$$Y \equiv C + I + G + X$$

Et que l'offre globale correspond au revenu national qui est réparti entre l'Etat sous forme de taxes (T), les ménages qui peuvent consommer (C), éventuellement en faisant l'acquisition de biens et de services à l'étranger, c'est-à-dire en important (M), ou en épargnant (S), d'où :

$$Q \equiv C + S + T + M$$

L'équilibre comptable entre les ressources et les emplois s'écrit donc :

$Q \equiv Y$, tel que $I + G + X = S + T + M$

En arrangeant les variables macroéconomiques par secteur, on obtient les comportements suivants :

$$(X - M) = \quad (S - I) \quad + \quad (T - G)$$

Solde extérieur — Comportement des biens et services — Comportement de l'État

Extérieur de l'économie — Intérieur de l'économie nationale

L'étude de l'effet des dépenses publiques montre que le déficit budgétaire a des effets sur l'épargne, l'investissement, le taux d'intérêt et le taux d'inflation. Et que l'une des causes du déficit budgétaire chronique est que l'économie a une production non marchande élevée.

Pour mieux comprendre ou faire l'analyse des effets des dépenses publiques, il est nécessaire de décomposer le produit intérieur. Cette dernière équation nous permettra alors de distinguer les dépenses domestiques (encore appelées absorption intérieure), du produit intérieur :

$$(PIB) = \quad (C + I) \quad + \quad (X - M)$$

Y — Absorption interne — Solde extérieur, — tel que: $Y = A + B$

Banque mondiale — A — B

Gouvernement — Fonds monétaire internationale

Ici, il est question d'apprécier la contribution sectorielle (offre) au produit ou bien en terme d'utilisation du produit (des revenus) ou bien l'aspect demande. De la dernière équation, nous pouvons obtenir le solde suivant :

$Y - A = B$

C'est-à-dire que le solde des transactions courantes est le reflet de la situation interne, un déficit du solde des transactions courantes dans les comptes extérieurs traduit un déséquilibre au niveau interne.

Dans l'équation $Y - A = B$, si un déséquilibre apparaît lorsque le solde extérieur est négatif, cela signifie que l'absorption domestique est supérieure au revenu et donc que les ambitions de l'économie ne peuvent être atteintes que par un appel aux financements extérieurs. Et comme actuellement, il n'est pas aisé de mobiliser les financements extérieurs, la résorption de ce déséquilibre passe par une diminution de A ou une augmentation de l'offre (Y). Dans le premier cas, on parle de politique de gestion de la demande et dans le second cas, celle de la politique de gestion de l'offre :

- la première politique (préconisée par le FMI) s'appuie sur les politiques budgétaires et monétaires restrictives, « constatant que Y - A = B <0, ie que les agents dépenses plus qu'ils en ont ». C'est pourquoi, lors de l'application des PAS, les IBW demandent souvent que l'on réduit les principaux éléments de l'absorption domestique à savoir les dépenses publiques (G), de telle sorte que la masse salariale puisse être comprise dans l'ordre de 4 à 8 pour cent du PIB, ou soit à ne pas dépasser les 50 pour cent du budget de l'État ;

- la seconde politique (celle de la Banque mondiale) est basée sur la politique de l'offre, elle a trait à des ajustements de reforme structurelle et sectorielle, par exemple, une baisse des taxes sur les exportations permet aux exportateurs de réduire leurs coûts qui se manifeste par une augmentation des prix aux producteurs, parce que le coût baissant l'exportateur peut augmenter le prix aux producteurs et ceux-ci peuvent augmenter leurs productions.

La cause principale expliquant le pourquoi l'État doit réduire les dépenses publiques est déduite de l'équation suivante, en posant que l'épargne est la différence entre le revenu et la consommation plus les revenus nets des facteurs moins les taxes versées à l'Etat, on a : $S \equiv R - C - T \equiv Y - C - T$. L'équation d'équilibre ressources-emplois nous donne :

$S + C + T = C + I + G + X - M$, d'où l'on déduit enfin :

$(S - I) + (T - G) = (X - M)$, ie que le déficit budgétaire peut affaiblir le solde des opérations courantes et l'épargne privée du pays puisque $(T - G$ joue sur $(X - M)$ et $Sp)$. En poussant plus loin l'analyse et en décomposant l'épargne $(S = S_p + S_G$: épargne privée et épargne budgétaire) et l'investissement $(I = I_p + I_G$: investissement privé et investissement public), tel que :

$S - I = (S_p + S_G) - (I_p + I_G) = (S_p + I_p) + (S_G - I_G) = (X - M)$

Cette décomposition permet de déceler l'agent économique responsable du déficit. Donc s'il y a déficit, on peut dire que l'entrepreneur privé investisse plus qu'il n'épargne ou que l'Etat dépense plus qu'il ne fait la collecte des taxes et impôts, ou bien l'épargne d'un secteur est inférieure à la capacité de l'autre. On estime souvent que le secteur privé a une épargne supérieure à l'investissement $(S_p - I_p > 0)$. C'est ainsi, qu'on accuse que c'est le gouvernement qui est responsable du déficit du compte courant à travers le déficit budgétaire.

De ce qui suit, le gouvernement est obligé de mettre en place une politique budgétaire restrictive, la Banque mondiale agit en finançant les investissements pour n'augmenter rien que la production des biens échangeables (café, coton) tandis que le Fonds monétaire international contrôle la balance des paiements.

Les objectifs et actions prioritaires des PAS en Centrafrique

Les objectifs généraux ciblés par les premières générations des PAS, initiés pour la RCA, sont d'éviter à court terme une crise financière et de rétablir le potentiel de croissance du pays à moyen terme. Les principales actions passaient d'abord par une stabilisation :

- à court terme, par une gestion rigoureuse de la demande intérieure, c'est-à-dire par la limitation de la demande globale[1] à un niveau compatible avec celui des ressources disponibles. C'était que pour revenir à une situation d'équilibre, la politique budgétaire restrictive est prônée. Il s'agissait en fait de réduire les dépenses publiques, considérées comme la principale source de déséquilibre (tant intérieur qu'extérieur) et d'augmenter les recettes afin de ramener le déficit des finances publiques à un niveau soutenable. Pour amplifier l'efficacité de cette batterie de mesures restrictives, une politique de limitation du crédit était mise en œuvre dans le but de contrôler strictement l'évolution de la masse monétaire ;

- à moyen terme, des politiques structurelles axées sur l'offre devraient être menées pour mieux corriger l'affectation des ressources intérieures et accroître la production destinée à la consommation intérieure et à l'exportation. Ces actions favoriseraient la promotion des exportations et la substitution des importations, afin de ramener le déficit courant à un niveau tolérable et de renforcer la capacité du pays à servir la dette. Ces mesures consistaient-en : l'orientation des investissements publics vers les secteurs privés porteurs, la promotion des investissements privés, la libéralisation des prix et du rôle de l'Etat, la mobilisation des ressources extérieures à des conditions concessionnelles, le renforcement du secteur agricole et/ou la dévaluation.

Les premières générations de PAS exécutées en Centrafrique entre 1986 et 1990

Durant la période de 1986 à 1990, trois PAS ont été élaborés et mis en œuvre. Le premier PAS a vu le jour à partir de 1986, il avait pour but de poursuivre la politique d'assainissement des bases de l'économie, commencée depuis 1980. Deux séries de mesures furent prises :

- des mesures visant à assainir la situation monétaire et financière par une gestion rigoureuse de la demande intérieure : réduction du déficit budgétaire et de la balance courante (gel des salaires, suspension de recrutement des fonctionnaires, diminution du train de vie de l'État par l'abattement sur les dépenses de fonctionnement et d'investissement), politique restrictive du crédit à l'économie (diminution du crédit à l'État) afin de limiter les avances du système bancaire au trésor public et le relèvement des taux d'intérêt réels ;

- des mesures basées sur l'offre visant à rétablir le potentiel de croissance du pays par : la libéralisation des prix et des commerces, le renforcement du secteur agricole, la mobilisation des ressources extérieures à des conditions concessionnelles à l'appui à la réalisation du programme d'investissement public prioritaire (santé, éducation, infrastructures routières) et la promotion des investissements privés.

Ce programme a été mis en exécution entre 1986 et 1987, et, a été largement compromis par des facteurs extérieurs défavorables. En effet, les recettes d'exportation ont baissé de plus de 33 pour cent au cours de la période en raison des chutes des prix mondiaux du café, du coton, du tabac et des bois d'œuvre.

La conséquence de cette réduction a été la diminution des recettes publiques de près de dix pour cent, une augmentation du service de la dette qui ont pour corollaire une compression de l'activité économique entre 1987 et 1988. La résultante est que malgré une croissance relative du PIB, le revenu par tête a continué à baisser passant respectivement de 1,2 pour cent à 1,3 pour cent sous la même période.

Le second PAS a été mis en œuvre par le gouvernement à partir de 1988. En raison de l'environnement international défavorable et persistant, d'une application plus lente que prévue de ce dernier, celui-ci avait pour objectif de rétablir une croissance durable tout en continuant de redresser les fondamentaux de l'économie, mais aussi il cherchait à combler le retard accumulé dans l'accomplissement des reformes prévues dans le premier PAS.

La stratégie retenue consistait à encourager une croissance entraînée par l'agriculture sur la base de l'avantage comparatif, à ouvrir progressivement l'économie aux forces du marché sans oublier une application stricte de réduction du train de vie de l'État, à stimuler l'initiative privée en mobilisant les ressources financières extérieures suffisantes à des conditions de faveur pour soutenir le programme.

Malgré l'exécution du second PAS, la situation financière de la RCA en 1989 était toujours marquée par une récession généralisée dans tous les secteurs de l'économie. Les cours du café sont restés déprimés, bien qu'une croissance faible du PIB fut observée. Les recettes d'exportation ont été en dessous des prévisions, cela a considérablement retardé la réduction du déficit public (les recettes ne se sont pas améliorées). Ainsi, face à une situation où tous les secteurs étaient déficitaires, l'État s'est vu obligé d'intervenir massivement en appui pour calmer le front social.

En 1990, le gouvernement a signé un troisième PAS, mais à l'instar des autres pays africains au début des années 1990, la RCA n'a pas échappé aux mouvements de revendication démocratique. Ceux-ci ont eu des effets défavorables sur les recettes de l'État et ont entraîné l'arrêt du programme en cours d'exécution.

Durant la période des premières générations des PAS, le revenu réel par habitant a inexorablement baissé, engendrant ainsi une altération du bien-être de la population et une chute drastique de l'activité économique.

Entre 1987 et 1992, ni les dépenses d'éducation ni celles de santé n'ont augmenté en terme réel, et, comme les fonctionnaires étaient en grève pendant une longue période (1991-1993), les services publics dans ces deux secteurs ont pratiquement été interrompus.

Le secteur agricole a souffert de la contraction de l'économie. Suite à la baisse continuelle des cours mondiaux entre 1989 et 1993, les spéculations n'ont pas été levées, favorisant ainsi une paupérisation graduelle du monde rural. Le milieu urbain, quant à lui, a été également très touché par le ralentissement de la croissance suivi d'une perte accentuée d'emplois. Malgré les efforts réalisés pour transférer une partie des fonctionnaires au secteur privé par un départ volontaire assisté, se sont heurtés à plusieurs difficultés. Au départ, 1 700 fonctionnaires volontaires se sont enregistrés mais les programmes d'emplois de ceux-ci n'ont pas été créés ni bien coordonnés avec les actions existantes (50 pour cent de ces volontaires étaient des enseignants). Pareille mesure a eu des conséquences négatives sur la qualité de l'enseignement et que beaucoup d'entre eux n'ont pas trouvé une activité lucrative.

Les secondes générations des PAS

Après les périodes troubles de 1990 à 1993, marquées par les mouvements de revendication démocratique, le pays a renoué ses relations avec les IBW par la mise en place de nouveaux programmes, il s'agit notamment des programmes de redémarrage économique de 1994 à 1995, du développement à moyen terme de 1996 à 1998 qui a été perturbé par des évènements militaro-politiques de 1996 à 1997. À la fin de l'année 1997, suite à la stabilisation socio-politique et du rétablissement de la paix, des mesures ont été prises pour redresser la situation des finances publiques et amorcer le processus de réformes structurelles de l'économie. C'est dans cet objectif que le PAS de 1998 fut renforcé par une FASR et qui s'est vu remplacée par la FRPC. La dernière avait pour objectifs d'assurer les grands équilibres macro-financiers et de modifier le paysage économique par le désengagement de l'État du secteur productif marchand.

En effet, après les trois Programmes d'ajustement structurel (PAS) allant de 1986 à 1992, la RCA a conclu âprement un quatrième PAS en 1998. La mise en œuvre de ce programme n'a pas été satisfaisante à cause, entre autres :

- des retards pris dans l'exécution des réformes structurelles ;
- des conditionnalités non tenues ;
- de la cohésion sociale compromise.

Un programme avait été conclu en 2000 avec le FMI au titre de la facilité pour la réduction de la pauvreté et la croissance (FRPC) qui, elle non plus, n'a pu aboutir à cause des troubles socio-politiques.

La non signature d'un autre programme a été compromise en 2002 à cause essentiellement du volume des arriérés extérieurs. Ce programme aurait permis à la RCA d'accéder à l'initiative PPTE (elle vise la réduction des dettes extérieures), d'une part et de bénéficier de l'appui financier des bilatéraux, d'autre part.

Les mesures d'assainissement du cadre macro-financier

Les actions prioritaires des secondes générations de PAS étaient d'arriver à une maîtrise du déficit courant de façon à permettre la couverture des dépenses de fonctionnement de l'État par les ressources propres. La réalisation de ces objectifs passait par une stabilisation des dépenses courantes, y compris la masse salariale. C'est de la sorte que l'effectif des fonctionnaires devait demeurer plafonner autour de 19 500 agents, aucune mesure de revalorisation devait être prise. Les dépenses d'investissement, quant à elles, seraient orientées en priorité vers les secteurs de la santé, de l'éducation, des infrastructures de base et notamment vers le secteur de transport où d'importantes allocations serviraient à assurer l'entretien régulier des infrastructures existantes.

Pour mieux améliorer les procédures budgétaires et assurer l'unicité de caisse du trésor public, l'action immédiate fut la suppression de la quasi-totalité des affectations de recettes[2] afin de consolider le budget. D'autres actions concernaient la réduction des opérations de compensation sur les recettes et dépenses courantes, ceci pour éviter les opérations hors budget.

Les mesures structurelles

Ces dernières mesures comportaient trois volets. Le premier volet avait pour actions principales la libéralisation de l'économie et la relance du secteur privé, il s'agit de :

- renforcer un partenariat et une collaboration franche avec les opérateurs du secteur privé, la représentation patronale et les chambres consulaires ;

- reformer le système juridique et judiciaire ainsi que de créer un environnement propice aux affaires et à la promotion d'un secteur privé responsable par une adhésion effective aux principes de l'OHADA ;

- simplifier les procédures de création d'entreprise par la mise en place d'un guichet unique et la révision du code d'investissement ;

- promouvoir et développer un système financier plus souple et de proximité aux opérateurs économiques et d'encourager l'initiative privée ;

- poursuivre et accélérer le processus de privatisation des entreprises publiques viables pour permettre l'accroissement des ressources exceptionnelles de l'Etat nécessaires aux financements des priorités du gouvernement.

Les réformes institutionnelles et légales étaient des mesures appartenant au deuxième volet. Les principales actions visaient le renforcement du cadre institutionnel du secteur privé. Elles comprenaient également la réactivation du code forestier en vigueur depuis 1990 et la promulgation d'un nouveau code minier, tout en passant par la ratification de la loi régionale du droit des affaires (OHADA). Dans la même foulée, d'autres mesures prévues s'intéressaient à la préparation d'un code de travail libéral et d'une charte des investissements, dont l'un des objectifs était de simplifier les modalités des investissements et de définir des incitations non budgétaires.

Enfin le troisième volet était dédié à la réforme de la fonction publique : il avait pour principale action la poursuite du processus de réforme entamé au début des années 1990 par l'application du nouveau statut de la fonction publique, retardée suite aux tensions militaro-politiques de 1996 à 1997.

Limite et bilan mitigé des PAS

Dans les pays africains, s'il est désormais admis que les ajustements sont nécessaires pour assainir les économies nationales, parce qu'ils portent en eux des germes d'une gestion plus rigoureuse de l'économie et qu'ils garantissent la crédibilité vis-à-vis des bailleurs de fonds, on peut toutefois admettre qu'en RCA, les différents objectifs ou cibles visés par les PAS n'ont été que très partiellement atteints :

- au niveau macroéconomique, les tendances observées ont été marquées par un taux de croissance réel du PIB (durant les premières générations des PAS) inférieur au taux de croissance naturel de la population (2,5 pour cent), engendrant en général une diminution du revenu réel par tête;

- au niveau des finances publiques, l'ajustement a été effectué par le bas (baisse des dépenses[3]) et non par le haut (accroissement des recettes)[4]. Ainsi, si la progression des dépenses publiques a été relativement bien maîtrisée, aucune amélioration n'a été enregistrée du côté des recettes. Entre 1992 et 1993, la contribution totale de l'État à la rémunération des fonctionnaires n'a pas dépassé l'équivalent de quatre mois de salaires. Dix mois sont donc restés impayés ;

- au niveau de la balance des paiements, le déficit de la balance commerciale a été contenu grâce à une réduction sensible des importations, les exportations sont restées à un niveau très bas.

En 1991, la dette avait atteint 883 millions de dollars, soit 65,4 pour cent du PIB, malgré un allègement substantiel décidé par le Club de Paris et la radiation par la France de 40 millions de dollars de dette officielle concessionnelle. À cette époque, le service de la dette était estimé à 53,4 millions de dollars.

Par la suite, le gouvernement a bénéficié en 1994 de l'appui du FMI dans le cadre d'un accord de confirmation, lequel lui a permis d'apurer une partie de ces arriérés et du service de la dette extérieure, de bénéficier d'un rééchelonnement du stock des arriérés éligibles au Club de Paris. Au courant de la première année de signature du programme en juillet 1998, le pays a bénéficié d'un apport financier d'environ 12 milliards de F CFA. Toutefois, certaines difficultés n'ont permis à la RCA de maintenir sur le rail ce programme, ayant pour conséquences immédiates l'interruption des décaissements suivants privant le pays des concours financiers d'autres partenaires.

D'une manière générale, l'État s'est confronté aux difficultés suivantes :

- l'aggravation de la crise financière du fait du non décaissement à temps des ressources du FMI et de la Banque mondiale ;

- les décalages espacés pour la mobilisation des ressources additionnelles des autres partenaires bilatéraux et multilatéraux liés au programme signé ;

- l'impossibilité pour le gouvernement d'honorer les échéances courantes du service de la dette vis-à-vis des institutions de Bretton Woods, amplifiant ainsi l'accumulation des arriérés intérieurs (salaires, pensions et bourses) et extérieurs ;

- les difficultés à mobiliser des ressources propres pour faire face aux dépenses urgentes de restauration des édifices publics détruits ou pillés.

Malgré toutes ces contraintes, le gouvernement a pu signer un programme de référence de six mois allant du 1er octobre 2001 au 31 mars 2002. L'exécution quasi positive de celui-ci a permis l'élaboration d'un programme triennal renforcé par une Facilité pour la réduction de la pauvreté et la croissance (FRPC). Ledit programme qui devait passer devant le Conseil d'administration du FMI, le 13 novembre 2002, a été altéré par la tentative du coup d'État manqué du 25 octobre 2002, revendiqué par le Général François Bozizé.

En quelque sorte, les PAS initiés avec l'appréciation des IBW, n'ont pas produit des résultats escomptés. Le retour à l'équilibre de certaines variables macroéconomiques visées n'a pas été observé. Le taux de croissance réel de l'économie est resté depuis plusieurs années très faible par rapport aux objectifs des PAS. Certains économistes africains pensent que ces PAS ont été élaborés pour permettre le remboursement des dettes des IBW, parce que celles-ci insistaient beaucoup plus sur cette conditionnalité : rembourser d'abord les dettes avant d'espérer aux déboursements d'un programme conclu. Le remboursement obligatoire des dettes extérieures a eu comme corollaire, la baisse du revenu par tête et surtout du salaire réel, l'accroissement du chômage et de la détérioration du bien-être de la population suite à la dégradation des services sociaux de base (réduction drastique des dépenses publiques dans le secteur de la santé et de l'éducation), la baisse de qualité en matière d'enseignement et de la formation (plusieurs années blanches et grèves répétées dans le secteur de l'éducation), et enfin l'aggravation de la malnutrition.

Notes

1. Parce que la demande globale est supérieure à l'offre globale du pays : la fonction de consommation est donc supérieure à la fonction de production, le pays est obligé de s'endetter pour couvrir ces besoins essentiels, d'où nécessité d'un ajustement d'abord par la réduction de la demande puis l'amélioration de l'offre vient en dernière position.

2. Sauf la redevance d'usage routier (fonds routier).

3. Le gel de salaires, l'arrêt de nouveaux recrutements des jeunes diplômés ont eu pour conséquences la baisse du pouvoir d'achat de l'agent de l'Etat et un accroissement du taux de chômage, hypertrophie du secteur informel.

4. La politique de restriction de la demande qui s'est effectuée par une réduction sévère des dépenses publiques, a conduit l'économie dans une spirale déflationniste : en effet, en raison du rôle moteur du secteur public dans l'économie (plus de 50 pour cent de la masse salariale du pays sont constitués par les salaires distribués par l'État à ces agents auxquels s'ajoutent ses propres dépenses de consommation et d'investissements, ainsi toute contraction de l'activité du secteur public se répercute automatiquement sur les autres secteurs avec un effet multiplicateur qui entraîne l'économie dans une spirale de récessions. C'est ce qui peut expliquer le fléchissement de l'activité dans les services privés, les secteurs industriels et la léthargie du secteur agricole. Ainsi, face aux perspectives moroses de l'économie, les entrepreneurs vont anticiper une baisse de leurs débouchés et réagir par une contraction de leurs activités, au besoin par des licenciements et un pur ralentissement de leurs programmes d'investissement favorisant une diminution de la formation du capital. Ce comportement de réduction d'investissement va se traduire par une nouvelle détérioration de la demande globale qui ne fait que renforcer le caractère récessif de l'ajustement et conduire l'économie dans le cercle vicieux de la décélération de l'économie. Ainsi la baisse de l'investissement va compromettre par ailleurs le potentiel de croissance du pays si l'on considère que l'investissement d'aujourd'hui est la croissance de demain.

Chapitre 5

Les contraintes majeures au développement de la Centrafrique

La Centrafrique possède d'abondantes ressources naturelles. Sa position enclavée, couplée avec la mauvaise gestion de l'économie et l'instabilité politique, ont fait que l'économie ne s'est pas développée autant qu'on aurait pu s'y attendre. Sans être un pays riche, la Centrafrique possède un potentiel pour satisfaire les besoins de sa population. D'une manière générale, le développement du secteur rural est entravé par diverses contraintes d'ordre à la fois technique, socioculturel et économique. Le marché national est étroit. Les systèmes de production agricoles sont assez archaïques et se caractérisent par un manque d'équipement, à l'origine d'une faible productivité, d'une alternance de périodes de mises en cultures courtes et de jachères longues limitant la valorisation des investissements en travail, d'une concentration des terres exploitées sur les axes routiers au détriment des bas-fonds plus riches mais éloignés des routes et d'un manque d'utilisation d'intrants. Ces contraintes d'ordre structurelles, sociales et techniques peuvent être classées de la manière suivante :

- des goulots d'étranglement dans la voie de transport fluvial et ferroviaire qui conduit à la mer via le Congo et sur la route qui traverse le Cameroun, majorent fortement le coût de transport et rendent les exportations moins compétitives ;
- la petite taille (ou l'exiguïté) du marché intérieur et l'étalement du pays sur une vaste étendue excluent les économies d'échelles et les coûts de production dans l'industrie manufacturière et élèvent les prix (à cause de l'importance des frais de distribution intérieure) ;
- une main-d'œuvre qualifiée insuffisante ;
- un climat politique oppressant étouffe toutes les initiatives politiques et administratives. Le constat est qu'à la fin de chaque régime, la fonction

publique est démoralisée et est au point mort à cause des arriérés de salaires ;

- une faible pénétration des services bancaires : niveau très bas de dépôt et insuffisance de financement des investissements, les banques préfèrent le financement aux crédits de court terme (c'est-à-dire les activités commerciales) ;

- une instabilité des cours des matières premières, la Centrafrique est un petit pays preneur de prix ;

- un manque de politique de diversification des exportations ;

- un bas niveau de la production et des exportations agricoles ;

- un échange défavorable entre le milieu urbain et le milieu rural ;

- un faible niveau technique et une formation insuffisante des agriculteurs;

- une détérioration des conditions de vie ;

- une instabilité politique persistante ;

- un faible niveau général de développement et une inadaptation des mesures de politiques économiques qui ont empêchés la création des unités de production manufacturière ;

- l'absence d'esprit d'entreprise et le manque d'intégration économique interne et externe ont contribué à freiner l'économie ;

- l'inexistence d'infrastructure adéquate.

Une croissance économique très faible

De 1960 à 1990, le PIB a progressé seulement de 1 pour cent en terme réel, soit nettement moins que le taux de croissance naturel de la population, montrant que le PIB per capita a donc régressé sur les trois dernières décennies, démontrant que la structure de l'économie n'a pas subi de grandes modifications.

Tableau 16 : Composition sectorielle du PIB

	1965/67	1967/70	1978/80	85/88	1990/2000
Primaire	42,8	41,7	39,8	43,5	54,8
Secondaire	15,5	15,1	19,9	20	17,8
- dont :					
manufacture	-	-	7,4	6,3	8,1
Tertiaire	41,7	43,3	40,3	36,5	27,8

Source : DSEES

Jusqu'à la fin des années 1970, la structure économique de la RCA était marquée par la permanence de celle héritée de la colonisation. Dans les années suivantes, elle va s'infléchir quelque peu, en particulier les activités du secteur secondaire (manufacture, énergie, BTP) vont voir leur part s'accroître dans le PIB, passant de 15 pour cent dans la décennie de 1960 à 1970 à 20 pour cent vers la fin des années 1970. La place du secteur secondaire se stagne à ce niveau mais par contre la part du secteur manufacturier va régresser vers la fin des années 1980. Le secteur tertiaire qui englobe les services marchands et non marchands diminue progressivement en raison de la stagnation et des grèves longues et répétées dans les administrations publiques. On constate également la faible part de l'industrie et un gonflement du secteur primaire suite à la déviation des activités des fonctionnaires[1] et l'abandon des cultures d'exportation vers les cultures vivrières.

En conséquence, sur les dix dernières années, l'évolution économique de la RCA présente la caractéristique suivante : les activités primaires ont non seulement été prédominantes mais ont progressé au détriment des secteurs secondaire et tertiaire, passant de 49,1 pour cent en 1990 à 57 pour cent en 1999. De ce fait, il est intéressant de noter par ailleurs le poids de la production vivrière qui, à elle seule, a représenté en moyenne 34,6 pour cent contre moins d'un pour cent des cultures d'exportation (qui bénéficient de plus de 80 pour cent des investissements en faveur de l'agriculture).

Pour expliquer les faibles niveaux de croissance enregistrés, Paul Collier et Jan Willem Gunning (1997) ont mené différentes études, utilisant des modèles économétriques fondés sur la théorie de la croissance endogène pour identifier et quantifier l'effet des divers facteurs sur le taux de croissance du PIB. Ces études ont montré que le seul fait d'être en Afrique implique une prévision du taux de croissance d'à peu près 1,5 pour cent inférieur à la moyenne des pays non africains. L'échantillon est composé par un ensemble des pays en développement africains et non-africains (pays d'Asie du Sud-Est et d'Amérique latine), des séries de variables (éducation, monnaie et finances, commerce extérieur et change, budget) caractérisant les politiques suivies.

En combinant les résultats, Collier et Gunning ont identifié six groupes de facteurs essentiels permettant d'expliquer les faibles taux des économies africaines, en particulier celle de la RCA, il s'agit de :

Une insuffisance en capital social

L'Afrique, selon les auteurs, connaît de façon générale une insuffisance en capital social civique et public du fait :

- des barrières ethno-linguistiques, qui induisent une fragmentation des économies africaines et qui rendent difficile les interactions sociales. Dans les économies où les droits politiques sont défaillants, ce facteur peut expliquer jusqu'à 45 pour cent de l'écart de croissance entre l'Afrique et les autres PVD (Easterly et Levine) ;

- d'une classe politique gouvernante aux intérêts divergents de ceux de la masse de la population : les gouvernements africains émanant d'une petite élite ont contribué à la défaillance du capital social publique de leur pays via ;

- des péchés par commissions : politique servant les intérêts de classe (taxation de l'agriculture au profit de l'administration publique, subvention des aliments en zone urbaine, régime de contrôle des qualités et des prix...) ;
- des péchés par omissions : incapacité à fournir des infrastructures adéquates.

Une insuffisance d'ouverture

Au niveau du commerce extérieur, l'existence du contrôle s'est traduite par la mise en place des quotas, droits de douane excessifs, taxes à l'exportation, contrôle des changes et caisse de péréquation qui ont fait de l'Afrique la région de loin la plus fermée des PVD. Ces restrictions ont été d'autant plus dévastatrices que les économies africaines sont en moyenne plus petites. L'analyse économétrique montre en effet qu'un même niveau de restrictions commerciales est une fois plus pénalisant en Afrique qu'ailleurs. Selon Sachs et Warner (1997), les politiques commerciales restrictives, l'accès difficile à la mer et la maladie hollandaise causent une réduction du taux de croissance de 1,2 pour cent (ou de 0,4 pour cent selon Easterly et Levine 1997).

Des services publics déficients

En dépit d'un taux de dépenses productives plus élevé que dans les autres régions du monde (16,5 contre 21 pour cent des dépenses publiques totales de 1985 à 1989), les services publics sont déficients du fait :

- *d'une politique* visant à favoriser le volume de l'emploi public, au détriment de la qualité des services fournis :
  - *trop de staff et manque de moyen* (1$ de dépense sociale absorbe des charges salariales deux fois plus élevées en Afrique qu'en Asie du Sud) ;
  - *des niveaux et une échelle de progression de salaires peu incitatifs* conduisant à un découragement de la main-d'œuvre ;
- *d'une mauvaise orientation des dépenses publiques* vers des services répondant au besoin de l'élite (e.g. les dépenses d'éducation tertiaire sont 44 fois plus élevées que les dépenses primaires comparées à une fourchette de 3 à 14 fois) ;
- *d'une politique d'infrastructure inadéquate* résultant-en :
  - *un volume insuffisant* : faible densité, des routes rurales en moyenne 55 km/km² comparé à 800 en Inde, un dixième du nombre de téléphone par habitant en Asie ;

- *une qualité médiocre* ;
- des prix élevés : tarifs ferroviaires et aériens deux à quatre fois plus élevés qu'en Asie ;
- *le frêt et l'assurance* s'élèvent à quinze pour cent des revenus d'exportation comparé à six pour cent pour la moyenne des PVD.

Une géographie à risque

En partie, pays très éloigné des littoraux (risques climatiques, accès difficiles aux débouchés portuaires en eau profonde, sols de faible qualité, risque de maladie) qui accroissent le risque agricole et conduisent souvent à une faible densité de la population (coûts de transports élevés) ;

Un avantage comparatif en ressources naturelles dont le corollaire est bien souvent une trop grande dépendance vis-à-vis de quelques ressources dont les termes de l'échange sont très volatiles. La détérioration des termes de l'échange explique à 0,70 pour cent l'écart de taux de croissance et les autres PVD (Elbadawi et Ndulu 1996).

Une profondeur financière insuffisante

La mesure de la performance d'un système financier se fait à l'aide d'un indicateur de développement financier : l'indicateur d'approfondissement financier (ou ratio de liquidité), c'est le rapport entre les stocks monétaires (M1 ou M2) et les flux de transaction (le PIB ou PNB), son inverse est le ratio vitesse-revenu. Ce ratio de liquidité mesure la profondeur de l'intermédiation financière, plus le ratio est élevé, plus le système financier est liquide. La performance financière en Centrafrique est très faible et a pour conséquence une imparfaite transformation des ressources financières.

Le manque de monnaie est à l'origine d'une perte de productivité considérable, qui s'externalise à l'ensemble des acteurs. Les faibles disponibilités monétaires contraignent les acteurs de l'informel à réduire leur besoin de monnaie en modérant la valeur globale de leurs transactions.

La valeur des transactions est égale au prix multiplié par les quantités : où M représente le volume moyen de la masse monétaire, V la vitesse de circulation de la monnaie, P le niveau général des prix et Y le volume total des transactions (PIB nominal). Dans l'économie informelle M est insuffisant pour réaliser Y, pour l'atteindre les acteurs accélèrent V et modèrent P. Les faibles revenus et la rareté de la monnaie exercent une pression évidente en faveur de la modération des prix, car sur n'importe quel marché du monde, les biens et quels que soient leurs coûts se négocient moins cher que lorsque les acheteurs qui sont aussi des vendeurs disposent des revenus faibles engendrant de faible niveau de liquidité.

Le niveau de développement financier, exacerbé par les politiques de répression financière et de contrôle des échanges, a conduit à une perte de croissance estimée à 0,3 points (Easterly et Levine 1997).

La faiblesse de l'épargne

La RCA souffre d'une insuffisance de l'épargne intérieure. L'analyse de l'ampleur actuelle et de la réserve potentielle de l'épargne en Centrafrique est extrêmement difficile. Difficile, parce que la RCA est confrontée à d'énormes problèmes imbriqués les uns aux autres. D'une part, on affirme souvent que la population centrafricaine est très pauvre pour épargner et que la logistique nécessaire pour la collecter est très coûteuse. Cette hypothèse n'est pas sans fondement, car la faiblesse des revenus, le manque d'instruction, les contraintes de survie, l'inexpérience en ce qui concerne les institutions officielles telles que les banques, la méfiance à leur égard, pèsent sur la capacité et même la volonté d'épargner des plus démunis. D'autre part, selon Ragnar Nurkse (1953), la faiblesse de l'accumulation du capital entraîne un faible niveau de revenu, qui génère à son tour un faible niveau d'épargne.

Depuis l'indépendance, les dépenses de consommation finale des ménages et de l'administration sont relativement égales au Produit intérieur brut, faisant de sorte que l'épargne intérieure est restée résiduelle, évoluant bon an mal an, en dents de scie, devenant parfois négative certaines années.

Le taux d'épargne a eu tendance à se dégrader progressivement jusqu'à devenir négatif à partir du milieu des années 1970. Il atteint son plus bas niveau en 1980, puis s'est légèrement redressé pour redevenir négatif à partir de 1985. Cette situation s'est largement accentuée durant la dernière décennie suite aux troubles socio-politiques qui ont marqué le pays, faisant fuir les principaux partenaires économiques. Cette faiblesse du niveau d'épargne intérieure (4,7 pour cent du PIB réel entre 1993 et 2002) est de loin inférieure de plus de six points à la moyenne annuelle des PMA au titre des années 2000 (11 pour cent).

Cela démontre que le pays consomme plus qu'il n'en produit. La RCA est donc contrainte de faire recours à l'aide ou à l'épargne extérieure pour financer ses dépenses d'investissement et de souveraineté. Ce phénomène caractéristique des PMA, est particulièrement exacerbé en Centrafrique. Il est à l'origine du déficit structurel des finances publiques et en même temps celui de la balance des paiements puisque l'absorption est supérieure au revenu national.

La fragilité du système financier

Le secteur financier national demeure modeste et ne comprend que quelques banques commerciales qui forment un groupe oligopolistique préoccupé par le maintien des hautes marges associées aux petits marchés à faible croissance. Ainsi, la situation des banques en RCA est très fragile. Globalement le système ne satisfait pas aux critères de solvabilité. Il souffre d'un problème structurel persistant : les dépôts à court terme sont trop importants par rapport à ceux à long terme. Il n'est donc pas en mesure de dispenser des crédits à moyen et long terme qui seraient nécessaires au financement des activités de développement, actuellement, la majeure partie (plus de 80 pour cent) des crédits alloués à l'économie par le secteur bancaire sont des crédits à court terme destinés surtout au financement des activités tertiaires liées au commerce. Les entreprises ont ainsi des difficultés à obtenir des crédits, en particulier des crédits à long terme nécessaires aux financements des investissements. Même si l'une des banques primaires (BPMC) est considérée comme la première banque de la sous-région (elle est classée à la côte 1) par la COBAC, les deux autres (BICA et CBCA) demeurent dans une situation très fragile.

La faiblesse de la productivité et le recul de l'investissement

Sur la période de 1960 à 1990, le taux d'investissement moyen a été de l'ordre de quinze pour cent. Il a connu une chute vertigineuse au cours des années 1970 passant de 22 pour cent en 1973 à sept pour cent en 1980,[2] son plus bas niveau jamais atteint. À partir de 1981, l'investissement a connu un redressement relatif, il reste encore à un niveau très faible, hypothéquant gravement les potentialités de croissance de l'économie.

Pour la République centrafricaine, on peut parler d'une dégradation de la formation du capital, alors qu'en 1960, le taux d'investissement était d'environ vingt pour cent et se situait parmi les plus hauts en Afrique (16 pour cent au Sénégal, 15 pour cent en Côte d'Ivoire à la même époque). Aujourd'hui, il est devenu l'un des plus faibles. En fait, l'examen de l'évolution de l'accumulation du capital dans le secteur industriel laisse apparaître des discontinuités importantes dans les productions (abandon puis reprise des productions d'huiles, savon, textiles, etc.), à cela s'ajoutent également les dégradations et les destructions massives du léger tissu industriel embryonnaire constatées lors de la chute de Bokassa en 1979, des trois mutineries de 1996 à 1997, de la tentative de coup d'État manquée du 28 mai 2001, de celles du 25 octobre 2002 et du 15 mars 2003. Face au rétrécissement de l'Aide publique au Développement, on note une diminution drastique de l'investissement public financé sur ressources extérieures passant de 60 milliards en 1998 à près de 30 milliards en 2001. C'est ainsi que la part consacrée aux infrastructures sociales s'est durement contractée. Cette évolution explique en grande partie la dégradation de la couverture sanitaire et scolaire.

Le déséquilibre des échanges extérieurs

L'économie centrafricaine est caractérisée par un déséquilibre chronique du commerce extérieur, les dons reçus de l'étranger n'ont pas suffi pour couvrir le déficit de la balance des transactions courantes si bien que l'économie est entrée dans l'engrenage d'un endettement perpétuel.

De 1960 jusqu'au milieu des années 1970, le solde de la balance commerciale est restée superficiellement positive. C'est à la suite du premier choc pétrolier qu'est apparu le premier déficit commercial suivi d'un retour rapide à l'excédent dans les années 1976-1977, grâce à la hausse des cours mondiaux de certains produits d'exportation. Depuis lors, le déficit du solde commercial s'est accru. Ce déséquilibre est dû :

- à l'accroissement rapide des importations et celui des exportations, le taux de couverture s'est graduellement détérioré ;
- à la quasi-stagnation du volume des exportations suite à une baisse progressive des exportations du coton, des exportations officielles de diamant et des bois d'œuvre ;
- à une baisse des parts de marché centrafricain aussi sur le continent africain et dans la part mondiale qui résulte d'une marginalisation de l'Afrique dans le commerce mondial ;
- et à une moindre ouverture à l'extérieure.

La faiblesse de la croissance économique de la République centrafricaine et la faible industrialisation expliquent le recours modéré aux importations.

Le déséquilibre structurel des finances publiques

L'origine du déficit structurel des finances publiques remonte au début des années 1970. Il a constitué par la suite un lourd fardeau pour l'économie centrafricaine jusqu'à aboutir à la crise financière du début des années 1980 et à la mise en place des premières générations des PAS. Le déséquilibre des finances publiques tient essentiellement à :

- la place prépondérante des recettes fiscales ;
- la faiblesse persistance de l'impôt sur le revenu des personnes physiques due aux difficultés de recouvrement mais aussi pour une grande part au fait que le revenu par habitant se situe à peine au niveau de subsistance ;
- la baisse relative des recettes liées au commerce international suite à une baisse du taux apparent d'imposition ;
- la diminution des subventions des principaux partenaires au développement.

Alors que les dépenses salariales ont augmenté d'environ six pour cent de 1960 à 1978, elles ont diminué progressivement au même rythme entre 1979 et 1993. Cette baisse résulte à la fois du gel des salaires et de la réduction du nombre des fonctionnaires à partir des années 1980.

Les dépenses des biens et services après avoir progressé de quatre pour cent par an en volume dans les années 1960, ont constamment diminué par la suite à un rythme annuel de cinq pour cent. Entre autre, ces mêmes dépenses représentaient plus de 33 pour cent des dépenses publiques à la fin des années 1960, ne représentent qu'actuellement qu'environ 20 pour cent. Ce phénomène n'est pas propre à la RCA, mais y est plus prononcé. Cette évolution est sans aucun doute l'une des raisons de la désorganisation de la fonction publique.

Le fardeau de la dette

Jusqu'en 1988, l'encours de la dette totale s'élevait à 195 milliards de F CFA. Par rapport aux autres États africains à cette période, la RCA apparaît peu endettée. Ce n'est qu'après cette date que la situation de la dette du pays est devenue insoutenable. L'endettement du pays est resté excessif au regard des recettes et des besoins en investissement. L'encours de la dette a atteint plus de 612 milliards de F CFA en fin 2003 et représentait environ 90 pour cent du PIB, alors que son service n'a cessé d'augmenté passant de 19,5 milliards de F FCA en 1995 à 25,1 milliards en 2001. Les arriérés de remboursement de la dette extérieure se chiffraient à 162,3 milliards de F CFA, soit l'équivalent d'environ 300 millions de dollars américains, dus aux créanciers bilatéraux et multilatéraux à hauteur de 32 et 68 pour cent respectivement.

À fin 2003, la dette intérieure de la RCA était constituée : d'une dette bancaire estimée à 50 milliards de F CFA, une bonne partie étant faite d'avances de trésorerie des banques commerciales rémunérées à un taux de pénalité de 18 pour cent ; des impayés sur les biens et services livrés aux services de l'État s'élevant à environ 89 milliards de F CFA ; ainsi que des arriérés sur les salaires pour un montant estimé à environ 10 milliards de F CFA. La dette intérieure est également peu soutenable dans les conditions actuelles des finances publiques de la RCA, expliquant ainsi la détérioration des comptes extérieurs en 2003, qui s'est traduite par une augmentation du ratio du service de la dette sur les exportations de biens et services non-facteurs, qui s'est fixé à 28,7 pour cent contre 24,2 pour cent. De même l'effondrement des ressources budgétaires a détérioré le ratio du service de la dette sur les recettes budgétaires qui est passé de 34,8 pour cent en 2002 à 51,3 pour cent l'année suivante. Quant au ratio de l'encours de la dette sur le PIB, il s'est fixé à 95,3 pour cent en 2003 contre 89,2 pour cent un an plutôt.

Origine des dettes intérieures : les arriérés de salaires

Les difficultés de paiement des salaires des fonctionnaires en RCA ont apparu au grand jour au milieu des années 1990, lorsque la France a cessé d'apporter les subsides pour soutenir le paiement mensuel de la solde. Cet arrêt de versement des subsides par la France a correspondu à la période de dégradation prononcée des recettes fiscales et douanières de l'État. Comme indiqué plus haut, cette chute des recettes budgétaires était le reflet des difficultés d'un système de collecte des recettes inadéquat et très affaibli, combinées à l'arrivée à maturité des échéances de la dette extérieure contractée au cours des décennies 1970 et 1980. Les difficultés de trésorerie de l'État ont amené le gouvernent à faire face aux paiements de première nécessité en recourant aux avances, parfois onéreuses, de la BEAC et des banques commerciales, lesquelles ont enfoncé de plus belle la situation de trésorerie de l'État. La situation des finances publiques décrite ci-haut s'est détériorée avec l'apparition et la généralisation des pratiques de corruption et de fraude qui ont miné les secteurs-clé de la commercialisation du bois et du diamant, de même que les régies financières et les départements en charge de l'exécution budgétaire et la trésorerie de l'État.

Origine des dettes extérieures

Chenery et Strout (1966) dans « Foreign Assistance and Economic Development » justifie l'apport extérieur des capitaux par le manque de qualification (qui est un facteur limitant la capacité d'absorption), le manque d'épargne intérieure et le manque de devise. Pour pouvoir impulser l'économie, il fallait faire recourt à l'apport des capitaux étrangers ou à l'endettement extérieur. Du point de vue macro-économique, cela peut s'expliquer en considérant l'équilibre macro-économique suivant :

$$Y + M = C + I + X \text{ (1)}.$$

Si on suppose que l'apport de capitaux extérieurs Z joue sur l'économie à travers un investissement nouveau $I_1 = (1 - \alpha) Z$ et une nouvelle consommation $C_1 = \alpha Z$, telles que : $I_2 = I - I_1$ avec $I = I_1 + I_2$ et $C_2 = C - C_1 = cY$ avec $C = C1 + C2$, en posant l'importation est fonction du revenu $M = mY$, en remplaçant l'importation par sa fonction, l'équation (1) devient :

$$Y + mY = \alpha Z + cY + (1 - \alpha)Z + I_2 + X, \text{ en arrangeant } Y \text{ et } Z \text{ on a :}$$

$$\left. \begin{array}{l} Y + mY - cY = \alpha Z + Z - \alpha Z + I2 + X \\ (1 - c + m)Y = Z + I^2 + X \end{array} \right\}, \text{ en posant } 1 - c = s \text{ qui est la}$$

propension marginale à épargner et en faisant de sorte qu'une variation de l'apport extérieur a un impact sur le revenu, on obtient que : $DY = \dfrac{1}{s + m} \Delta Z,$

c'est-à-dire que les apports de capitaux étrangers ont un effet positif sur le revenu national. Maintenant, si on suppose que les apports de capitaux étrangers provoquent une importation directe $M_1 = \varepsilon Z$ et une importation induite $M_2 = M - M_1 = mY$ qui est fonction du revenu, l'équilibre général (1) de l'économie devient :

$$Y + \varepsilon Z + mY = \alpha Z + cY + (1 - \alpha) Z + I_2 + X, \text{ en réduisant et en ordonnant les}$$

variables, l'équilibre se modifie et s'écrit comme suit :

$$(1 - c + m) Y = Z - \varepsilon Z + I_2 + X$$
$$Y = \dfrac{1 - \varepsilon}{s + m} (Z + I_2 + X)$$

L'analyse de ce résultat nous permet d'affirmer que l'apport de l'aide extérieure augmente d'une part les investissements et d'autre part la consommation qui engendre à son tour une hausse du revenu réel, tel que :

$$\Delta Y' = \Delta Y + C_1 = \frac{1 - \varepsilon}{s + m} + \alpha \, \Delta Z$$

En conséquence, l'aide extérieure tout en augmentant le revenu, entraîne, si le taux marginal d'épargne est supérieur au taux moyen, une hausse du taux moyen d'épargne et par suite une élévation du taux d'investissement qui permet à son tour un accroissement du revenu. C'est ce raisonnement qui a servi de base au modèle de croissance avec endettement pour financer une politique d'investissement (période de 1960 à 1970), car si le taux requis est supérieur au taux initial d'épargne, le taux d'investissement atteint au départ grâce aux emprunts extérieurs peut induire une croissance auto-entretenue puis un excédent de ressources permettant de couvrir le déficit induit par le paiement des intérêts sur la dette jusqu'à son extinction totale.

La problématique de la soutenabilité de la dette : l'effet boule de neige

La dette publique est l'impôt de demain, cela signifie que la dette accumulée au fil des ans ne doit pas être trop grande par rapport aux possibilités d'imposition qui prévaudront dans le futur. Il existe un risque d'explosion de la dette du fait de la dynamique des charges d'intérêts appelée effet boule de neige.

Pour démontrer l'effet désastrant de la dynamique des charges d'intérêts, nous allons devoir emprunter le modèle de C. Christ (1991). Christ émit l'hypothèse que les dépenses de l'État (G) sont financées, soit par l'impôt (T), soit par une variation de l'emprunt (dB) sur le marché à long terme, soit par la création monétaire (dM) sur le marché à court terme, de telle sorte que : $G = T + dB + dM$ (1).

En émettant l'hypothèse que l'émission monétaire est nulle au cours d'une année, et que i est le taux d'intérêt de la dette publique, c'est-à-dire le coût moyen de l'emprunt à une date t, et aussi que la dépense publique de la période t est , $G_t = G^*_t + iB_{t-1}$, l'équation (1) précédemment décrite devient :

$G^*_t - T_t + iB_{t-1} = B_t - B_{t-1}$ (2) puisque, $dB = B_t - B_{t-1}$,

alors en posant que le déficit primaire est égal $D_t = G^*_t - T_t$, on peut transformer l'équation (2) de la manière suivante : $D_t + iB_{t-1} = B_t - B_{t-1}$, telle que : $B_t = D_t + (1 + i) B_{t-1}$ (3).

En divisant l'équation (3) par le PIB (Y_t), et en posant que $b_t = \dfrac{B_t}{Y_t}$ et $d_t = \dfrac{D_t}{Y_t}$,

l'équation a mi-parcourt s'écrit de la manière suivante : $b_t = d_t + (1 + i) \dfrac{B_{t-1}}{Y_t}$ (4)

or on peut décomposer Y_t en ajoutant et en retranchant Y_{t-1}, de telle sorte que :

$Y_t = Y_t - Y_{t-1} + Y_{t-1}$, et en divisant chaque coté de l'équation par Y_{t-1}, on obtient :

$\dfrac{Y_t}{Y_{t-1}} = \dfrac{Y_t - Y_{t-1} + Y_{t-1}}{Y_{t-1}} = \dfrac{Y_t - Y_{t-1}}{Y_{t-1}} + \dfrac{Y_{t-1}}{Y_{t-1}} = g + 1$ parce que le taux de croissance du

PIB est égal à g = $\dfrac{Y_t - Y_{t-1}}{Y_{t-1}}$ De cette dernière modification, on peut réécrire

l'équation (4), en remplaçant $Y_t = (1 + g)Y_{t-1}$ de la sorte qu'on peut déduire

l'équation (5): $b_t = d_t + \dfrac{1 + i}{1 + g} b_{t-1}$, en retranchant b_{t-1} de chaque coté de l'équation

(5), on obtient l'équation (6) : $b_t - b_{t-1} = d_t + \dfrac{i - g}{1 + g} b_{t-1}$ et en posant que $db_t = b_t - b_{t-1}$, on a l'équation finale sur la dynamique des charges d'intérêts, qui se

présente comme suite : $db_t = d_t + \dfrac{i - g}{1 + g} b_{t-1}$ (7)[5].

Cette dernière équation nous permet d'affirmer que la variation du taux d'endettement est proportionnel au taux du déficit primaire, proportionnel au poids de la dette de la période précédente et inversement proportionnel au taux de croissance du PIB. Ainsi cette équation (7) donne l'évolution du ratio dette sur PIB au cours du temps, et que ce ratio évolue sous l'influence de deux facteurs :

- le taux du déficit primaire du budget de l'État ;
- le coût réel du stock d'endettement accumulé croît avec le taux d'intérêt *i* mais diminue avec le taux de croissance du PIB (g).

En d'autres termes, pour un taux nominal apparent i donné, toute baisse du taux de croissance du PIB (en volume ou en valeur) tend à élever le poids de la dette en proportion du PIB, c'est-à-dire, plus généralement, on s'aperçoit que le service de la dette publique devient de plus en plus important que le déficit budgétaire et tend vers un processus cumulatif explosif, engendrant une situation structurellement déficitaire. Dans cette optique, l'endettement de l'État engage les générations futures.

Les crises politico-militaires et l'insécurité généralisée

Les conflits politiques et militaires dans la sous-région ont été des facteurs déterminants de la dégradation de la situation sécuritaire du pays. Conjuguée avec les longues années de tensions sociales et de conflits militaro-politiques, la Centrafrique a été confrontée à une recrudescence du grand banditisme dans la capitale Bangui ainsi que dans les grandes villes du pays ; les zaraguinas ou coupeurs de route attaquent, tuent et pillent dans l'arrière pays, tandis que les braconniers puissamment armés occupent les parcs et réserves, déciment la faune sans aucune crainte de répression. Les mouvements incontrôlés des réfugiés estimés à plus de 30 000 personnes et la circulation illégale des armes de guerre de tous calibres qui s'y ajoutent ont contribué largement à la dégradation de la situation sécuritaire.

Quant à la population, la misère et les rancœurs ont fait de telle sorte qu'à chaque soubresaut ou évènement politique, elle se rue sur les édifices publics, les unités industrielles, les entreprises commerciales et les domiciles civiles, saccage, détruit des immeubles et emporte les biens, ceci souvent avec la complicité des forces de l'ordre.

Les crises successives qu'a connu la Centrafrique depuis plus d'une décennie ont fortement fragilisé et altéré les conditions de vie, se caractérisant par une perte prononcée du pouvoir d'achat, une demande insolvable et des capacités de réponse très limitées. Elles ont rendu la majorité de la population plus pauvre que ceux d'il y a trente ans. Elles sont l'expression de la faiblesse chronique de l'offre politique et administrative par rapport aux demandes sociales croissantes, contribuent potentiellement à l'intensification progressive des tensions sociales.

Ces tensions sociales se sont présentées sous plusieurs formes : grèves à répétition des fonctionnaires, des étudiants et retraités, mécontentement général du fait des frustrations vécues (lors des conflits pour la conquête du pouvoir de septembre 1979, d'octobre 1992, des mutineries de 1996 et 1997, du 28 mai 2001 et des deux dernières d'octobre 2002 et 15 mars 2003, au regard des sévices et violations perpétrées tant par les troupes étrangères que nationales), grogne des opérateurs économiques du fait de non-paiement des créances de l'État et de l'érection abusive des barrières économiques.

L'ampleur inquiétante de l'insécurité et les difficultés d'accès aux services sociaux de base, notamment le mauvais fonctionnement des services sanitaires et le dysfonctionnement des activités scolaires sont les autres raisons du mécontentement de la population. En outre, ce sont les injustices chroniques et exacerbées qui attisent ses tensions, dont les plus violentes ont été l'accumulation des arriérés des salaires, des bourses, des pensions, l'érosion du revenu et la hausse perpétuelle des prix à la consommation, la non-prise en compte des besoins vitaux des zones rurales[4] et les autres pesanteurs psychosociologiques.

Une telle situation est justifiée par l'incapacité de l'État peu apte à mener une politique sociale saine, à équilibrer la clé de répartition des investissements, à veiller à une redistribution équitable des richesses. L'ampleur que prend l'impunité dans le contexte social centrafricain aggrave le sentiment de frustration au sein des populations plus durement frappées par les crises. Les populations ont perdu confiance aux institutions devenues interlocutrices peu crédibles et responsables des incertitudes. Face à cette situation elles cultivent la méfiance, se replient sur elles-mêmes avec beaucoup de désespérance.

Les faiblesses de l'économie centrafricaine ont été amplifiées par des incessantes crises politiques qui annihilent les efforts de développement et empêchent l'application efficiente des programmes de redressement économique. L'instabilité politique perturbe non seulement le développement des secteurs productifs, mais aussi la croissance économique.

Les principaux obstacles au développement des secteurs agricoles et manufacturiers

Le développement agricole se heurte aux obstacles suivants :

- poids excessif de la fiscalité pesant sur les agriculteurs et les termes d'échange défavorables pour l'ensemble du secteur rural ;
- faible niveau technique ;
- exiguïté du marché national ;
- formation insuffisante des agriculteurs.

Conjugués les uns aux autres, ces différents facteurs empêchent l'agriculteur de produire beaucoup, étant donné leur faible productivité et la très faible rémunération de leur travail, les paysans produisent tout juste assez pour pourvoir à leur propre subsistance ou pour acheter des produits de première nécessité ou des produits dits de luxe, tels que les bicyclettes ou des postes radio. Cette attitude, accentuée par la cherté des biens de consommation, inhibe le développement de la demande des biens et services, condition nécessaire à la croissance économique.

L'exiguïté du marché intérieur, la position enclavée du pays et l'insuffisance du réseau routier intérieur limitent aussi les débouchés pour les excédents agricoles. Le coût élevé des transports internationaux et nationaux freine l'acheminement vers les villes des produits vivriers, de plus cela réduit la rentabilité des cultures d'exportation et contribue à la cherté des biens de consommation dans les régions rurales où la concurrence entre les commerçants est minime. L'insuffisance des revenus liée au délabrement des infrastructures sociales et économiques, n'étaient que la manifestation extrême du problème général auquel se heurte le développement agricole en République centrafricaine.

Les agents de vulgarisation manquent de matériel, de véhicule et de matériaux de démonstration. Mais surtout faute de formation appropriée, ne sont pas à mesure d'initier les paysans au maniement des techniques modernes ni de leur fournir une assistance dans ce domaine. Les programmes des écoles et des centres de formation agricoles ne sont pas adaptés aux besoins de main-d'œuvre du pays et ne tiennent pas compte du caractère essentiellement rural de son économie. Manquant d'assurance et de qualifications, les vulgarisateurs se contentent donc de contrôler et d'encadrer les agriculteurs, au lieu de les aider à améliorer leurs méthodes de production et leur productivité, ces derniers, mécontents de cette situation, se désintéressent des conseils des vulgarisateurs ou les rejettent complètement.

La baisse de la production agricole et le déclin général de l'économie centrafricaine à la fin des années 1970 et au début des années 1980 et 1990 ont provoqué la stagnation ou le recul de la production manufacturée de la plupart des branches d'activité. Les goulots d'étranglement et les difficultés de transport accrus sur les itinéraires internationaux de la RCA, la détérioration rapide de l'infrastructure nationale, la pénurie des pièces détachées et d'intrants, la baisse de revenus de la population ont ralenti la production industrielle. En outre l'instabilité politique, l'ingérence directe des administrations dans les opérations d'entreprises et le mauvais usage de leurs fonds ont sapé la confiance des milieux d'affaires et ont entraîné le départ de nombreux chefs d'entreprise étrangers.

Aggravation de la pauvreté

La pauvreté humaine s'est accentuée au cours des dix dernières années. L'espérance de vie qui était déjà l'une des plus faibles du continent s'est encore détérioré davantage. En 1995 le profil de pauvreté indique que 67 pour cent des Centrafricains vivaient avec moins d'un dollar américain par jour. Tandis qu'une enquête réalisée par le PNUD en 2003 montre que plus de 72 pour cent de la population vivent actuellement en dessous de ce seuil. Les périodes de crise économique et socio-politique ont eu des effets corrosifs sur le niveau de vie des populations.

Les institutions de la République centrafricaine n'ont pas de visions stratégiques. Elles ne font que gérer le quotidien et n'ont même pas le sens de l'innovation. La qualité de leurs prestations n'est pas à la hauteur de satisfaire les demandes voir même les usagers.[5] Elles s'altèrent d'année en année et contribuent au profond appauvrissement de la majorité des citoyens ainsi qu'à la création d'un environnement non sécuritaire, peu favorable au développement.

L'incapacité de l'État à prévoir les dysfonctionnements structurels et les dérèglements conjoncturels, ainsi qu'à anticiper des réponses appropriées a conduit le pays à la catastrophe. Les crises militaro-politiques successives ont ébranlé l'unité nationale, provoqué la chute continuelle des indicateurs économiques tout en alimentant les tensions sociales.

La crise de l'agriculture dans les années 1990 a poussé des groupes socioprofessionnels numériquement importants au chômage. Elle a contracté le revenu des agriculteurs. Les prix d'achat aux planteurs ont été réduits de 11,8 pour cent pour le coton graine et de 6,7 pour cent pour le café cerise (45 F CFA/kg en 2002 contre 150 F CFA en 1998).

En définitive, les politiques agricoles mises en œuvre ont été incapables de s'adapter aux contraintes économiques du monde moderne. Pendant longtemps, l'agriculture a été négligée dans la mesure ou les ressources générées par celle-ci n'ont pas été utilisées pour accroître la productivité par des investissements publics dans les infrastructures rurales et divers services, qui auraient permis d'augmenter la marge nette et transformer la vie des producteurs. Cette situation place aujourd'hui la République centrafricaine dans un dilemme qui est celui de poursuivre la culture des produits qui ne rapportent plus rien aux paysans, à cause, d'une part, de la faiblesse des rendements et donc de l'incapacité à faire face à la concurrence des pays d'Amérique latine et, d'autre part, le courage d'engager une révolution agricole qui passerait nécessairement par la reconversion des cultures. Les différents plans de réforme du secteur agricole n'abordent pas le problème sous cet aspect et plaident tous pour le renforcement des cultures qui ne rapportent rien aux producteurs. C'est là le point qui mérite une étude sérieuse sur les possibilités de la RCA à ouvrir des voies nouvelles en tenant compte de la mutation du contexte international (les besoins en Europe des produits naturels), de la sous-région, notamment les besoins futurs des nouveaux pays producteurs de pétrole (le Tchad et la Guinée équatoriale) et de la nécessité d'assurer son autosuffisance alimentaire.

Rupture ou crise de confiance ?[6]

La communauté intellectuelle a longtemps éprouvé d'énormes difficultés à identifier les déterminants concrets du développement : c'est-à-dire ce qui fait qu'une société emprunte une progression sociale, politique et économique qui garantit la dignité humaine, l'égalité et l'équité. Ce n'est qu'avec les travaux de recherche de Armatya Sen qu'on a pu démontrer que ce qui est important, c'est que les individus puissent véritablement jouir de la liberté de choisir leur mode de vie : c'est-à-dire des « capabilités » de développer des modes de fonctionnement humains fondamentaux, permettant de vivre une vie digne et sensée.

Mais d'autres penseurs reconnaissent que les capabilités individuelles ne peuvent pas s'éclore librement et ne sont garanties que dans une société de confiance. Car une société de défiance est une société frileuse, gagnant-perdant: une société où la vie commune est un jeu à somme nulle, voire à somme négative (si tu gagnes, je perds) ; société propice à la lutte des classes, au mal-vivre national, à la jalousie sociale, à l'enfermement, à l'agressivité de la surveillance mutuelle. La société de confiance est une société en expansion, gagnant-gagnant (si tu gagnes, je gagne) ; société de solidarité, de projet commun, d'ouverture, d'échange, de communication.[7]

De ces deux assertions, on peut affirmer que la prospérité d'une nation et sa compétitivité sont conditionnées par une seule et unique caractéristique culturelle omniprésente ; le niveau de confiance propre à la société.[8] Les nations se distinguent d'abord par la puissance de leur capital social, c'est-à-dire cet actif qui naît de la prédominance de la confiance dans une société ou dans certaines parties de celle-ci. Il peut s'incarner dans la famille, le groupe social le plus petit et le plus fondamental, aussi bien que dans le plus grand de tous, la nation, comme dans l'enchevêtrement complexe d'institutions intermédiaires : entreprises, associations, établissements scolaires, clubs, syndicats, médias, œuvres de bienfaisance, églises, etc.

Toutefois, ces attitudes socialement positives se sont révélées par la suite dangereuses pour la confiance et le développement du pays lorsque celui-ci a connu les multiples convulsions politico-militaires. Et nous sommes ainsi amenés à constater que les familles centrafricaines se trouvent menacées, jusque dans leurs fondements, non seulement par l'évolution économique qui tend à briser l'unité organique du clan, mais tout autant par la transformation des esprits. En attendant qu'une morale nouvelle s'impose profondément aux consciences et prenne corps dans les institutions, c'est pour l'instant la crise.

Dans l'histoire même de la RCA, le peuple centrafricain fut un peuple combatif. Mais, l'avènement de la guerre de « Kongo Wara » c'est-à-dire « la guerre de la manche de houe », durement réprimandée par les tirailleurs français de l'AEF (entre les deux grandes guerres mondiales), a créé un peuple craintif et rétracté sur soi-même : on a confiance en personne.

Et ainsi, après plus de quarante ans d'indépendance, la République centrafricaine est entrée dans une longue série de turbulences politico-militaires, marquée par des changements brutaux de régimes.[9] Ces changements ont souvent été justifiés par la mauvaise pratique de la gouvernance et le difficile apprentissage de la démocratie.

Aussi, les diagnostics établis lors des nombreux fora tenus sur les problèmes de la République centrafricaine ont-ils souvent retenu comme causes principales de la décadence de la nation centrafricaine, la longue série de turbulences militaro-politiques, les carences en matière de pratiques de bonne gouvernance, la forte centralisation du pouvoir, l'exclusion du plus grand nombre des citoyens dans les prises de décisions, les violations des droits de l'homme, etc. Ces faits ont entraîné l'érosion du capital social centrafricain (l'effondrement de la famille, l'appauvrissement d'un large éventail de structures sociales intermédiaires: voisinage, églises, syndicats, clubs, œuvre de bienfaisance) qui s'est traduite par la chute de confiance et de la sociabilité spontanée. Ce phénomène alimente et exacerbe à son tour, comme un boomerang, les mêmes causes qui lui ont donné vie.

En somme, la gouvernance telle que pratiquée au cours des quarante dernières années s'est appuyée sur l'héritage colonial. Celui-ci n'a pas permis au plus grand nombre de citoyens de libérer les énergies nécessaires pour mieux répondre à leurs besoins croissants et améliorer leur bien-être. L'encadrement social a été pendant longtemps hautement politisé et très administratif. Le mécanisme traditionnel de la solidarité n'a pas été privilégié, ni renforcé. La participation active, responsable et organisée du plus grand nombre des citoyens à la prise de décision et à la résolution des défis du développement n'a pas été non plus privilégiée.[10] Progressivement, les valeurs sociales et culturelles positives se sont émoussées, cédant la place à des valeurs négatives : le clientélisme, la délation, le tribalisme, la corruption et l'incompétence.

Faute d'une forte participation des citoyens dans la définition des politiques macroéconomiques et leur appropriation, celles-ci ont été incapables d'augmenter les revenus réels par habitant, de comprimer les déséquilibres financiers et d'opérer ainsi une transformation du paysage économique. Le niveau de l'investissement, l'un des indicateurs de la confiance, est resté très faible. Le faible taux d'épargne nationale est également un autre signe d'absence de confiance.

Les investisseurs privés sont les premiers à souffrir de la métamorphose sociale faite de défiance permanente, de jalousie, d'hypocrisie, de sournoiserie, d'esprit de destruction... Par ailleurs, ils sont confrontés à une absence de transparence, de prévisibilité et d'impartialité de l'appareil réglementaire et des pratiques de fraude et corruption.

Autre conséquence de l'érosion du capital social, les Centrafricains semblent avoir de l'aversion pour les entreprises sociétaires qui auraient pourtant permis non seulement d'envisager des affaires plus larges mais surtout de pénétrer le secteur industriel.

Dans cette situation de déstructuration du tissu social, la société centrafricaine est en faillite, en déliquescence, car elle a perdu des piliers culturels et moraux importants que sont le souci de l'autre, la primauté de l'intérêt général, le respect du bien public, l'esprit de sacrifice et de l'effort. La croyance au moindre effort et à la fatalité la rend prisonnière d'un état d'esprit dominé par l'assistanat. La situation est encore plus compliquée quand les structures chargées de promouvoir la recherche des solutions novatrices sont elles-mêmes en pleine déliquescence et parfois contribuent à la destruction de la conscience sociale.

Le problème de la nation centrafricaine viendrait par conséquent de ce que les Centrafricains perçoivent mal leur société et son orientation historique communautaire. La conclusion est alors triviale : c'est par la reconstitution du capital social, à travers les voies de sociabilité, que le pays éliminera les résistances persistantes de certaines habitudes aux fins de promouvoir le développement durable.

« L'évolution de la connaissance scientifique n'est pas seulement d'accroissement et d'extension du savoir. Elle est aussi de transformations, de rupture, de passages d'une théorie à l'autre... »

« la connaissance scientifique est une connaissance certaine, dans le sens où elle se fonde sur les données vérifiées et qu'elle est apte à fournir des prédictions concrètes. Toutefois le progrès des connaissances scientifiques ne va nullement dans le sens d'une plus grande certitude... On peut même dire que, de Galilée à Einstein, de Laplace à Huble, de Newton à Bohr, nous avons perdu le trône d'assurance qui mettait notre esprit au centre de l'univers... Le progrès des connaissances scientifiques produit donc un progrès de l'incertitude. Mais c'est une « bonne » incertitude qui nous délivre d'une illusion naïve et nous éveille d'un rêve légendaire : c'est une ignorance qui se connaît comme ignorance... »

Ainsi la science n'est pas seulement une accumulation de vérités vraies. Disons plus... : elle est un champ toujours ouvert où se combattent non seulement les théories mais le principe d'explication, c'est-à-dire aussi des visions du monde et les postulats métaphysiques. Mais ce combat a et maintient ses règles du jeu : le respect des données d'une part, l'obéissance à des règles de cohérence d'autre part. C'est l'obéissance à cette règle « mais par des débattants combattants » (E. Morin : Pour la Science, *Le Monde*, 6.1., 1982)[11] acceptant sans équivoque cette règle, qui fait la supériorité de la science sur toute autre forme de connaissance.

Alors, de même que dans le cartésianisme la connaissance des formes naturelles fait immédiatement d'une anomalie constatée une erreur techniquement réparable, de même la connaissance des formes sociales devient une connaissance qui fait immédiatement d'un mal ou d'une injustice un défaut mécanique, un dysfonctionnement, une panne ou une mesure qu'on doit pouvoir surmonter par l'amélioration de la construction générale. Analyser une souffrance, une crise ou un mal, c'est toujours les analyser comme problème soluble et comme problème dont la solution est technique. Le constructivisme est ainsi la volonté de déconstruire pour construire mieux ce qui est reçu comme construction.[12]

Notes

1. Pour faire face aux arriérés de salaires, les agents de la fonction publique se sont lancés dans la production des cultures vivrières afin de juguler la misère.

2. Ceci résulte de la destruction du léger tissu industriel embryonnaire en 1979 à la suite du renversement du régime Bokassa.

3. Lecaillon, Jean-Didier et al., 1993 ; suite note de bas page n° 26 ... C. Christ, 1968, « A Simple Macroeconomic Model with a Government Budget Restraint », *Journal of Political Economy*, jan-febr. 1968; A. S. Blinder et R. M. Solow, 1974, Analytical Foundations of Fiscal Policy, the Economic of Public Finance, Washington, the Brookings institution; P. Artus et P. Morin, 1991, Macroéconomie appliquée, Paris, PUF.

4. Lors de la campagne cotonnière 2001–2002, certains coton-culteurs ont été emprisonnés, parce que leurs productions ne parvenaient pas à couvrir les crédits d'intrants accordés à ceux-ci pour cause de baisse sensible des prix d'achat aux producteurs.

5. Les investisseurs privés souffrent d'une absence de transparence, de prévisibilité et d'impartialité de l'appareil réglementaire : les pratiques administratives et les procédures de création et d'installation d'entreprises sont jugées longues et coûteuses par ceux-ci.

6. Nous remercions le Conseiller du Vice-Président de la République, Dr Jeannot Christophe Gouga III, pour sa franche contribution à l'élaboration de cette œuvre.

7. Peyrefitte, Alain, 1995, *La société de confiance*, Paris, Éditions Odile Jacob, p. 10.

8. Fukuyama, Francis, 1995, *La confiance et la puissance : vertus sociales et prospérités économiques*, Paris, Plon, p. 19.

9. Le régime républicain post colonial (1959-1966) remplacé après un coup d'État militaire par une dictature militaire de 1966-1979, dont le sommet a été l'érection du pays en un Empire. Le retour à l'ordre démocratique de 1979 à 1981 a été écourté, à nouveau, par un coup d'État qui a consacré un deuxième régime militaire de 1981 à 1993. Le retour à l'ordre républicain constitutionnel et multipartite est réalisé à partir de 1993. En 2003, une insurrection populaire conduite, une fois de plus, par un militaire met fin au processus démocratique.

10. Bilan commun de pays (CCA), 2001, *La République centrafricaine face aux défis de la pauvreté, de la bonne gouvernance et de la démocratie*, BBA, p. 30.

11. Cité par Gilbert Abraham-Frois, dans *Économie politique*, 5e édition Economica 1992.

12. Friedrich Von Hayek cité par Arnaud Berthoud.

Chapitre 6

Problème d'ouverture et d'activité macroéconomiques

Les échanges extérieurs de la RCA sont à l'image de l'économie du pays et de son évolution, marquée depuis par des soubresauts, des soulèvements populaires surtout estudiantins, des mutineries successives de 1996 à 1997, ayant pour conséquence une tendance à la dégradation dans un contexte de déstabilisations politique et sociale, engendrant une croissance insuffisante face aux besoins énormes du pays.

Excessivement modestes (193 milliards de francs CFA en 2000), soient 8,7 pour cent des échanges du Cameroun voisin et correspondant à 2,3 pour cent de ceux des six pays réunis de la CEMAC, les échanges représentent néanmoins une part importante du PIB (plus de 40 pour cent du PIB de 1990 à 2000 et oscillent entre 35 pour cent et 38 pour cent de 2001 à 2003), traduisant la dépendance du pays vis-à-vis de l'extérieur et sa vulnérabilité face à la volatilité des cours internationaux et des aléas climatiques. Les chiffres officiels occultent cependant une bonne partie des échanges réels, compte tenu d'une informalisation croissante de l'économie et notamment des activités commerciales.

Les exportations sont concentrées essentiellement sur un petit nombre de produits du secteur primaire, lui-même dédié aux produits vivriers. Elles ont dépassé pour la première fois les 100 milliards de francs CFA en 2000, grâce à une forte augmentation en volume de grume et en valeur bénéficiant des cours favorables et des mesures limitant l'exportation par le Cameroun des bois bruts. En 2000, les bois exportés représentent près de la moitié de la valeur du commerce extérieur, et restent largement dominés par les grumes (80 pour cent des bois exportés) et les bois transformés (sciages et contreplaqués).

Le diamant est la deuxième source d'exportation, il contribue à environ 5 pour cent du PIB de 1990 à 1997 (oscille seulement autour de 3,5 pour cent du PIB de 1998 à 2003) et 3,1 pour cent des ressources budgétaires en 2001. Les ventes officielles de diamant sont minées par une fraude massive, profitant des difficultés internes du pays et de l'affaiblissement de l'État. Le coton dont la production apparaît marginale, en comparaison des pays voisins comme le Tchad et le Cameroun, continue de chuter depuis 1997. Il en est de même pour le café. Ses cours, pendant les trois dernières années, ont chuté de 54 pour cent, atteignant leurs plus bas niveaux historiques. Les ventes du tabac ont suivi la même évolution, mais avec une importante baisse en volume.

Alors que les importations sont constituées par un large éventail, de référence à une économie primaire peu développée, peu allante, elles sont l'image même de l'activité économique intérieure. Après une petite croissance entre 1997 et 1998, les achats extérieurs de la RCA restent globalement stagnants, et tendent même à reculer sous l'effet d'une demande anémiée qui ne se relève pas, conséquence d'une accumulation progressive des arriérés de salaires dans la fonction publique.

Toutefois, la RCA importe principalement le pétrole, les produits chimiques et pharmaceutiques, les produits du travail de grain (la farine de malt), les véhicules et équipements automobiles, les équipements informatiques et le tabac manufacturé.

Les principaux partenaires de la RCA concernant l'origine et la destination des flux de marchandises, sont les pays de l'Union européenne tels que la France, la Belgique, la Grande-Bretagne, la Suisse et l'Allemagne ; le Japon et la Chine en Asie ; et parmi les pays de la CEMAC, il y a le Tchad, le Cameroun, le Congo, y compris le Soudan et le Congo démocratique.

L'étroitesse de la base des exportations (limitée seulement aux bois d'œuvre, fruits et plantes de boisson, tabac et diamants) et leur faible performance, conjuguées à l'instabilité des cours, explique d'une part les variations notables d'une année sur l'autre, et d'autre part, la situation de dépendance typique du pays à l'économie peu diversifiée reposant sur quelques produits primaires.

Disposant d'énormes potentialités inexploitées, beaucoup de centrafricains se posent la question de savoir pourquoi certains pays semblent mieux bénéficier que la RCA des potentiels de croissance de l'ouverture à l'extérieur. Ainsi se pose le problème des choix internes de politiques économiques, de préférence pour le présent ou pour le futur qui ont désormais autant d'importance que des dotations initiales en facteur de production, indiquant désormais que l'avenir est inscrit dans le présent (et le présent dans le passé), dans la mesure où seulement nous pouvons créer les conditions d'un avantage comparatif futur.

En conséquence, un pays a intérêt à l'échange international quel que soit les structures de son économie, son régime politique, ses dimensions. L'échange international permet donc à chaque pays d'améliorer le bien-être de sa population, puisque la quantité des biens disponibles sur le territoire serait plus importante qu'il ne l'aurait pu en situation d'autarcie.

Néanmoins, l'ouverture à l'extérieur peut avoir des effets sensiblement différents selon les caractéristiques du pays. Cela nous permet de définir les situations dans lesquelles, l'ouverture sera plus favorable, il apparaît donc un lien évident entre l'analyse économique des bases de l'échange et la formulation d'une politique économique permettant à un pays de mieux s'insérer dans le réseau des échanges mondiaux, pour en tirer le plus grand profit afin de réduire sa marginalisation face à la mondialisation.

Comme l'échange naît et se nourrit toujours de la différence entre les nations, les croissances par produit et par pays ne sont pas homogènes, la place relative des différents pays ou groupe de pays se modifie dans le temps, à mesure que chaque pays développe de nouvelles productions et change de place dans la chaîne des avantages comparatifs dynamiques. Ces modifications continues, modifient à leur tour les relations que l'on peut établir entre l'ouverture à l'extérieur et l'activité économique d'un pays : l'ouverture, qui signifie toujours amélioration du bien-être de la population par rapport à l'autarcie, peut entraîner une accélération de la croissance économique, ou une réduction de la croissance du fait de la contrainte d'équilibre externe.

Loi des proportions des facteurs

Selon la théorie de la loi des proportions des facteurs « Un pays tend à se spécialiser dans la production pour laquelle la combinaison dont il dispose lui donne le maximum d'avantages (ou le minimum de désavantages) ». Cette hypothèse nous permet d'affirmer qu'un pays importe que des biens qui incorporent de manière intensive les facteurs qui sont rares sur son territoire (leurs productions sur le territoire national coûtent chères ou ont un coût élevé, leurs importations sont moins chères), tandis qu'il exporte les biens dont la fonction de production est intensive en facteurs abondants sur le territoire national (disponibles à faibles coûts), car il les produit à un prix plus faible que ses concurrents. De ce fait, les pays (par l'intermédiaire des échanges) échangent leurs facteurs abondants contre des facteurs rares.

Il en résulte que la RCA, disposant d'énormes potentialités naturelles et pauvre en main-d'œuvre qualifiée, exporte sa richesse naturelle comprise dans les produits agricoles, les bois d'œuvres, les diamants, en somme rien que des produits primaires n'ayant subi aucune transformation et importe le travail qualifié et la technologie incorporés dans les produits manufacturés.

Tableau 17 : Les principaux produits exportés par la RCA de 1960 à 2000

1960	1970	1980	1990	2000
Bétail	Bovins	Bovins	Bovins	Bovins
Pointes et dents d'éléphants	Café	Pointes et dents d'éléphants	Coton	Coton fibre
Café	Tabac	Café	Café	Café marchand
Coton	Palmiste	Coton	Diamant	Tabac
Arachides	Arachides Tabacs	Or	Bois d'œuvre	
Palmistes	Tourteaux coton	Cuirs et peaux	Bois d'œuvres	Diamants
Cires d'abeille	Tourteaux arachides	Bois d'œuvre	Tabac	Or
Tabacs	Sésame	Diamants	Cigares	Gomme arabique
Caoutchouc naturel	Graines de coton	Or	Cire d'abeille	Cire d'abeille
Cuirs et peaux	Piment	Cigares et découpes	Gomme arabique	
Bois d'œuvre	Rauwolfia	Vélomoteurs	Mobylette	
Sisal	Cire d'abeilles	Cacao	Rauwolfia	
Diamant	Caoutchouc	Sisal		
Or	Cuirs et peaux	Rauwolfia		
	Bois			
	Coton fibres			
	Tissus			
	Cycles			
	Emballages			

Source : Roger Yele

La demande domestique représentative

L'utilisation de l'équation d'équilibre macroéconomique :

$$\overbrace{PIB + M}^{\text{Offre}} = \overbrace{\underbrace{C + I}_{\text{Demande domestique}} + \underbrace{X}_{\text{Demande mondiale}}}^{\text{Demande}}$$

permet d'analyser les relations de causalité et de subordination d'une variable à l'autre. Dans l'équation, s'il y a croissance de la demande, cette croissance peut être induite par une augmentation des revenus privés ou publics, des investissements ou d'une augmentation de la demande étrangère pour les produits domestiques. Pour équilibrer le système, une augmentation de l'offre des biens et services (augmentation du produit intérieur ou du produit importé) est nécessaire pour compenser l'augmentation de la demande. Ce partage de l'influence de la demande entre la production domestique et la production extérieure ne dépend pas d'une décision de politique économique, mais de l'adéquation de la structure de l'offre domestique avec la structure de la demande domestique et mondiale.

En terme technique, un pays qui exporte des produits à forte élasticité-revenu et à faible élasticité-prix, et, qui importe des produits à faible élasticité-revenu et forte élasticité-prix, aura tendance à améliorer le solde de sa balance commerciale.

Ainsi, le graphique suivant nous montre les liens qui lient les pays en matière d'échange international par rapport à l'échelle des produits et au niveau de revenu des pays en compétition.

Figure 2 : Échange entre les différents niveaux de pays et produits

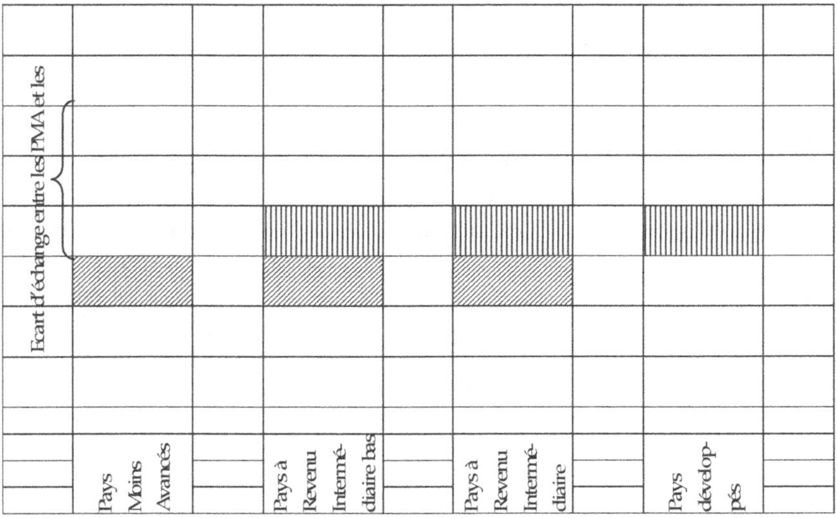

Source : Inspirée de Henri-François Henner, 1997.

De ce que graphique, on peut déduire l'écart de commerce ou d'échange entre les différents niveaux de revenu caractérisant l'étape atteint par chaque pays, cet écart s'amplifie dès qu'un pays est membre des PMA (c'est-à-dire qu'un PMA échange directement avec un pays développé), cet écart se réduit s'il y a échange entre PMA et PMA.

De ce constat, Linder (1960) émit l'hypothèse de la demande domestique représentative, c'est-à-dire, d'un mélange entre la demande et les économies d'échelle. Il prit l'exemple d'un produit qui a une forte demande, sa demande va susciter à son tour une offre efficace, de qualité, de diversité et aussi de prix ; puisque la fonction de production bénéficie d'une économie d'échelle et que l'on se trouve dans la partie décroissante du coût de production. Alors en ce moment, les prix des qualités moins chères vont engendrer la création d'une offre exportable et que c'est dans un pays semblable que l'on peut trouver les demandes de même ordre.

Ainsi, pour mieux bénéficier de l'ouverture à l'extérieure, les PMA doivent coopérer entre eux et/ou dans les cas contraires avec les pays à revenus intermédiaires. Ce qui permet de réduire ou de maîtriser la variation explosive du solde des échanges extérieurs. Ce qui corrobore parfaitement avec l'hypothèse de la loi des proportions des facteurs, c'est-à-dire que, sur le plan empirique les techniques s'imitent vite d'un pays à l'autre, et, pour produire un même bien, les firmes des différents pays en viennent à utiliser les mêmes machines, les mêmes techniques, alors que les dotations factorielles tendent à rester plus différenciés, quelque soit l'intensité des mouvements internationaux de facteurs (investissement direct étranger, émigration de la main d'œuvre).

Pour clore sa démarche, Linder infirma que le déterminant de la consommation était le revenu : c'est-à-dire que, ce ne sont que des pays semblables qui peuvent demander les produits de l'autre ; tel que les PMA ne peuvent que demander que des produits simples, les pays à revenu intermédiaire ont une demande sur des produits relativement simples. En filigrane, l'échange entre les différentes catégories des pays est une situation de commerce de concurrence monopolistique et non un commerce de différenciation ou d'indisponibilité.

Lassudrie Duchene en s'appuyant sur l'analyse de la demande domestique représentative, qui sous-tend que ce ne sont que des pays semblables qui peuvent faire des échanges, démontre qu'à travers l'analyse de la demande de différence qu'il existe trois catégories de spécialisation :

• la spécialisation intersectorielle : modèle agriculture-industrie (modèle des PMA et des pays en voie de développement) ;

• la spécialisation intra sectorielle : modèle inter branche chimie-métallurgie (modèle des pays à revenu intermédiaires) et

• la spécialisation intra branche ou intra produit : modèle d'échange gamme moyenne et haut de gamme (modèle des nouveaux pays industrialisés et des pays développés).

La spécialisation internationale

À partir d'études faites sur l'évolution du commerce international et de la demande intérieure mondiale, Gérard Lafay (1975,1979) distingue 54 produits. Pour classifier ces produits, il s'est basé sur l'évolution du taux de croissance annuel moyen des échanges par produit, et, le taux de croissance annuel moyen de la demande intérieure mondiale par produit.

Cette analyse par le taux de croissance en volume de la demande intérieure par produit, permet de juger du caractère favorable ou défavorable de la spécialisation d'un pays dans cette production. Suite à cette étude, Gérard Lafay, constata que 27 produits ont un taux de croissance annuel médian supérieur à 6,2 pour cent et les 27 autres produits ont un taux de croissance médian en dessous de 6,2 pour cent, ce qui lui permet de classer les produits comme suite :

1. des produits progressifs (27), subdivisés en trois sous-groupes de neuf produits :

- neuf produits fortement progressifs ;
- neuf produits moyennement progressifs ;
- neuf produits faiblement progressifs ;

2. vingt sept autres produits régressifs, subdivisés en sous-groupe de neuf produits :

- neuf produits faiblement régressifs ;
- neuf produits moyennement régressifs ;
- neuf produits fortement régressifs.

Tableau 18 : Classification des produits

Situation	Produits progressifs			Produits régressifs		
	+++	++	+	-	- -	- - -
Engagement	+++					---
Stabilité						
Désengagement	---					+++

Source : Henri-François Henner, 1997.

Suite à cette classification, un pays peut :

- disposer d'un avantage sur un produit lui permettant de s'engager dans la production (ou situation d'engagement) par l'augmentation de la production et de l'exportation de ce type de produit ;

- soit perdre son avantage comparatif et être dans une situation de dégagement (ses exportations nettes se réduisent et de l'autre ses importations nettes augmentent) ;

- ou bien le taux de couverture du produit ne laisse guère apparaître une certaine évolution, ce qui place le pays dans une situation de stabilité.

De l'analyse qui suit, le constat pour la Centrafrique, est qu'elle s'est engagée dans la production du coton, du café en quelque sorte des matières premières depuis les indépendances jusqu'au début de la décennie 80, bénéficiant de la bonne tenue des cours des matières premières. Mais n'a pu tirer profit de ces périodes d'euphorie pour diversifier son économie ou bien s'engager dans la production des biens progressifs (à élasticité-revenu élevée et à faible élasticité-prix).

Les exportations de la RCA, quant à elles, sont constituées pour la plupart par des produits régressifs c'est-à-dire des produits à faible élasticité-revenu et à forte élasticité-prix (des produits primaires), leur demande mondiale a tendance à augmenter moins vite, limitant progressivement la croissance interne par le jeu de la demande. Tandis que les importations sont constituées en majeure partie par des produits progressifs et leur taux de croissance à tendance à être supérieur au taux de croissance du PIB. C'est pour cela qu'on observe depuis une tendance systématique à l'augmentation du déficit commercial et aussi l'apparition des phénomènes de fuite hors du circuit économique (détournement des trafics).

Ces jeux se conjuguant entre eux, réduisent fortement les possibilités de croissance économique, la conséquence qui s'en suit, est le développement d'un cercle vicieux de l'ouverture à l'échange extérieur, engendrant à son tour, bon an, mal an, la dégradation des comptes extérieurs voir même la dévaluation de la monnaie intervenue en janvier 1994.

Or cette dévaluation n'était pas suffisante pour restaurer l'équilibre externe et interne (théorème des élasticités critiques), car les effets prix sont ici dominés par les effets revenus : la production intérieure des biens concurrencés par l'importation ne réussit pas à remplacer les importations, pour cause d'une production trop faible[1] ou inexistante ; la baisse du prix en devise des produits exportés n'a pas engendré automatiquement une augmentation des volumes vendus, alors que la hausse du prix en devises des produits importés ont renchéri les coûts internes de production, réduisant en partie le gain de compétitivité créé par la dévaluation.

En somme, nous pouvons dire que les caractéristiques de base de spécialisation de la RCA, sont celles d'un pays qui exporte des produits régressifs (les prix des produits exportés étant très faibles, dictés par les cours mondiaux engendrant un faible niveau de revenu), et, qui importe des produits progressifs (produits à forte valeur ajoutée) ; la conjugaison de ces phénomènes déprime la balance commerciale, puisque l'effet dynamique des importations vont l'emporter sur les exportations, prouvant ainsi que la Centrafrique est un petit pays preneur de prix (price taker).

Gain et perte dynamiques

L'avantage comparatif permet de définir à un moment, quels sont les produits qu'un pays à intérêt à exporter. Mais il ne permet pas de dire si cette spécialisation le sera encore demain, ou, si elle sera avantageuse dans l'avenir qu'elle l'est actuellement. C'est ainsi que F. Graham (1923) mis au point un modèle simplifié pour expliquer comment le gain statique immédiat de l'échange peut être détruit par une perte dynamique.

Du côté de l'offre, Graham appuie son analyse sur l'évolution des coûts de production : « À mesure que la spécialisation internationale prend place et que l'échelle de la production se développe, la production agricole se fait à rendements décroissants, alors que la production industrielle connaît des rendements croissants : les coûts de production augmentent dans l'agriculture, alors qu'ils diminuent dans l'industrie... »

Sous cette hypothèse, nous pouvons dire que, depuis la colonisation jusqu'à présent, la RCA s'est spécialisée dans la production agricole. Une tentative d'industrialisation a été menée au début des années 1970, il s'agissait de la production des radios et électrophones, des chaussures en plastique, des motocyclettes, des vélos, des cigares, des batteries, etc. L'augmentation des coûts unitaires de production due aux pillages, aux mauvaises allocations des ressources, a entraîné la réduction de la production industrielle. Le corollaire qui s'en suit est la fermeture définitive de certaines entreprises industrielles. En même temps, l'agriculture se développe, or la production agricole est à rendements décroissants : pour produire plus, il faut dépenser plus, en quelque sorte, pour que la production augmente, il faut augmenter les coûts unitaires de production et que la demande des produits agricoles est une demande à faible élasticité-revenu.

Figure 3 : Evolution du gain et perte dynamique de l'échange

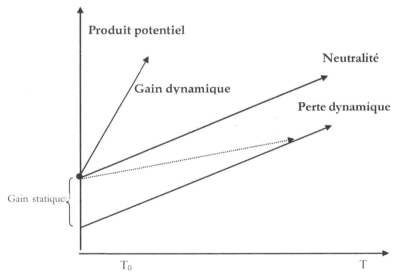

Source : Henri-François Henner,1997.

En fait la baisse de la production industrielle en Centrafrique a engendré une perte dynamique qui vient réduire progressivement le gain statique. À travers le graphique ci-après, il ressort qu'un pays qui exporte des produits à forte élasticité-revenu bénéficie d'un gain dynamique d'échange, alors que celui qui exporte des produits à faible élasticité-revenu participe négativement dans le commerce international et voit sa balance se détériorer.

Du coté de la demande, les variations et/ou l'évolution de celle-ci influencent le caractère plus ou moins bénéfique de l'ouverture à l'extérieur, car elle peut entraîner une réduction progressive du gain de l'échange, augurant l'apparition d'une contrainte extérieure renforcée. Actuellement, la Centrafrique est embobinée dans un cercle vicieux de l'ouverture à l'extérieur, parce qu'elle s'est spécialisée dans des productions à demande régressive par rapport au revenu : les exportations de la RCA ont tendances à augmenter moins vite que le revenu de ses principaux partenaires ; ces importations sont constituées pour l'essentiel des produits à forte élasticité-revenu (produits progressifs), elles ont tendances à augmenter plus vite que le revenu national : le déficit extérieur à tendance à croître et à limiter les possibilités de développement.

Demande, gain de l'échange et avantage comparatif

Stuart Mill a mis en évidence l'importance de l'intensité de la demande en étudiant les effets possibles du progrès technique sur les termes de l'échange : il constate que le partage du gain, suite à l'ouverture à l'extérieur est fonction de l'intensité relative de la demande et peut aboutir à une croissance appauvrissante si le pays se spécialise dans la production des biens régressifs.

L'augmentation de la plupart des matières premières et des autres produits de base face à une demande mondiale plutôt régressive, conduit à une baisse des termes de l'échange des pays exportateurs de ces types de biens. Ces hypothèses expliquent très largement la position de la RCA dans le commerce extérieur, elles sont mêmes ces caractéristiques.

Alors que pour Linder, l'existence d'économie d'échelle dans la production des biens fortement demandés sur le marché intérieur et l'influence principale du niveau de revenu par tête sur la formation de la demande, expliquent les possibilités de création d'un échange bénéfique. Car ce principe d'économie d'échelle entraîne la création d'une technique appropriée, renforcée par des effets d'apprentissage, et enfin l'exportation sera le dernier maillon et non le commencement du sentier d'expansion du marché. Comme nous l'avons montré dans le chapitre sur les contraintes majeures au développement de la Centrafrique, le marché intérieur est très exigu et étalé sur une vaste étendue de territoire.

En plus de cela, Linder affirme que l'un des déterminants le plus statistiquement important est le niveau du revenu par tête de la nation. À ce niveau, la RCA enregistre depuis 1990 une baisse continuelle de son revenu par tête, passant de 506 dollars par tête en 1990 à 287 dollars américains en 1997. Elle enregistre depuis le début des crises militaro-politiques de 1996 une accumulation croissante des arriérés de salaires[2] dans la fonction publique, faisant de sorte que cette situation ne peut guère susciter une stimulation suffisante de la demande intérieure qui, à son tour, compresse le niveau de l'offre.

La dynamique de l'avantage comparatif

L'échelle des avantages comparatifs

En s'ouvrant à l'extérieur, un pays qui exploite ses avantages comparatifs devrait bénéficier d'une croissance économique rapide, liée à l'exploitation de ceux-ci, tout en utilisant au mieux l'ensemble de ses ressources productives afin de réaliser un produit intérieur élevé, suite à la création d'un gain à l'échange. L'évolution de ce gain dans le temps permettrait d'anticiper l'évolution des productions exportables et donc du développement économique d'un pays.

Bela Balassa fut le premier à émettre l'idée selon laquelle il existerait une dynamique de l'avantage comparatif, dans son « approche par étape de l'avantage comparatif ». Il procède par une analyse sur deux facteurs de production, à savoir, le capital physique (K) et le capital humain (L). Il démontre en combinant ces deux facteurs de production $\left(\frac{K}{L}\right)$, qu'il existe une échelle des avantages comparatifs et affirme :

- qu'au bas de l'échelle, on a les matières premières (caractéristique de certains PMA) ;

- puis les produits les plus simples à base de travail (reflétant le niveau de développement des pays à revenu intermédiaire) ;

- et ensuite, les produits qualifiés à base du travail humain et du capital physique (qualificatif des pays industrialisés).

Figure 4 : Classification des pays sur l'échelle des avantages comparatifs

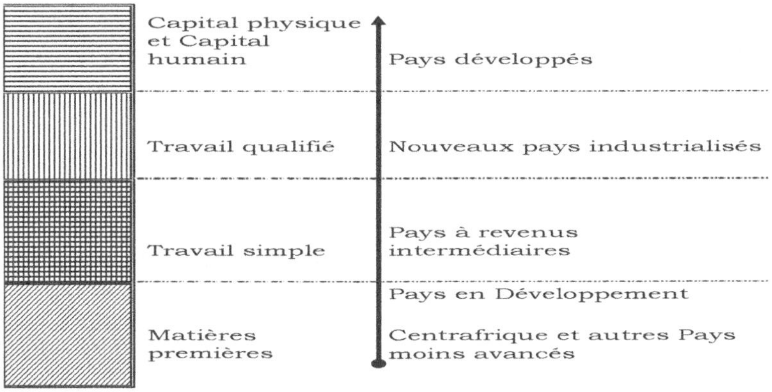

Source : Inspirée de Henri-François Henner et du chemin de croissance de Rostow.

C'est en classant les produits par ordre croissant de combinaison de dotation factorielle en capital physique et humain $\left(\frac{K}{L}\right)$ qu'il obtient l'échelle des avantages comparatifs : c'est-à-dire que si un pays se développe, le rapport $\left(\frac{K}{L}\right)$ augmente, car il peut fabriquer des produits à forte valeur ajoutée. Le développement sera donc accompagné par l'élévation sur les échelles des avantages comparatifs, c'est-à-dire en augmentant ou en grimpant les échelles des avantages comparatifs.

La Centrafrique riche en ressources naturelles, exporte des matières premières (coton, café, bois d'œuvre) qui n'ont subi aucune transformation industrielle, est classée au bas de l'échelle.

Le triangle des dotations factorielles

Leamer étend le modèle à deux facteurs de production de Bela Balassa à trois facteurs, à savoir le travail L, le capital K et la terre N (où N représente la terre, mais aussi les disponibilités en ressources naturelles, minières, etc.), correspondant chacun au sommet du triangle équilatéral normalisé (NKL). La combinaison de ces trois facteurs permet la comparaison des dotations factorielles prises deux à deux $\left(\frac{K}{L}, \frac{N}{L}, \frac{K}{N}\right)$

Sur l'ensemble des 38 pays étudiés, Leamer détermina le barycentre du triangle équilatéral normalisé, qui représente la dotation moyenne de ces pays, à savoir 12 000 dollars américains de capital par tête $\left(\frac{K}{L}\right)$, 0,9 hectares de terre arable par tête $\left(\frac{N}{L}\right)$ et 13 000 dollars américains de capital par hectare de terre arable $\left(\frac{K}{N}\right)$.

La position relative de chaque pays par rapport aux autres dans le triangle des dotations factorielles permet de donner une image de leurs dotations factorielles comparées, ce qui permet de mesurer ou de prévoir leurs avantages comparatifs.

En fait, le triangle normalisé des dotations factorielles peut être réutilisé pour la prise en compte des produits, puisque la fabrication de chaque produit nécessite, en un état donné de la technique utilisée et des prix de facteurs, la combinaison définie des trois facteurs de production : cette combinaison correspond alors à une position unique dans le triangle des dotations factorielles ; et inversement les coordonnées d'un point quelconque du triangle représentent avec précision les combinaisons factorielles correspondant à un produit ou à un pays.

L'analyse de Leamer nous permet donc de combiner immédiatement les dotations des pays en trois facteurs et les différentes caractéristiques des produits, afin d'en déduire les avantages comparatifs et les exportations potentielles.

Figure 5 : Classification des pays dans le triangle des dotations factorielles

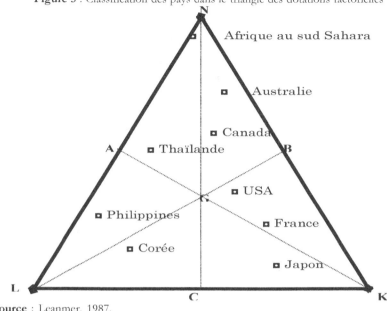

Source : Leanmer, 1987.

De ce qui précède, nous pouvons positionner la RCA sur le triangle des dotations factorielles. De la constatation faite au début de ce document, la Centrafrique dispose d'une forte dotation en ressources naturelles et minières, d'un niveau de population insuffisant, d'une structure industrielle embryonnaire peu allante, ajoutées à cela une population inégalement répartie sur une vaste étendue du territoire, des taux d'épargne et d'investissement diamétralement opposés, combinées à un niveau d'alphabétisation très bas (plus de 60 pour cent des adultes sont analphabètes et à peu près 80 pour cent de la population active travaillent dans l'agriculture) donne une coordonnée peu attrayante soit en 2000, un niveau moyen de 309 dollars américains par tête, de 16 dollars américains par hectare de terre arable et de 0,7 hectare de terre arable (cultivée) par tête.

La spécialisation de la RCA s'en déduit immédiatement : c'est un pays sous développé spécialisé dans la production des produits agricoles et miniers, dont la fonction de production est intensive en travail, qui utBilise plus de la terre mais pas ou peu de capital ou de main d'œuvre qualifiée. Ainsi, le positionnement de la Centrafrique dans le triangle normalisé des dotations factorielles, reste confiné sur le segment [NL], plus proche du sommet N (ressources naturelles).

Figure 6 : Repérage de la RCA dans le triangle des dotations factorielles

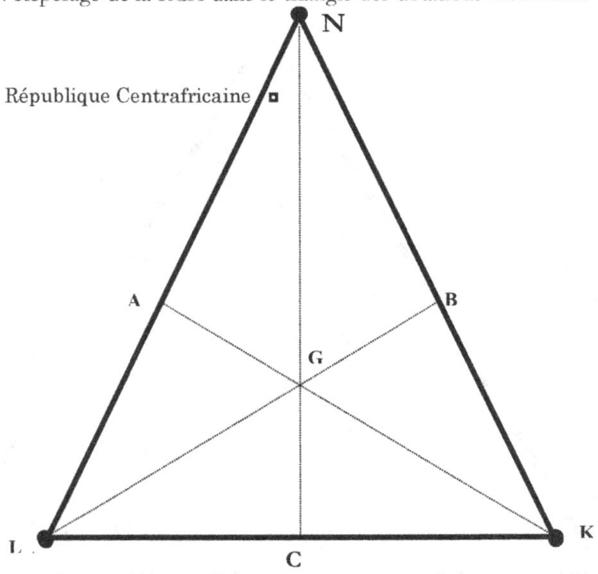

Source : Construite par l'auteur.

En dynamisant le système statique, on constate généralement que le développement d'un pays s'accompagne toujours par une accumulation du capital sous ses différentes formes : capital humain et capital physique. En somme, les pays ayant déjà réalisé leur transition démographique, accumuleront progressivement le capital, alors que la quantité de terre restera constante, et que la population paraîtra relativement stable : le déplacement d'un point du triangle à un autre s'orientera alors vers le sommet K du triangle des dotations factorielles.

Dans le cadre actuel des politiques d'ajustement structurel et des politiques macroéconomiques suivies depuis les indépendances jusqu'à présent, comme nous l'avons montré, la forte dotation de la RCA en ressources naturelles et minières, constitue un handicap[3] au développement de celle-ci, car elle implique davantage le maintien, dans le temps si rien est fait, d'un avantage comparatif dans la production des produits agricoles et miniers dont les élasticités-revenu sont très faibles (ne stimulent pas fortement la demande) ; de plus combiner avec une distorsion des coefficients factoriels, pour développer la Centrafrique, il faudrait une forte et longue période d'accumulation du capital (se traduisant par des taux d'épargne et d'investissement élevés) pour que la production des produits capitalistiques à demande progressive soient rentable. Sinon, bon an, mal an, la position ou le vecteur de translation de la RCA ne se déplacera pas vers le sommet K mais vers le sommet L : c'est-à-dire que les coefficients factoriels deviennent de plus en plus travaillistiques, ce qui confine l'avantage comparatif de la Centrafrique à la production des biens intensifs en terre et en travail dont la demande est généralement régressive.

Figure 7 : Chemin probable de la RCA

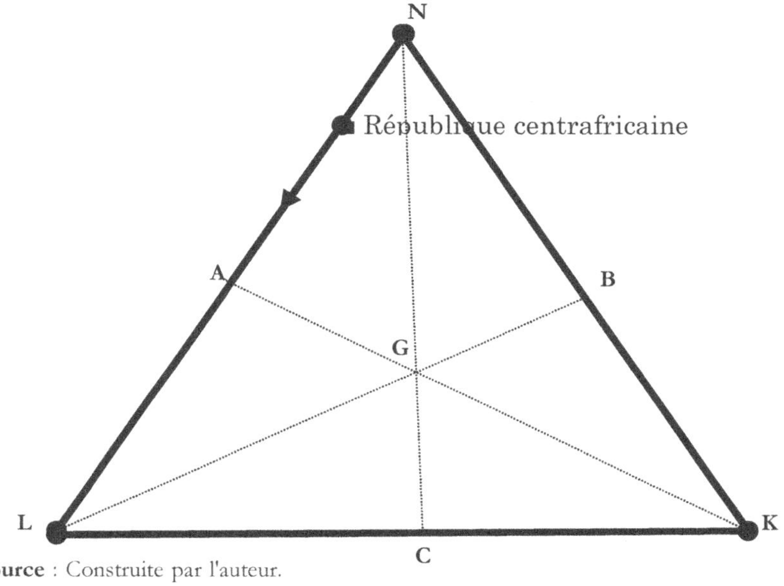

Source : Construite par l'auteur.

L'analyse de la dynamique de l'avantage comparatif nous a permis de comprendre l'existence de multiples sentiers du développement dont la position relative dépend des dotations initiales, et, dont la pente relative de la flèche (vecteur de translation) dépendra des efforts d'épargne, d'investissement, d'emprunts extérieurs et d'accumulation du capital. Cela veut dire qu'il n'existe pas un chemin type qu'un pays peut choisir pour se développer, mais qu'il existe un grand nombre de possibilités qui ne sont pas fixées par la nature, par contre elles dépendent en partie de l'interaction des trois facteurs de production soutenue et orientée par une bonne politique macroéconomique qui pourra aider la RCA à se développer.

Notes

1. Le tissu industriel centrafricain est très embryonnaire et a été à chaque fois détruit lors des différents événements survenus en 1979, 1992-1993, 1996-1997, 2001, 2002-2003.
2. Phénomène vulgairement appelé par les Centrafricains qui disent que le salaire des fonctionnaires centrafricains (ceux qui travail dans l'administration publique) a attrapé le sida.
3. En comparaison avec le phénomène du Syndrome hollandais.

Chapitre 7

Problème de cohérence des politiques économiques

Introduction

Nous tenons d'abord à préciser ce qu'on entend par politique économique. Nous disons que la politique économique est une action générale du pouvoir politique central, action cohérente et finalisée s'exerçant dans le domaine économique, c'est-à-dire portant sur ce qui touche à la production, aux échanges, à la consommation, à la constitution du capital, etc. D'une manière plus simple, la politique économique consiste dans la manipulation délibérée d'un certain nombre de moyens mis en œuvre pour atteindre certaines cibles, ou encore, c'est le processus par lequel un agent particulier « le gouvernement » dans le cadre de ces buts de politique générale, décide de l'importance de certains objectifs et utilise pour les atteindre des instruments ou des modifications structurelles.

Tandis que la théorie des politiques économiques (domaine d'analyse des économistes) procède par l'étude des relations entre les objectifs (qui par hypothèse déterminent la satisfaction du décideur politique, mais ne sont directement contrôlées par lui) et les instruments qui représentent des variables de commande. On peut également affirmer que la théorie de politique économique a pour principal objet de dégager les conditions de cohérence et d'efficience de l'action de l'État. Elle est aussi une méthode d'analyse des problèmes économiques visant à présenter de manière cohérente, logique et rationnelle une liaison entre les concepts et les mécanismes de l'analyse économique d'une part, les options de la politique économique d'autre part.

Ainsi, pour traduire notre pensée tout en facilitant la compréhension pour les communs des mortels, nous allons devoir expliciter certains termes ou génériques utilisés :

- un instrument est une variable qui est sous le contrôle du décideur, c'est une variable que le politique ou l'État contrôle ;

- les objectifs sont des variables qui ne sont pas contrôlées par l'État mais agissent sur le niveau de satisfaction de celui-ci ;

- tandis que les données sont des variables contrôlées en partie par l'État et que les variables accessoires sont des variables dont le niveau laisse indifférent le décideur.

Dans ce chapitre, nous allons visualiser les effets non négligeables des chocs et perturbations auxquels font face les économies et surtout celles des pays à faibles revenus tels que la République centrafricaine. Pour corroborer les faits, nous pouvons citer en guise d'exemple l'évolution des cours des matières premières, les taux d'intérêts, les taux de change, etc. Nous voulons aussi rappeler que l'effet de ces chocs est appelé à s'amplifier davantage suite à l'exécution des politiques de stabilisation et d'ajustement qui prônent une ouverture de l'économie encore plus grande vers l'extérieur.

Aussi invraisemblable que cela puisse paraître, ces mêmes politiques n'intègrent pas ou pas assez ces chocs. À titre d'exemple, nous pouvons énumérer le cas de la Centrafrique où un premier plan d'ajustement structurel a été initié en 1986. Ce programme a été largement compromis par des facteurs extérieurs défavorables. Ainsi pour ajuster les tirs, un second programme fut élaboré en 1988 dans un contexte international défavorable. Et au cours de l'exécution du programme, des divergences entre les résultats d'étapes et la situation qui prévalait était si grande que l'État centrafricain s'est vu obligé de venir en aide à tous les secteurs de l'économie pour apaiser le front social suite à la déprime des cours des produits exportés. Ce qui augmenta le fardeau de la dette centrafricaine. Cette illustration démontre à quel point, il est important de ne pas négliger le jeu des phénomènes de nature externe et non contrôlable dans les stratégies économiques. En d'autres termes, nous pensons qu'il est vraisemblablement très important de prendre en compte et d'une manière explicite les chocs dans les programmes d'ajustement.

Une partie non moins négligeable de ce chapitre et qui devrait bénéficier d'une attention conséquente avant la mise œuvre d'une stratégie économique, est celui relatif à la possibilité même d'atteindre les objectifs visés : c'est lorsque la cible visée est atteinte que l'on est capable de s'attaquer au problème de stabilisation de l'économie autour de ces objectifs atteints. Ce sont ces questions relatives d'une part à la possibilité d'atteindre les objectifs économiques visés, et d'autre part à celle concernant la possibilité de stabiliser l'économie autour des objectifs visés et atteints (espace de capture), et ceci en présence de chocs que, nous voulons élucider dans ce chapitre, en prenant comme cadre de référence l'économie centrafricaine.

En définitive, l'objectif spécifique de ce chapitre est d'expérimenter le cas de la Centrafrique et donc de mettre à la disposition du décideur public centrafricain un instrument de gestion de politique macroéconomique en présence de chocs externes. Ces chocs peuvent être aléatoires ou non. Ils représentent dans ce cas l'action d'un agent (hostile) agissant sur le système. Ainsi se posent deux problèmes différents : d'abord un problème d'accessibilité aux cibles visées et ensuite le problème de stabilisation de l'économie.

Problème d'accessibilité aux cibles visées

Dans ce problème, nous analysons la possibilité d'atteindre des objectifs de politique économique. Nous ne nous maintenons pas seulement à la question du maintien du système économique au niveau des objectifs visés et atteints. Mais nous voulons également chercher à répondre à la question suivante : si un certain nombre d'objectifs de politique économique est fixé, est-il capable de les atteindre ? ou bien des objectifs de politique économique étant donnés, est-il possible de les atteindre compte tenu de la structure de l'économie considérée, et des instruments disponibles ? Ce type de problème a été initialement étudié par Tinbergen dans un contexte statique. Celui-ci a pu montrer que, le problème posé a une solution si le nombre d'objectifs est égal à celui des instruments. Mama Ouattara l'a fait dans les contextes statique et dynamique.

Les objectifs spécifiques

Pour mieux appréhender le problème posé, nous allons d'abord :

* préciser si les objectifs visés lors de la mise en exécution d'un programme sont réalisables ou accessibles, et, ceci en présence de chocs externes ou non ;

* déterminer dans le cas où une cible visée ne peut être atteinte, quel est l'ensemble des cibles accessibles ? ceci permettra de mettre en évidence la frontière d'efficacité qui caractérise les situations non globalement améliorables.

L'ensemble de ces résultats traduisent bien les contraintes que le gouvernement centrafricain ne doit pas ignorer lors de la mise en place des programmes de politique économique.

Revue de la littérature

La problématique de l'accessibilité aux cibles n'est pas un phénomène nouveau dans l'économie ; elle fit son apparition sous une forme statique avec la fameuse Règle de Tinbergen[1] et ses applications en gestion de politique macroéconomique. À cet effet, Tinbergen (1954, 1969) prouva que dans une situation statique, une condition nécessaire d'efficacité de la politique économique est que celle-ci mette en œuvre au moins autant d'instruments qu'elle s'assigne d'objectifs fixes à atteindre. Notons que de nombreux chercheurs estiment que dans le monde réel, où les effets des instruments sont incertains et associés à des délais d'actions variables, il convient en fait de disposer de plus d'instruments que d'objectifs. On maximise ainsi les chances d'agir dans le sens souhaité.

Moshin S.K. et al. (1986) ont appliqué la méthodologie aux pays en voie de développement sous le générique de « Règle de Meade-Tinbergen ». Cette règle connut un succès remarquable et sa généralisation au cas dynamique et son application en économie en 1974 par Preston A.J., en 1975 par Aoki M. sous l'appellation de la théorie de la contrôlabilité des systèmes, n'a pas été bien perçue. Des critiques ont été formulées par Lars N. et Viotti S. en 1978 sur l'insuffisante adéquation de cette théorie élaborée par Kalman[2] (1963, 1965) dans le domaine de la cybernétique. Lars et Viotti se posaient alors la question de savoir si le système peut être maintenu au voisinage de la cible visée et atteinte. Pour répondre à cette préoccupation, Buiter M.W. et Gersovitz M. (1981) utilisèrent les travaux réalisés par Wonham W. M. (1967), pour prouver qu'il est possible de stabiliser un système complètement contrôlable que si on peut lui imposer des valeurs propres arbitrairement choisies.

La théorie de la gouvernabilité des systèmes présente aussi un intérêt non négligeable du point de vue des cycles politico-économiques (Schneider F. et al. 1981). Les résultats des travaux obtenus en théorie de la contrôlabilité, d'abord applicables uniquement aux systèmes dynamiques linéaires ont été étendus à des cas non linéaires par Levine J. en 1983, puis à la possibilité d'atteindre une cible dans un contexte dynamique en présence de choc par Bernhard P. (1972, 1980). Ces derniers résultats sont étendus dans le cas où les variables de commande sont soumises à certaines conditions par Mama Ouattara (1988, 1990).

Méthodologie appliquée

L'analyse actuelle s'articule autour d'un modèle macroéconométrique simplifié (statique et dynamique) de l'économie centrafricaine. Le modèle est basé sur trois équations représentant l'équilibre des biens et services en économie ouverte, le solde des finances publiques et le solde de la balance des paiements. Pour atteindre les cibles visées, deux variables peuvent être retenues comme variables de contrôle : les prix payés aux paysans (pour la vente des deux cultures de rente, le coton et du café) et les dépenses publiques. On supposera que l'économie est soumise à un choc (qui est supposé traduire les effets des politiques économiques menées par le reste du monde sur l'économie centrafricaine). Le choc ou l'agent hostile à l'économie centrafricaine est représenté par les taux de change effectifs réels.

Le modèle statique

Trois variables objectifs sont retenues, il s'agit de :
- l'évolution du PIB (Y) ;
- l'évolution de la Balance des paiements (BdP) ;
- l'évolution du déficit public[3] (DB).

Pour pouvoir atteindre les objectifs, deux instruments ont été identifiés :

- les dépenses publiques (G) ;
- les prix payés aux producteurs des cultures de rente, c'est-à-dire le prix moyen du café et du coton.

Sous l'effet de l'instabilité des cours mondiaux des matières premières, l'économie centrafricaine est soumise à des chocs externes ou est confrontée à un agent hostile, agissant favorablement ou défavorablement sur elle, cet agent hostile ou ce choc externe est déterminé par les taux de change effectifs réels (TCER).

Toutes ces variables sont reliées entre elles par des équations dont la forme réduite est définie comme suite :

$$Y = (G, P, TCER)$$
$$DB = DB \ (G, P, TCER)$$
$$BdP = BdP \ (G, P, TCER)$$

À l'observation directe, nous constatons que le nombre des objectifs (trois) à atteindre est supérieur à celui des instruments (deux). Normalement, un objectif arbitrairement fixé ne peut être atteint que si l'on s'en tient à la règle de TINBERGEN. Néanmoins, nous pouvons étudier dans quels cas de figure ou conditions doit-on remplir pour que les objectifs fixés soit atteints en tenant compte de la structure estimée du modèle.

Le modèle dynamique

Ce modèle utilise les mêmes équations que celles du modèle statique ; seulement la dynamisation du modèle est obtenue en introduisant dans les équations du modèle statique des retards (dans la fonction de consommation, des phénomènes d'accélération). Sa forme structurelle est donnée par l'expression suivante :

$$Y_t = Y(Y_{t-1}, G_t, TCER)$$
$$DB_t = DB(Y_{t-1}, DB_{t-1}, G_t, TCER)$$
$$BdP_t = BdP(Y_{t-1}, DB_{t-1}, BdP_{t-1}, G_t, TCER)$$

où Y_t, DB_t, BdP_t sont respectivement le PIB, le déficit budgétaire et le solde de la balance des paiements à l'instant t. Ce sont des objectifs de politique économique que le décideur ou le politique centrafricain est déterminé à améliorer ou à atteindre. Tandis que G_t, P_t sont des variables de contrôles ou des instruments dont le décideur doit utiliser pour atteindre les objectifs visés. Alors que le $TCER_t$ est le choc externe qui perturbe ou contrecarre les actions du gouvernement à l'instant t.

De nouveau, le nombre des variables objectifs est supérieur à celui des variables de contrôle. Mais dans le cas dynamique, ceci ne constitue pas une limitation pour le problème de l'accès aux cibles.

Théorie de la gouvernabilité des systèmes : les instruments d'analyse

Nous tenons à rappeler que les thèmes touchant à la gouvernabilité des systèmes et ceux relatifs à la règle de Tinbergen étant d'un usage très largement courant. De plus, on peut déduire la règle de Tinbergen des résultats obtenus à partir de la théorie de la gouvernabilité des systèmes.

La gouvernabilité[4] des systèmes peut être envisagée de deux points de vue. La pertinence de chacune de ces deux approches repose sur les hypothèses concernant les facteurs qui déterminent l'évolution du système. On peut supposer que l'évolution du système est déterminée par l'action d'un seul agent et donc étudier la possibilité pour celui qui agit, d'atteindre l'objectif visé. Cette hypothèse qui peut être acceptable en économie fermée le devient moins en économie ouverte ; en effet dans ce dernier cas, l'évolution du système résulte de l'action d'un décideur (gouvernement) et des influences provenant de l'environnement que l'on peut assimiler à l'action d'un autre agent (hostile). Le problème consiste alors à étudier la possibilité de forcer le système à atteindre la cible quels que soient les effets de l'environnement.

La première conception (celle dans laquelle l'évolution du système résulte de l'action d'un seul agent) conduit au concept de gouvernabilité ; la deuxième, (celle à plusieurs agents) aboutit au concept de gouvernabilité forte ou de capturabilité.

Système dynamique contrôlable en théorie de la gouvernabilité des systèmes

Etant donné un système dynamique (S) défini par :

$$(S) \begin{cases} X(k) = AX(k-1) + BU(k) \\ X(0) = X_0 ; X \in R^n \end{cases}$$

où X_k est l'état du système, c'est-à-dire la variable censée résumer l'histoire du système ou bien est la mémoire de celui-ci, alors que U_k est la commande du système ou est l'instrument de politique économique.

Le système dynamique (S) est complètement gouvernable après k périodes si quel que soit l'état initial X_0, quel que soit l'état final X (l'objectif visé), il existe une suite $U_1, U_2, ..., U_k$ (vecteur de commandes) qui transfère X_0 en X à l'instant k.

En se basant sur le théorème établi par A. J. Preston en 1974, on dit qu'un système (S) est complètement gouvernable après k périodes si et seulement si la matrice de gouvernabilité complète $Mg = \left[B \vdots AB \vdots \cdots \vdots A^{k-1}B \right]$ est de rang n.

D'après le théorème de Kalman, la matrice $Mg = \left[B \vdots AB \vdots \cdots \vdots A^{k-1}B\right]$ est gouvernable si $Im(Mg) = \Re^n$. Posons, $X(k+1) = AX(k) + BU(k)$ tel que : X(1) = BU(0),

X(2) = AX(1) + BU(1) = ABU(0) = BU(1) = BU(1) + ABU(0),

X(3) = BU(2) + AX(2) = BU(2) + ABU(1) + A²BU(0)

$\vdots$

$$X(k) = \left[B \vdots AB \vdots A^2 B \vdots A^3 B \vdots \cdots \vdots A^{k-1}B\right] \bullet \begin{bmatrix} U(k-1) \\ U(k-2) \\ U(k-3) \\ \vdots \\ U(0) \end{bmatrix},$$

Pour $k \leq n$; alors $Im(Mg) = \Re$, tel que Rang $(\Re^n) = n$.

Remarquons que si $k = 1$, la condition de gouvernabilité coïncide avec la règle de Tinbergen, puisque la condition ci-dessus devient : le rang de B est égal n ; cela signifie que le nombre des instruments doit être égal à celui des objectifs.

Pour $k > n$, on peut démontrer également que la matrice B est de rang n de la manière suivante, posons :

$$X(k) = \left[B \cdots A^{n-1}B \,\middle|\, A^n B \cdots A^{k-1}B\right] \bullet \begin{bmatrix} U(k-1) \\ \vdots \\ U(n-k-1) \\ \vdots \\ U(0) \end{bmatrix}$$

or d'après le théorème de Caylley-Hamilton, on peut poser que:

$$X(k) = \left[B \cdots A^{n-1}B\right] \bullet \begin{bmatrix} W(n-1) \\ \vdots \\ W(0) \end{bmatrix}$$

puisque les $W(n-1), ..., W(0)$ sont fonctions de $U(k-1), .., U(0)$, alors on admet que le système est gouvernable parce que la matrice B est de rang n à partir de la décomposition des matrices.

Système gouvernable en théorie des jeux linéaires discrets

On appelle jeu linéaire discret un jeu qui peut se mettre sous la forme suivante:

$$\begin{cases} X(k) = FX(k-1) + GU(k) + JV(k) \\ X(0) = X_0 \qquad X \in \Re^n \end{cases}$$

avec $U(\bullet)$ la variable de commande du premier joueur (gouvernement, décideur) qui veut contrôler le système ;

et $V(\bullet)$ la variable de la commande du second joueur (l'adversaire ou l'agent hostile).

Dans ce système, la structure de l'information dont dispose le décideur permet de déterminer ou de définir une multiplicité des concepts de gouvernabilité. On parle alors de principe de diversité nécessaire ou de la loi de la variété requise, parce que l'on a affaire à un adversaire, il faut avoir autant d'arguments ou atouts nécessaires que lui. En effet, pour pouvoir conduire le système vers la cible visée, il faut et il suffit que l'espace engendré par les actions de l'adversaire doit être inclus dans celui de l'action du gouvernement, c'est-à-dire que $Im(B) \supset Im(C)$ ou $Im(B) \subset Im(C)$.

Ainsi, on dit qu'un système est fortement commandable (contrôlable ou gouvernable) après k périodes par rapport à un sous-espace M (espace de capture ou sous-espace atteignable) à partir de Xo pour toute suite $V(\bullet)$, s'il existe une suite $U(\bullet)$ qui transfère l'état en M à l'instant k. Cette définition est applicable si l'information est parfaite ; dans le cas où l'information n'est pas parfaite, on fait recours au concept de capturabilité, c'est-à-dire : l'état d'un système est idéalement capturable par rapport au sous-espace M, après k périodes à partir de l'état initial Xo, s'il existe une application U, telle que, quel que soit la suite $V(i)$, les suites $U(i) = U(X(i), i)$ et $V(i)$ le transfèrent en M à l'instant k.

D'après le théorème de Bernhard (1972), si l'on désire transférer (S) de sa position initiale Xo dans le sous-espace M, alors :

• (S) est fortement commandable en k-pas, à partir de $X0$, si et seulement si, la relation suivante est vérifiée : $\sum_{j=0}^{k-1} P_j = \sum_{j=0}^{k-1} Q_j$, où : P_j est l'image de

$\prod A^j B$, Qj l'image de $\prod A^j C$ et $\prod$ est la projection de $\mathfrak{R}^v$ sur

$$M^\perp ; \mathfrak{R}^n = M + M^\perp$$

• (S) est par contre capturable à partir de Xo en *k-pas*, si et seulement si :

$$P_0 \supset Q_0, P_0 + P_1 \supset Q_1, \cdots, \sum_{j=0}^{k-1} P_j \supset Q_{k-1}$$

Problème de la stabilisation

La stabilisation pose le problème suivant : les objectifs visés étant atteints, est-il possible de réduire les fluctuations aléatoires de l'économie autour de ces objectifs?

Dans cette partie, nous ne cherchons pas à étudier nécessairement le problème du retour de l'économie au niveau de l'objectif visé et atteint, suite à une perturbation, mais plutôt au contrôle des fluctuations de l'économie autour des objectifs visés et atteints. Ces deux problèmes sont différents malgré leur affinité. Le premier se rapporte à ce que nous appelons « problème de l'accès aux cibles », et signifie correction de déséquilibres observés par une gestion privilégiée de la demande et ce, dans une optique de court terme. Alors que la résorption des déséquilibres signifie : passage d'un état de déséquilibre à un autre état dit d'équilibre. C'est donc un problème d'accès à une cible visée (état d'équilibre) à partir d'une situation non viable (état déséquilibré). Donc stabiliser une économie est un problème de Tinbergen, c'est-à-dire mettre en place une politique économique qui permet de passer d'un état observé à un état souhaité. Il s'agit de corriger d'abord (problème d'accessibilité aux cibles visées), puis le stabiliser en fin de compte, c'est-à-dire qu'un système complètement gouvernable est stabilisable.

Les objectifs spécifiques

Pour mieux analyser le problème de stabilisation de l'économie centrafricaine, il s'avère intéressant de :

- préciser les caractéristiques des instruments optimaux en termes de minimisation des variances sur les objectifs ;

- montrer comment et combien, la volonté de stabiliser parfaitement un objectif accroît l'incertitude sur les autres. C'est en fait le point crucial de notre méthodologie, car cette partie nous permet d'obtenir une frontière d'efficacité dans un contexte incertain. La connaissance de cette frontière, tout en précisant les coûts des arbitrages entre les objectifs concurrents, permet de procéder à une hiérarchisation entre ceux-ci, et que cette hiérarchisation est indépendante des poids que le décideur affecte à tel ou tel objectif ;

- préciser quel instrument affecter à tel objectif compte tenu de son efficacité. Autrement dit, nous voulons obtenir un équivalent du principe de classification de Mundel, mais dans un contexte incertain.

Revue sélective de la littérature

La prise en compte des perturbations aléatoires dans l'analyse économique n'a pas été fortuite. Elle a permis de remettre en cause certaine acception. E. Morin (1992) affirma que le « progrès des connaissances scientifiques produit donc un progrès de l'incertitude ». Prouvant que le problème de l'incertitude n'est pas un phénomène nouveau dans le domaine de l'analyse économique. J. Rolfo, analyse en 1980 la couverture optimale pour un producteur des produits primaires en situation d'incertitude sur les prix et les quantités. Kamkaing M. C. généralisa la démarche en 1989 par la prise en compte du risque de taux de change et montra qu'une couverture optimale des prix des produits primaires permet de parer au risque de change. Tandis que Caballero R. et Corbo en 1989 concluent que l'incertitude sur les taux de change réel à l'exportation ont un caractère négatif. Utilisant un modèle d'équilibre général calculable, Collier P. analysa les effets d'une hausse spectaculaire des prix du café sur la formation du capital et l'économie kenyanes. L'étude sur les chocs extérieurs favorables et des politiques destinées à suppléer à la fixité du change afin de maîtriser les déséquilibres macroéconomiques induits par une hausse d'endettement a été effectuée par Devarajan S. et Jaimes de Melo en 1987.

Le concept de frontière d'incertitude : les instruments d'analyse

Le modèle économétrique précédent (statique et dynamique) est réutilisé, les variables objectifs et de commandes utilisées sont les mêmes que celles du problème de l'accès aux cibles. La différence est que la force extérieure ou le taux de change effectif réel est aléatoire.

Le concept de frontière d'incertitude a pour objet la recherche de caractéristiques intrinsèques d'un modèle qui soient directement interprétables en terme de frontière des possibles s'offrant au décideur dans un environnement aléatoire.

La frontière d'incertitude de court terme

On parle de concept d'incertitude de court terme lorsque le modèle est statique, alors le modèle formel est représenté par l'équation suivante : $Y = AX + \theta$

Où Y est le vecteur des objectifs visés, $Y \subset \mathfrak{R}^n$;

X est le vecteur des instruments, $X \subset \mathfrak{R}^n$;

est le vecteur des chocs, $\theta \subset \mathfrak{R}^n$.

Nous allons supposer que le nombre des instruments est inférieur à celui des objectifs, tel que $m < n$.

On dit qu'une politique de stabilisation est contraléatoire lorsqu'elle est une fonction qui associe à toute valeur prise par le vecteur des chocs θ, une valeur du vecteur instruments X. De telle sorte que si on note par F cette fonction, alors, on a par définition : $F : \theta \rightarrow X = F(\theta)$.

Il en résulte que les objectifs possèdent des variances résiduelles que l'on peut chercher à réduire, pour cela, on choisit la fonction-critère suivante:

$$Min\left[E\left(\sum_i \omega_i y_i^2 \right) \right] = Min[E(Y'\Omega Y)]$$

Où E est l'espèrance mathématique, et

$$\Omega = \begin{pmatrix} \omega_1 & 0 & \cdots & \cdots & 0 \\ 0 & \omega_2 & 0 & \cdots & 0 \\ \vdots & 0 & \ddots & \ddots & \vdots \\ \vdots & \vdots & \ddots & \ddots & 0 \\ 0 & \cdots & \cdots & 0 & \omega_n \end{pmatrix}$$

une matrice des poids que le décideur accorde à chaque objectif.

L'utilisation du théorème de MALGRANGE et al. (1984), nous donne :

• la solution optimale de $X = F(\theta)$ avec $F = (A'\Omega A)^{-1} A'\Omega$;

• la frontière d'incertitude de court terme: $\Gamma \Xi \Gamma' = \Gamma \Theta \Gamma'$;

où : G est une matrice déterminée, $G(n-p, n)$;

Ξ est une matrice de variance-covariance des objectifs ;

Θ est une matrice des variances-covariances du choc θ.

La frontière d'incertitude de long terme

On parle de concept d'incertitude de long terme lorsque le modèle est dynamique et stationnaire, alors le modèle formel peut s'écrire de la manière suivante :

$Xk = AX_{k-1} + B\theta_k + \Psi_k$, avec Ψ_k un processus stationnaire non autocorrelé de variance-covariance Θ.

En usant toujours le théorème de MALGRANGE *et al.* (1984), on obtient :

- la solution optimale de long terme : $q_k = F(AX_{k-1} + Y_k)$,
  avec $F = (B'HB)^{-1}B'H$ et $H = W + A' \ddot{e}H - HB(B'HB)^{-1}B'H\hat{u} A$;
- la frontière d'incertitude de long terme, est définie par : ,
  $F \ \Xi \ F = F \ A\Xi A'F + F\Theta F'$, où F est une matrice déterminée, F *(n-p,n)* ;
  Ξ est une matrice de variance-covariance des objectifs ;
  Θ est une matrice des variances-covariances du choc θ.

Gestion macroéconomique en présence ou non de chocs à court terme

Présentation et analyse du modèle

Le système est basé sur trois équations essentielles précédemment définies, il s'écrit ainsi :

$$Y + M = C^p + C^g + I + X \qquad (1)$$
$$C_g + rE = t_a + t_E + A \qquad (2)$$
$$BdP = X - M + S_X - S_M \qquad (3)$$

- l'équation (1) est une équation d'identité comptable sur le marché des biens et services en économie ouverte ;
- l'équation (2) explique que pour couvrir le déficit budgétaire *(G+rE-t_a)*, l'Etat a le choix entre le financement monétaire *A(Y)* qui est fonction de recette fiscale passée (sous entendu fonction du PIB) et l'émission des titres (ou contracter des emprunts) ;
- l'équation (3) désigne le solde de l'équilibre extérieur, elle est le solde de transaction courante.

De ce qui suit, les équations peuvent être explicitées en fonction des variables retenues ou des objectifs de politique économique, c'est-à-dire en faisant des hypothèses sur les instruments devant être utilisés pour atteindre les objectifs visés, on obtient les relations suivantes :

$$(S) \begin{cases} Y = T(Y,Q) + D(Y,P) + G \\ DB = F(P,Q,G) + A(Y), \quad \text{puisqu'en posant :} \\ BdP = T(Y,Q) + Z(Y,P,Q,G) \end{cases}$$

$T(Y,Q) = X\text{-}M$, $D(Y,P) = C_p + I$, $C_g = G$, tels que :

- le solde de la balance commerciale est fonction du revenu (Y) et des taux de change réels effectifs (Q) ;

- les dépenses de consommation des ménages et les dépenses d'investissement sont fonction du revenu et des prix domestiques (ou des prix payés aux paysans) ;

- le déficit budgétaire est supposé réagir avec les prix payés aux paysans, les dépenses gouvernementales, les taux de change effectifs réels et le recours de l'État au financement de la BEAC (représentant 20 pour cent des recettes budgétaires réalisées l'année d'après) ;

- le solde des transactions courantes suit le mouvement du revenu, des prix payés aux paysans, des dépenses gouvernementales et des taux de change réels.

La résolution du système[5] avec la méthode des moindres carrés ordinaires, se présente comme suite :

$$(S) \begin{cases} y = 4,6107g + 0,8227p - 0,2195q & (1) \\ \quad (6,4506) \quad (4,8698) \quad (-4,5075) & R^2 = 0,646 \\ db = -0,1202y + 1,0199g + 0,2402p - 0,1928q & (2) \\ \quad (-2,5986) \quad (3,8997) \quad (1,7643) \quad (-2,2783) & R^2 = 0,586 \\ bdp = -0,0253y + 0,2559g + 0,0678q & (3) \\ \quad (-1,351) \quad (2,3572) \quad (2,4464) & R^2 = 0,262 \end{cases}$$

La lecture économique de ces trois équations, nous dit que :

- le revenu (y) est une fonction croissante des prix payés aux paysans (p), des dépenses gouvernementales (g), et est une fonction décroissante des taux de change réels effectifs (q). Toute variation positive des variables dépenses gouvernementales et des prix payés aux paysans ont un impact positif sur le PIB, tandis que celle des taux de change réels effectifs réduit le PIB, c'est-à-dire si q se déprécie, le revenu s'améliore, l'économie devient compétitive ;

- de même le déficit budgétaire croit si les dépenses et les prix payés aux paysans augmentent, et se réduit lorsque le revenu et les taux de change réels effectifs augmentent ;

- le déficit extérieur baisse avec l'augmentation du revenu, et, croit avec les dépenses publiques et les taux de change réels effectifs.

Le modèle re-estimé sous sa forme finale, en fonction des instruments, se présente comme suit :

$$
\begin{cases}
y = 4,6107g + 0,8227p - 0,2195q \\
\quad (6,4) \qquad\quad (4,9)\ (-4,5) \qquad\qquad R^2 = 0,65 \\
db = 0,8056g + 0,3016p + 0,2565q \\
\quad (3,2) \qquad\quad (1,8) \qquad (1,8) \qquad\quad R^2 = 0,52 \\
bdp = 0,136g - 0,0173p + 0,072q \\
\quad (2,04)\ (1,94) \qquad (3,1) \qquad\qquad R^2 = 0,39
\end{cases}
$$

L'analyse de ce système d'équation montre que le déficit budgétaire, à court terme, est une fonction croissante des dépenses publiques, des prix payés aux paysans et des taux de change réels effectifs ; tandis que le solde des transactions courantes est une fonction croissante des dépenses gouvernementales et des taux de change réels effectifs, mais les prix payés aux paysans réduisent ce solde pour cause de l'augmentation des exportations (quand les prix sont attrayants).

Le système mis sous forme matricielle, il devient :

$$
\begin{pmatrix} y \\ db \\ bdp \end{pmatrix} = \begin{pmatrix} 4,6107 & 0,8227 \\ 0,8056 & 0,3016 \\ 0,1362 & -0,0173 \end{pmatrix} \begin{pmatrix} g \\ p \end{pmatrix} + \begin{pmatrix} -0,2195 \\ 0,2565 \\ 0,072 \end{pmatrix} (q)
$$

tel que : $X = Md + Nq$. Cette forme nous permet d'aborder le problème d'accès aux cibles.

Problème d'accessibilité aux cibles visées

L'effet du choc est négligeable

Pour résoudre le problème de l'accessibilité aux cibles, dans le cas où l'effet du choc serait négligeable, il suffit de poser : $X = Md$ avec $N=(0)$. Le vecteur X est de dimension $(3, 1)$, c'est-à-dire un vecteur composé de trois lignes et une colonne, et la matrice M est de dimension $(3, 3)$ et d de dimension $(3, 1)$.

L'équation $X = Md$ a une solution quel que soit X. Dans notre cas de figure, nous constatons que l'on ne peut atteindre trois objectifs arbitraires avec deux instruments, si on applique la règle de Meade-Tinbergen.

Pour déterminer l'ensemble des objectifs réalisables ou espace de capture, il s'avère nécessaire de décomposer l'équation $X = Md$ en deux équations, telles que :

$$
(S)\ \begin{array}{l} X_1 = M_1 d \quad (1) \\ X_2 = M_2 d \quad (2) \end{array} \quad \text{où} \quad M_1 = \begin{pmatrix} 4,6107 & 0,8227 \\ 0,8056 & 0,3016 \end{pmatrix} \quad et\ M2 = 0,8056\ \ 0,3016
$$

avec $X_1 = \begin{Bmatrix} y \\ db \end{Bmatrix}$ et $X_2 = (bdp)$.

La résolution de ces deux équations nous permet d'affirmer que le déficit extérieur est une fonction croissante du revenu et décroissante du déficit budgétaire : $bdp = 0,0756y - 0,2635db$.

Considérons maintenant que le choc est un paramètre non nul mais constant, alors l'ensemble des objectifs réalisables peut être défini par l'équation suivante : *bdp - 0,0756y + 0,2635db - 0,109q = 0.*

Ce choc fait la translation de l'ensemble des objectifs réalisables, il a un effet positif, car une hausse du prix extérieur réduit le déficit extérieur par rapport à son niveau d'équilibre à un poids supérieur à celui du revenu et inférieur à celui du déficit budgétaire.

Tous les paramètres sont contrôlés par le décideur centrafricain

Dans ce cas de figure, le gouvernement ou le décideur centrafricain contrôle totalement les variables g, p et q. La règle de Meade-Tinbergen peut être appliquée, parce que le gouvernement dispose de trois instruments pour réaliser ces trois objectifs (revenu, déficit budgétaire et le déficit extérieur). La résolution de l'équation suivante où l'inconnue est d a une solution quel que soit $X : Ad = X$

$$\text{Avec } A = \begin{pmatrix} 4,6107 & 0,8227 & -0,2195 \\ 0,8056 & 0,3016 & 0,2565 \\ 0,1362 & -0;0173 & 0,072 \end{pmatrix} \text{ et } d = \begin{pmatrix} y \\ db \\ bdp \end{pmatrix}$$

Ainsi, on peut exprimer les variables de politique économique en fonction des objectifs, tel que :

$$\begin{cases} g = 0,2301 \ y - 0,4877 \ db + 2,4386 \ bdp \\ p = -0,2029 \ y + 3,1832 \ db - 11,9588 \ bdp \\ q = -0,4839 \ y + 1,6873 \ db + 6,4024 \ bdp \end{cases} \begin{matrix} (1) \\ (2) \\ (3) \end{matrix}$$

L'équation (1) s'interprète de la manière suivante, si l'on veut atteindre un niveau donné de *y,* de *db* et de *bdp*, il faut une variation nécessaire et suffisante de dépenses publiques *g.* Mais l'on peut également l'interpréter comme l'ensemble des objectifs accessibles pour un niveau donné de dépenses publiques. Ces résultats restent toutefois virtuels, puisque les prix extérieurs (*q*) ne sont pas commandables par le décideur centrafricain. D'où nécessité d'utiliser la théorie des jeux linéaires pour expliquer ce que doit faire le pouvoir public centrafricain.

Le choc est contrôlé par le reste du monde

L'hypothèse ici, est que la valeur prise par le choc résulte des objectifs de politique économique poursuivis par l'extérieur ou le reste du monde. Les puissances extérieures fixent la valeur de *q* en fonction de leurs objectifs de politique économique (soit parce qu'elles sont les price makers).

Soit ζ l'ensemble des objectifs réalisables sans choc, il est donné par l'équation : $bdp = 0,0756 - 0,2635db$. La solution à cette équation dépend de la disponibilité de l'information :

> Si l'information est parfaite, c'est-à-dire que si le gouvernement ou le décideur public centrafricain sait comment va évoluer le taux de change, l'ensemble des objectifs réalisables en présence de choc va coïncider avec ζ, tel que $Im(M) \supset Im(N)$ ou $Im(M) = [\Gamma \in R^3 : \Gamma = Mx, \; x \in R^2]$. Toutefois, en information parfaite, il faut signaler aussi que si les prix payés aux paysans et les dépenses publiques ($p \geq 0$, $g \geq 0$) restent croissants et que le choc prend une valeur arbitraire, l'ensemble des objectifs réalisables en présence de choc ne peut pas parfois coïncider avec ζ : la projection orthogonale de l'espace engendré par M sur l'espace engendré par N ne se coïncide pas. Les deux espaces ne sont pas orthogonaux ;

> Si l'information n'est pas parfaite ou bien si le décideur ne sait pas comment va évoluer le taux de change, l'ensemble des objectifs réalisables en présence de chocs est vide, hors cet ensemble est non vide si $Im(N) = (0)$, hors $Im(N) \neq (0)$, alors cet ensemble est vide en information imparfaite.

Comme le modèle est statique, la possibilité d'atteindre toutes les cibles coïncide avec celle concernant la stabilisation (dans un contexte déterministe). Il apparaît alors nécessaire de voir ce qui advient de ces résultats si le choc est un aléa, d'où nécessité d'utilisation du concept de frontière d'incertitude de court terme.

Le problème de stabilisation

Détermination et analyse de la stratégie optimale

La stratégie ou la politique optimale est définie par la relation :

$d = (M'CM)^{-1} M'CNq$;

Les matrices M, N sont définies par :

$$M = \begin{pmatrix} 4,6107 & 0,8227 \\ 0,8056 & 0,3016 \\ 0,1362 & -0,0173 \end{pmatrix} \text{ et } N = \begin{pmatrix} -0,2195 \\ 0,2565 \\ 0,072 \end{pmatrix} \begin{Bmatrix} y \\ db \\ bdp \end{Bmatrix}$$

C est la matrice diagonale des poids que le décideur assigne à chacun des objectifs, elle s'écrit :

$$C = \begin{Bmatrix} c_1 & 0 & 0 \\ 0 & c_2 & 0 \\ 0 & 0 & c_3 \end{Bmatrix}$$

De ce qui suit, la politique ou la stratégie optimale est fonction du choc et de la structure des poids accordés aux objectifs visés, alors la politique optimale se présente sous la forme suivante : $d = d(c_1, c_2, c_3, q)$.

Elle s'écrit ainsi :

$$d(c_1,c_2,c_3,q) = \frac{q}{0,5297c_1c_2 + 0,0368c_1c_3 + 0,0003c_2c_3}\left(\begin{array}{c}-0,2017c_1c_2 + 0,005\,c_1c_3 + 0,001\,c_2c_3 \\ 0,9895c_1c_2 - 0,0694c_1c_3 - 0,0013c_2c_3\end{array}\right)$$

Le tableau de la variante optimale se présente comme suite :

q : représente une hausse en pourcentage du choc ;

$d = \begin{pmatrix} d_1 \\ d_2 \end{pmatrix}$: décrit la stratégie optimale du décideur, telle que :

d_1 : est le niveau d'augmentation en pourcentage des dépenses publiques ;

d_2 : est le niveau d'augmentation en pourcentage des prix aux paysans.

Tableau 19 : Variantes de politique optimale : choc sur le taux de change

	q=5 %	q=10 %	q=15 %	q=20 %
$C_1 = 70\ \%$				
$C_2 = 20\ \%$	- 1,82	- 3,63	- 5,45	- 7,26
$C_3 = 10\ \%$	8,42	16,85	25,27	33,70
$C_1 = 20\ \%$				
$C_2 = 70\ \%$	- 1,87	- 3,75	- 5,62	- 7,49
$C_3 = 10\ \%$	9,15	18,29	27,44	36,59
$C_1 = 10\ \%$				
$C_2 = 20\ \%$	- 1,33	- 2,67	- 4,00	- 5,33
$C_3 = 70\ \%$	5,58	11,16	16,75	22,33
$C_1 = 5\ \%$				
$C_2 = 90\ \%$	- 1,88	- 3,77	- 5,65	- 7,53
$C_3 = 5\ \%$	9,25	18,50	27,75	37,00
$C_1 = 55\ \%$				
$C_2 = 44\ \%$	- 1,90	- 3,80	- 5,70	- 7,60
$C_3 = 1\ \%$	9,31	18,62	27,93	37,24
$C_1 = 1/3$				
$C_2 = 1/3$	- 1,72	- 3,45	- 5,17	- 6,90
$C_3 = 1/3$	8,11	16,21	24,32	32,42

L'interprétation du tableau nous permet de remarquer :

• Qu'il y a une très forte sensibilité de la stratégie optimale par rapport à la structure des poids assignés par le décideur ;

• Qu'à la lecture de la première ligne, que si le décideur accorde la priorité au revenu (PIB), alors une hausse des taux de change réels effectifs doit être suivie par une baisse des dépenses publiques et une hausse des prix payés aux paysans. Car l'augmentation du taux de change va engendrer une élévation du niveau du revenu en valeur. Pour le ramener au niveau d'équilibre, afin de ne pas compromettre la productivité du pays, le décideur doit appliquer une politique déflationniste. Qui se révèle une politique drastique[6] du point de vue de la politique budgétaire, mais l'est moins pour les prix. Cette politique doit être accentuée au fur et à mesure que le choc s'amplifie. Inversement, une baisse des taux de change doit être accompagnée par une politique de relance, parce que cette baisse provoque une diminution du revenu et des prix ;

- Qu'à la lecture de la deuxième ligne, que si la priorité est accordée au déficit public, la réaction optimale du décideur suite à une augmentation du taux de change, consiste à opter pour une politique restrictive. Parce que le choc stimule le revenu, tandis que l'accroissement du revenu réduit le déficit public par rapport à son niveau de référence, pour ramener le déficit au voisinage de la référence, il faut diminuer les dépenses publiques et augmenter les prix payés aux paysans. Dans le cas contraire, une réduction des chocs doit être accompagnée par une politique de relance ;

- Qu'à la lecture de la troisième ligne, que si la priorité est accordée au déficit extérieur, suite à une augmentation du taux de change, le décideur efficace doit réagir par une politique restrictive. Elle se justifie par le fait qu'une augmentation du taux de change provoque une augmentation du déficit extérieur par rapport à la situation de référence. Pour ramener le déficit au voisinage de la référence il faut relancer l'activité économique.

Toutefois, il faut signaler que ces politiques peuvent être supportables ou draconiennes en ce qui concerne la politique budgétaire dont les variations peuvent parfois être très significatives, d'où nécessité de déterminer la frontière d'incertitude de court terme.

Détermination de la frontière d'incertitude de court terme
La frontière d'incertitude de court terme est définie par: $\sum_i |r_i|\sqrt{\sigma_{ii}} = \sqrt{\sum_{i,j} r_i r_j S_{ij}}$, comme l'espace engendré par les matrices M et N, sont orthogonaux, les paramètres r_i sont obtenus en résolvant l'équation : $R \bullet M = 0$ avec $R = (r_1, r_2, r_3)$, de telle sorte que la matrice S vérifie la relation suivante : $S = NN'\ var(q) = NN'\sigma^2 q$

où la matrice NN' $= NN' = \begin{pmatrix} 0,0482 & -0,0563 & -0,0158 \\ -0,0563 & 0,0658 & 0,0185 \\ -0,0158 & 0,0185 & 0,0052 \end{pmatrix}$

Ainsi la frontière d'incertitude de court terme est donnée par la relation suivante : $0,0756e_y + 0,2635_{db} + e_{bdp} = 0,0151e_q$. En posant $e_q = 30,8$, l'équation devient : $0,0756e_y + 0,2635e_{db} + e_{bdp} = 0,4651$.

L'interprétation économique de cette frontière d'incertitude de court terme, nous permet d'énoncer que : « tout décideur quadratique efficace doit choisir une politique stabilisatrice telle qu'une augmentation de la variabilité du revenu

(PIB) d'un écart type lui soit indifférente à une diminution de la variabilité du déficit extérieur de 13 écart-types ou celle du déficit public de 3,5 écart-types ».

L'interprétation de l'équation de la frontière d'incertitude de court terme peut se faire aisément à l'aide du tableau 20.

De ce tableau, il ressort que :

- Que si le décideur désire stabiliser parfaitement le déficit public et le déficit extérieur, l'incertitude sur le revenu est de 6 contre 0,37 en l'absence de stabilisation contraléatoire, c'est-à-dire, négliger le PIB ou le revenu provoque une multiplication par plus de 16 de l'incertitude par rapport à ce qu'elle est en politique rigide ;

- Que si le décideur désire stabiliser parfaitement le PIB et le déficit externe, l'incertitude sur le déficit public est de 1,76 contre 0,43 en l'absence de stabilisation contraléatoire, c'est dire que négliger le déficit public provoque une multiplication par près de quatre de l'incertitude par rapport à ce qu'elle est en l'absence de stabilisation contraléatoire ;

Tableau 20 : Hiérarchisation des objectifs de court terme

	Incertitude sur le revenu e_y		Incertitude sur le déficit public e_{db}		Incertitude sur le extérieur e_{bdp}	
Stabilisation parfaite du revenu et du déficit public	0	0,37	0	0,43	0,47	1,37
Stabilisation parfaite du revenu et du déficit extérieur	0	0,37	1,76	0,43	0	1,37
Stabilisation parfaite du déficit public et du déficit extérieur	6	0,37	0	0,43	0	1,37

- Que si le décideur désire stabiliser parfaitement le PIB et le déficit public, l'incertitude sur le déficit extérieur est de 0,47 contre 1,37 en l'absence de stabilisation contraléatoire d'où négliger le déficit externe provoque une multiplication par 0,34 de l'incertitude en l'absence de politique contraléatoire.

De toutes ces analyses et leurs résultats, en appliquant les principes de Mundell[7], il paraît opportun de stabiliser en priorité le revenu ou le PIB et ensuite le déficit public en second lieu, puisque négliger de stabiliser ces deux objectifs que sont le revenu et le déficit public, accroît l'incertitude de court terme. Toutefois, il est important de savoir comment affecter les instruments aux objectifs devant être stabilisés, d'où nécessité de déterminer les frontières d'incertitudes associées à ces deux objectifs pour chaque instrument pris séparément.

Pour choisir les instruments devant être affectés aux objectifs à stabiliser, nous allons considérer les équations suivantes :

$$y = \left\{ \begin{array}{l} 4,6107g + 0,827p - 0,2195q \\ 0,8056g + 0,3016p + 0,2565q \end{array} \right.$$

Alors on peut déduire les frontières d'incertitudes relatives à chacun des instruments pris séparément, elles s'écrivent:

$0,18e_y + e_{db} = 1,47$ pour l'instrument g

$0,37e_y + e_{db} = 1,17$ pour l'instrument p

De ces résultats on peut tirer les conclusions suivantes :

- Si le décideur désire stabiliser parfaitement le PIB avec l'instrument g, l'incertitude sur le déficit public est de 1,47 ; si par contre, il utilise l'instrument p, l'incertitude sur le déficit public est de 1,17 ;

- Si le décideur désire stabiliser parfaitement le déficit public avec l'instrument g, l'incertitude sur le revenu est de 8,17; si par contre, il utilise l'instrument p, elle est de 3,16.

Dans les deux cas, la constatation est que p se révèle l'instrument le plus efficace et a une efficacité grande vis-à-vis du PIB. Donc l'instrument p sera affecté à la stabilisation du PIB et l'instrument g à celle du déficit budgétaire. De tout ce qui suit, il apparaît clairement que l'objectif prioritaire à être stabilisé est le PIB.

On peut toutefois noter que par rapport à l'analyse graphique, l'instrument p est le plus efficace à être affecté pour stabiliser le PIB et que l'instrument g jouera efficacement si on l'affecte à la stabilisation du déficit budgétaire.

Figure 8 : Représentation des frontières d'incertitude associées à chaque instrument

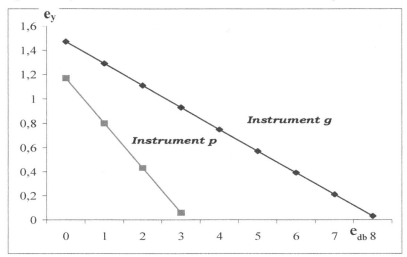

Gestion macroéconomique en présence ou non de chocs à long terme (cas dynamique)

Spécification et analyse du modèle dynamique

Nous gardons les mêmes hypothèses de base que celles du modèle statique, mais seulement en introduisant des retards sur les variables retenues, de telle sorte qu'on ait :

$$(S) \begin{cases} Y = T(Y, Q) + D(Y_{-1}, P) + G \\ DB = F(P_{-1}, Q_{-1}, G) + A(Y_{-1}) \\ BdP = T(Y, Q) + Z(Y_{-1}, P_{-1}, Q_{-1}, G) \end{cases}$$

- le solde de la balance commerciale est fonction du revenu (Y) passé et des taux de change réels effectifs (Q) ;

- les dépenses de consommation des ménages et les dépenses d'investissement sont fonction du revenu de la période précédente et des prix domestiques (ou des prix payés aux paysans) ;

- le déficit budgétaire est supposé réagir avec les prix payés aux paysans et les taux de change effectifs réels et le recours de l'État au financement de la BEAC (représentant 20 pour cent des recettes budgétaires réalisées l'année d'après) de la période précédente et des dépenses gouvernementales ;

- et le solde des transactions courantes suit le mouvement du revenu, des prix payés aux paysans, des dépenses gouvernementales et des taux de changes réels de la période précédente.

En linéarisant le système (S), l'équation s'écrit comme suit :

$$y = a_o y_{-1} + a_1 g + a_2 p + a_3 q$$
$$bd = b_o y_{-1} + b_1 g + b_2 p_{-1} + b_3 q_{-1}$$
$$bdp = c_o y_{-1} + c_1 g + c_2 p + c_3 q + c_4 p_{-1} + c_5 q_{-1}$$

le système écrit sous forme algébrique, elle devient : $X_t = A X_{t-1} + B U_t + C U_{t-1}$.

La résolution des équations par la méthode des moindres carrés ordinaires nous donne :

$$y_t = 0,8346\, y_{t-1} + 0,6521\, g_t + 0,5435\, p_t - 0,207\, q_t$$
$$\quad (13,3) \quad\quad (1,7) \quad\quad (2,7) \quad\quad (1,9) \quad\quad R^2 = 0,96 \quad DW = 1,48$$

$$db_t = 0,4919\, db_{t-1} - 0,1573\, y_{t-1} + 1,3788\, g_t - 0,3084\, p_t + 0,6474\, p_{t-1} - 0,2794\, q_t$$
$$\quad (2,3) \quad\quad (-3,8) \quad\quad (4,7) \quad\quad (-1,8) \quad\quad (3,0) \quad\quad (-3,2)$$
$$\quad\quad\quad R^2 = 0,70 \quad DW = 2,71$$

$$bdp_t = +0,3455\, bdp_{t-1} + 0,2532\, db_{t-1} - 0,0513\, y_{t-1} + 0,5246\, g_t + 0,5869\, q_t - 0,5758\, q_{t-1}$$
$$\quad (1,9) \quad\quad (-3,5) \quad\quad (3,3) \quad\quad (4,9) \quad\quad (4,2) \quad\quad (-3,9)$$
$$\quad\quad\quad R^2 = 0,63 \quad DW = 2,21$$

L'analyse de ces équations nous permet d'affirmer :

- qu'une hausse des dépenses ou une élévation des prix payés aux paysans entraînent une augmentation du PIB, qui est également une fonction positive de sa valeur retardée, mais qu'une hausse du choc le réduit ;

- que le déficit budgétaire s'accumule en fonction de son déficit et des prix de l'année dernière (effet de mémoire), et se réduit par rapport au revenu de l'année passée ; mais l'augmentation des dépenses publiques de l'année en cours croit le déficit public, tandis que la hausse des prix intérieurs et extérieurs (q) le réduit ;

- le solde des transactions courantes de l'année en cours, se rappelle du solde budgétaire et du solde des transactions courantes de l'année passée: l'accumulation successive de ces soldes (budgétaire et des transactions courantes) ont un impact prédateur sur la balance des paiements. Une élévation des dépenses publiques et des prix extérieurs de l'année en cours, accroît la balance des paiements, une variation positive des prix extérieurs de l'année dernière réduit le déficit extérieur.

Arrangé et réduit sous forme matricielle, le système s'écrit :

$$
\begin{pmatrix} y_t \\ db_t \\ bdp_t \end{pmatrix} = \begin{pmatrix} 0,8346 & 0 & 0 \\ -0,1573 & 0,4919 & 0 \\ -0,0513 & 0,2532 & 0,3455 \end{pmatrix} \bullet \begin{pmatrix} y_{t-1} \\ db_{t-1} \\ bdp_{t-1} \end{pmatrix} + \begin{pmatrix} 0,6521 & 0,5435 & -0,207 \\ 1,3788 & -0,3084 & -0,2794 \\ 0,5246 & 0 & 0,5869 \end{pmatrix} \bullet \begin{pmatrix} g_t \\ p_t \\ q_t \end{pmatrix}
$$

$$
+ \begin{pmatrix} 0 & 0 & 0 \\ 0 & 0,6474 & 0 \\ 0 & 0 & -0,5758 \end{pmatrix} \bullet \begin{pmatrix} g_{t-1} \\ p_{t-1} \\ q_{t-1} \end{pmatrix}
$$

soit sous forme algébrique, il devient : $X_t = AX_{t-1} + BU_t + CU_{t-1}$.

Le problème d'accès aux cibles visées dans le cas dynamique

Cas où toutes les commandes sont contrôlées par le gouvernement

Le système s'écrit : $X_t = AX_{t-1} + BU_t + CU_{t-1}$, en posant que $W_t = U_t$, le système devient :

$$
X_{(1,t)} = \begin{pmatrix} W_t \\ X_t \end{pmatrix}, \text{ tel que } X_{(1,t)} = FX_{(1,t-1)} + GU_t \text{ où } F_{(6,6)} = \begin{pmatrix} 0 & 0 \\ C & A \end{pmatrix} \text{ et } G_{(6,3)} = \begin{pmatrix} I \\ B \end{pmatrix}.
$$

La justification de l'introduction de la variable d'état fictive W, est qu'en plus du contrôle des variables d'état vraies, le décideur désire maîtriser, les effets des décisions prises dans le passé sur le système, d'où les constatations suivantes :

  i. une cible arbitrairement visée ne peut être atteinte si un seul instrument est utilisé ;[8]

  ii. si deux instruments sont utilisés les objectifs visés (au nombre de trois) peuvent être atteints, mais cela exige trois périodes ;

iii. si trois instruments sont utilisés, il faut deux périodes pour atteindre les objectifs visés.

La démonstration de ces trois résultats peut être faite en faisant appel à la théorie de la gouvernabilité des systèmes. Rappelons qu'un système dynamique est défini par :

$X_t = FX_{t-1} + GU_t$, ce système est complètement gouvernable si et seulement si la matrice $[M_g = G, FG, ..., F^{m0-1}G]$ est de rang n, où n est le nombre des objectifs visés et m le degré minimal de la matrice F, dans notre cas $m=3$.

On démontre alors que :

- si la matrice M_g compte seulement 3 colonnes, G est réduit à une seule colonne, ainsi le rang de M_g ne peut pas être 6, la proposition (i) est vérifiée ;

- si la matrice M_g contient 6 colonnes alors G a 2 colonnes ; ceci dit qu'il faut trois périodes pour que la matrice M_g dispose de 6 colonnes qui sont en outre indépendantes, la proposition (ii) est ainsi démontrée ;

- si la matrice M_g a 9 colonnes, G contient trois colonnes. Il en résulte que la matrice M_g avait déjà 6 colonnes en deux périodes ; comme ces colonnes sont indépendantes la proposition (iii) est démontrée.

Cas où toutes les variables de commande ne sont pas totalement contrôlées

Seuls les prix payés aux paysans et la politique budgétaire sont des variables de commande contrôlée par le décideur, et que celui-ci n'a aucune influence sur les variations du taux de change qui agit sur le système comme un choc. Le problème consiste alors à étudier la possibilité d'atteindre les objectifs visés malgré l'action de ce choc (considéré comme une force hostile à l'action du gouvernement).

De ce fait, il apparaît donc essentiel d'émettre des hypothèses sur la structure de l'information : on avait montré que la possibilité d'atteindre les objectifs visés lorsque l'information était parfaite faisait appel au concept de gouvernabilité forte, et que lorsque l'information n'était pas parfaite, le concept de capturabilité et de capturabilité idéale était utilisé. Ainsi, on montre en utilisant la théorie des jeux dynamiques que :

i)   si l'information est parfaite, c'est-à-dire que si le décideur sait comment évoluera la variable de décision de l'adversaire, qu'il faut trois périodes pour atteindre les objectifs visés comme dans le cas sans choc. Mais à la seule différence qu'il n'existe pas d'état initial à partir duquel les objectifs recherchés soient atteints en moins de trois périodes. Donc il faut trois périodes pour atteindre les objectifs visés si l'information est parfaite ;

ii)   si le décideur sait comment évoluera le taux de change à très court terme, le nombre de périodes nécessaires pour atteindre les objectifs est de trois ans. Avant trois ans, il n'existe pas d'état initial à partir duquel les objectifs soient atteignables ;

iii)   si le décideur n'a aucune information sur l'évolution du taux de change, alors il n'existe pas d'état initial à partir duquel les cibles visées sont réalisables, et ce, quelle que soit la durée du programme.

Pour prouver ces trois derniers résultats, on fera appel à la théorie des jeux linéaires discrets qui est définie par la relation suivante :

$$X_t = FX_{t-1} + GU_t + JV_t$$

U($\bullet$) est la variable de commande manipulée par le décideur public centrafricain ;

V($\bullet$) est la variable de commande contrôlée par l'adversaire ou l'extérieur.

Si l'information est parfaite, la possibilité d'atteindre au bout de t périodes les objectifs visés malgré l'action de l'extérieur, est donnée par la condition suivante :

$$\sum_{i=0}^{i=t-1} P_i \supset \sum_{i=0}^{i=t-1} Q_i \quad (a) \text{ , où } P_t \text{ est l'image de } F^iG \text{ et } Q_t \text{, l'image de } F^t J.$$

On dit alors que le système est fortement gouvernable ; on vérifie dans notre cas que la relation (a) ne peut être satisfaite que si $t \geq 3$.

La matrice F s'écrit : $F = \begin{pmatrix} 0 & 0 \\ C & A \end{pmatrix}$

$$G = \begin{pmatrix} 1 & 0 & 0 \\ 0 & 1 & 0 \\ 0 & 0 & 1 \\ 0,6521 & 0,5435 & 0 \\ 1,3788 & -0,3084 & 0 \\ 0,5246 & 0 & 0 \end{pmatrix} \text{ et } J = \begin{pmatrix} 0 \\ 0 \\ 1 \\ 0 \\ 0 \\ 0 \end{pmatrix}$$

La condition $t \geq 3$ implique que le système est fortement gouvernable.

•   Si l'information n'est pas parfaite, mais que le joueur qui manipule U($\bullet$) a accès à l'information contrôlée par V(l), au prochain pas, la possibilité d'atteindre les objectifs visés est satisfaite si la condition :

$$P_0 \supset Q_0 ; \qquad P_0 + P_1 \supset Q_1 \cdots \sum_{i=0}^{t-1} P_i \supset Q_{t-1}$$

est vérifiée, alors on dit que le système est capturable en t périodes. Cette condition dans notre cas est satisfaite seulement si $t^3 3$, compte tenu de la structure des matrices P_t et Q_t, alors le système est capturable en trois périodes.

$Q_0 = \{0\}$

$$P_0 \supset Q_1 \qquad P_0 + P_1 \supset Q_2 \qquad \cdots \qquad \sum_{i=0}^{i=t-2} P_i \supset Q_{t-1}$$

•   Si le joueur qui manipule $U(\bullet)$ n'a aucune information sur la variable $V(\bullet)$, la possibilité d'atteindre les objectifs visés est satisfaite si la condition :

système est idéalement capturable en t périodes. Or la condition $Q_0 = (0)$ n'est pas satisfaite. Donc notre système n'est pas idéalement capturable.

Le problème de stabilisation dans le cas dynamique

L'introduction d'une variable d'état fictive dans le problème d'accessibilité aux cibles visées a conduit à une complexité de la structure du système dynamique. Mais cette exigence ne s'impose pas nécessairement dans le problème de la stabilisation, puisque retenir une telle complexité aboutirait à une sophistication du système, d'où nécessité de simplifier la structure du modèle dans le cas de la stabilisation et peut se présenter ainsi :

$$
\begin{pmatrix} y_t \\ db_t \\ bdp_t \end{pmatrix} = \begin{pmatrix} 0,8346 & 0 & 0 \\ -0,1573 & 0,4919 & 0 \\ -0,0513 & 0,2532 & 0,3455 \end{pmatrix} \bullet \begin{pmatrix} y_{t-1} \\ db_{t-1} \\ bdp_{t-1} \end{pmatrix} + \begin{pmatrix} 0,6521 & 0,5435 \\ 1,3788 & -0,3084 \\ 0,5246 & 0 \end{pmatrix} \begin{pmatrix} g_t \\ p_t \end{pmatrix} + \begin{pmatrix} -0,207 \\ -0,2794 \\ 0,5869 \end{pmatrix} q_t
$$

$$
+ \begin{pmatrix} 0 & 0 & 0 \\ 0 & 0,6474 & 0 \\ 0 & 0 & -0,5758 \end{pmatrix} \begin{pmatrix} g_{t-1} \\ p_{t-1} \\ q_{t-1} \end{pmatrix}
$$

La détermination et la hiérarchisation des frontières d'incertitudes permettent de connaître les taux marginaux de transformation des objectifs.

Détermination de la frontière d'incertitude à long terme

Pour que la frontière d'incertitudes à long terme soit stable il faut et il suffit que la matrice d'état du système soit stable, soit à la limite stabilisable ; le constat est que la matrice d'état admet comme valeurs propres : (0,8346 0,4919 0,3455), elles sont de rayons inférieurs à l'unité, prouvant que la matrice d'état est stable, ce qui permet de garantir que la frontière d'incertitude de long terme est stable. Selon Malgrange et al. (1984), en information parfaite, les points de la frontière d'incertitude sont générés à partir des matrices â semi-définies positives de rang n-p, telles que :

UâU = UAâA'U' + USU' (1), où A est une matrice déterminée de format (n − p, n), vérifiant : UB = 0 (2), avec B la matrice des commandes. Soient :

$$
A = \begin{pmatrix} 0,8346 & 0 & 0 \\ -0,1573 & 0,4919 & 0 \\ -0,0513 & 0,2532 & 0,3455 \end{pmatrix} \quad \text{et } B = \begin{pmatrix} 0,6521 & 0,5435 \\ 1,3788 & -0,3084 \\ 0,5246 & 0 \end{pmatrix}
$$

En résolvant les équations (1) et (2), on détermine la frontière d'incertitude de long terme, qui est donnée par l'équation :

$$0,17e_y + 0,3e_{db} + e_{bdp} = 7,2.$$

Les e_i sont les écarts-types des objectifs ciblés par le décideur centrafricain.

L'analyse de cette équation nous dit que : *le décideur public centrafricain doté d'une fonction-objectif quadratique agissant efficacement doit choisir une politique stabilisatrice telle qu'une augmentation de la variabilité du PIB d'un écart-type lui soit indifférente à une diminution de la variabilité du solde extérieur de six écarts-types, ou de celle du déficit public de deux écarts-types.*

Pour mieux analyser cette équation de frontière d'incertitude de long terme, nous allons devoir hiérarchiser les objectifs visés.

Il ressort du tableau ci-après que :

- si l'on veut stabiliser parfaitement le déficit public et le déficit extérieur, l'incertitude sur le revenu est de 42,35 contre 5,54 en l'absence de stabilisation contraléatoire : c'est-à-dire négliger le revenu (PIB) provoque une multiplication par plus de huit de l'incertitude par rapport à ce qu'elle est en politique rigide ;

- si l'on désire stabiliser parfaitement le revenu et le déficit extérieur, l'incertitude sur le déficit public est de 24 contre 6,15 en l'absence de stabilisation contraléatoire, cela revient à dire que négliger le déficit public provoque une multiplication par quatre de l'incertitude par rapport à ce qu'elle est en l'absence de politique contraléatoire ;

- si l'on désire stabiliser parfaitement le revenu et le déficit public, l'incertitude sur le déficit extérieur est de 7,2 contre 15,32 en l'absence de stabilisation contraléatoire : négliger le déficit extérieur provoque une multiplication par 0,47.

Tableau 21 : Hiérarchisation des objectifs à long terme

	Incertitude sur le revenu e_y		Incertitude sur le déficit public e_{db}		Incertitude sur le déficit extérieur e_{bdp}	
Stabilisation parfaite du revenu et du déficit public	0	5,54	0	6,15	7,2	15,32
Stabilisation parfaite du revenu et du déficit extérieur	0	5,54	24	6,15	0	15,32
Stabilisation parfaite du déficit public et du déficit extérieur	42,35	5,54	0	6,15	0	15,32

La constatation qui s'en déduit est que l'objectif prioritaire à être stabilisé est le PIB et en second lieu le déficit public. Le décideur public centrafricain dispose alors de deux instruments (les dépenses publiques et les prix payés) à être affectés aux deux objectifs prioritaires qu'est le PIB et le déficit extérieur, ce qui correspond aux principes de Mundell, mais il s'avère nécessaire de savoir quel instrument devant être affecté à quel objectif.

Le choix d'un quelconque instrument devant être affecté à un instrument donné, est fait en analysant les deux équations suivantes :

$$y_t = 0,8346y_{t-1} + 0,6521g_t + 0,5435p_t - 0,207q_t$$
$$db_t = 0,4919db_{t-1} - 0,1573y_{t-1} + 1,3084p_t + 0,6474p_{t-1} - 0,2797q_t$$

Les incertitudes de long terme avec le déficit budgétaire sont telles que :

pour la politique budgétaire : $2,11e_y + e_{db} = 15,84$, et,

pour la politique des prix : $0,57e_y + e_{db} = 4,85$.

De ces résultats on peut tirer les conclusions suivantes :

- Si le décideur désire stabiliser parfaitement le PIB avec l'instrument g, l'incertitude sur le déficit budgétaire est de 15,84 ; si par contre, il utilise l'instrument p, l'incertitude sur le déficit public est de 4,85 ;

- En outre, s'il désire stabiliser parfaitement le déficit public avec l'instrument g, l'incertitude sur le revenu est de 7,51 ; si par contre il utilise l'instrument p, elle est de 8,51.

La conclusion qui s'en suit, est que p se révèle toujours l'instrument le plus efficace que l'instrument g. Donc l'instrument p sera affecté au PIB et l'instrument g au déficit budgétaire. De tout ce qui suit, il est trivial d'affirmer que l'objectif prioritaire à être stabilisé est le PIB.

Figure 9 : Frontières d'incertitudes à long terme sur le déficit public et le revenu

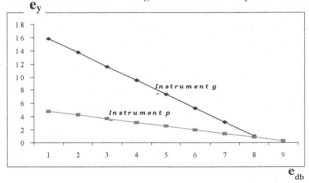

Dans ce contexte dynamique, on affectera donc la politique des prix à la stabilisation du revenu et la politique budgétaire à la stabilisation du déficit budgétaire. La constatation générale est que si le décideur public centrafricain n'avait qu'un seul instrument à sa disposition, l'objectif à stabiliser en priorité demeure et demeurera toujours le revenu.

Leçons à tirer de ces différentes analyses

Ce que nous pouvons tirer de ces différentes analyses peut se présenter de la manière suivante : quelles analyses et remarques peut-on déduire du problème d'accessibilité aux cibles visées ou du problème de la stabilisation ? c'est en répondant à cette question que nous allons pouvoir conclure ce chapitre.

Leçons à tirer de l'analyse du problème d'accessibilité aux cibles visées

Si l'économie ne subit pas de choc externe ou si on néglige l'action de celui-ci sur l'économie nationale :

1.   si l'on se place dans un cadre statique, pour respecter le principe de cohérence de Meade-Tinbergen, le gouvernement centrafricain a intérêt à diversifier les instruments (institutionnel, politique et économique) dont

il dispose afin qu'il puisse atteindre les objectifs de politique économique qu'il s'est fixé. Cela passerait par la mise en place d'une politique monétaire; ne pouvant décider seule, car la Centrafrique fait partie d'une zone monétaire, qui est la zone franc CFA, mais elle peut néanmoins mettre en place une politique capable d'agir sur le taux de change réel, par une politique appropriée en matière de compétitivité, d'échanges commerciaux et d'innovation (diversification des produits exportables) ou en réduisant certains impôts ou droits tarifaires sur les produits exportables. Dans le cas où le principe de Meade-Tinbergen n'est pas respecté, le gouvernement doit nécessairement tenir compte de la structure de l'ensemble des objectifs réalisables, qui est donnée par la hiérarchisation des objectifs ;

2.   si on est dans le cas dynamique, le gouvernement a la possibilité de neutraliser l'insuffisance du nombre des instruments par rapport au nombre d'objectifs par la mise en place d'une programmation glissante des décisions dans le temps, ainsi donc, la période nécessaire pour atteindre les objectifs visés doit prendre en compte la nécessité de pouvoir contrôler les effets futurs des décisions prises dans le passé ; négliger cela, c'est sacrifier le futur au profit du présent, car le passé est inscrit dans le présent et le présent dans le futur et que le présent modèle le futur.

Si l'économie subit l'effet des politiques menées par les autres pays (effet de contamination), il s'avère nécessaire pour le décideur, comme on l'a montré dans les cas statique et dynamique, que pour accroître sa marge de manœuvre, il doit disposer de plus d'information. Indiquant du coup, qu'il parait opportun de prendre des décisions dans un environnement où on a plus d'informations sur les chocs extérieurs provenant des politiques économiques appliquées par les autres pays. D'où nécessité pour la Centrafrique d'appartenir à une zone économique afin d'accroître son horizon économique condition nécessaire et suffisante de son développement, parce qu'elle aura à sa disposition un grand nombre d'information sur les actions de ces partenaires. L'accessibilité aux informations est une condition sine qua non pour la Centrafrique afin qu'elle puisse développer ses activités et ceci dans un cadre d'intégration économique tant interne qu'externe. Il est donc essentiel pour la Centrafrique de participer volontairement à des accords internationaux afin d'accroître l'information sur les chocs externes, qui a pour conséquence l'accroissement de l'efficacité des politiques économiques préconisées dans le cadre de l'accessibilité aux cibles.

Leçons à tirer de l'analyse du problème de la stabilisation

Ces leçons découlent de la nature du choc sur les objectifs visés, de la nature des politiques mises en œuvre, du mode d'affectation des instruments (règles de Mundell) et des objectifs privilégiés :

1.   la constatation faite lors de l'analyse des équations, montre que les taux de change à travers les prix extérieurs ont un effet haussier sur l'évolution des objectifs tels que le déficit budgétaire et le déficit extérieur, et réducteur

sur le revenu. D'où l'on peut déduire que le décideur public centrafricain doit mener une politique permettant la maîtrise de l'évolution des prix intérieurs. Actuellement, comme la Centrafrique fait partie d'une zone monétaire dirigée par l'institution mère la BEAC, ceci constitue un atout majeur du fait de la rigueur que cette institution impose sur le plan monétaire et financier ;

2.   par rapport aux poids affectés aux objectifs visés, il apparaît une très grande sensibilité de la valeur optimale des instruments (dépenses publiques, prix payés aux paysans), or ces politiques peuvent être parfois drastiques. D'où nécessité pour éviter les échecs de ces politiques, d'obtenir une large adhésion des agents économiques[9] sur les choix de politiques économiques : c'est-à-dire que pour accroître l'efficacité des politiques économiques qu'il soit essentiel de penser aux différents acteurs sociaux qui animent la vie économique par la création d'un cadre institutionnel qui permet de recueillir leurs voix, ce qui n'est pas loin de l'exigence actuelle de ce qu'on appelle « bonne gouvernance économique » ou bien « État de droit », cette assertion a été également développée par Jean Monnet : « Je suis sûr d'une chose. On ne peut transformer l'économie française sans que le peuple français participe à sa transformation. Lorsque je dis le peuple, il ne s'agit pas d'une entité abstraite. Je veux parler des syndicats, des entreprises, des ministères, de tous ceux qui seront concernés par le plan » ;

3.   les modèles statiques que dynamiques ont montré une grande efficacité de la politique des prix par rapport à la politique budgétaire. Cela suggère que la politique des prix devrait être affectée aux problèmes à court terme ainsi qu'à ceux à long terme. Car l'action sur le niveau des prix a un impact sur les structures du fait de la réallocation des ressources ;

4.   la constatation la plus importante découverte au cours de l'analyse est surtout le problème de stabilisation de l'économie autour des objectifs visés et atteints : les résultats nous ont montré que l'objectif à stabiliser en priorité est le revenu (PIB). Négliger de stabiliser le PIB augmente l'incertitude sur l'avenir, parce que l'économie centrafricaine est une petite économie ouverte (price taker) qui subit par le biais du PIB les chocs (à travers les importations et les exportations), les autres variables s'ajustent plus ou moins passivement au niveau du PIB (si les prix des produits exportés augmentent, le revenu l'est également et l'activité économique redémarre de plus en plus belle, si ceux-ci baissent, les producteurs locaux de café et de coton se découragent, parfois abandonnent les cultures de rente au profit d'autres sources de produits, ce qui déprime le revenu).

En conséquence, la constatation générale invite le décideur centrafricain à œuvrer dans le sens d'une double intégration (interne et externe). L'analyse du problème de gouvernabilité des systèmes exige à ce que le pouvoir public travaille dans le sens de politique d'intégration économique de sorte à disposer d'un maximum d'information sur les décisions de politique économique des autres pays. Quant à celui relatif à la stabilisation, il est recommandé aux décideurs d'agir dans le sens d'une plus grande intégration des agents économiques au niveau interne afin que ceux-ci aient le sentiment de prendre en main leur propre destin. Pour Stiglitz (2002), la première stabilisation est celle de la stabilité politique et sociale, car la macrostabilisation, certes elle est indispensable, mais elle crée une immense inégalité, une pauvreté gigantesque qui offrent un terrain fertile à toute une gamme de mouvements de nationalisme, de populisme, dont certains pourraient menacer non seulement l'avenir économique du pays mais aussi de la sous-région. Il souligne que la macrostabilisation étouffe non seulement l'économie mais la maintient également au-dessous de son potentiel : « bien que cette stabilisation, quand elle est menée avec modération, puisse être une condition préalable à la croissance, elle n'est pas du tout une stratégie de croissance. En fait, elle réduit la demande globale. Et l'interaction de cette diminution de la demande globale et des stratégies de restructuration mal inspirées réduit l'offre globale ».

L'objectif de ce chapitre était de présenter et d'analyser les stratégies les mieux adaptées ou appropriées pour le gouvernement centrafricain en présence de chocs externes, lorsque celui-ci désire atteindre des objectifs de politique économique d'abord, puis se propose de stabiliser l'économie au niveau des objectifs visés et atteints. La constatation longitudinale qui en découle, est qu'il faut stabiliser en priorité le PIB[10] par la mise en place d'une stratégie optimale car négliger le revenu c'est négliger l'avenir : [11] c'est aussi négliger d'accroître les ressources nécessaires pour financer les différents besoins grandissants d'un peuple, c'est également refuser d'améliorer le bien-être de la population. La négligence de créer, d'accroître ou d'améliorer la richesse nationale, perturbe permanemment les déficits publics et extérieurs. C'est cette négligence qui peut expliquer l'accumulation des arriérés tant intérieurs qu'extérieurs.

Notes

1.   Genereux, Jacques, 1996, *Les fondamentaux : économie politique*, Vol. 3, Paris : Hachette.

2.   Le problème de commandes optimales et des problèmes variationnels, ont été étudiés par Pontriagin, Boltyanski, Gamkrylidge et Misenko. Leurs problèmes étaient ceux de la mise en orbite ou de lancement à partir de la terre vers l'espace des satellites ou des fusées.

3.   Le déficit budgétaire est pris ici comme un objectif selon que le gouvernement suit l'une des orientations suivantes :

    * l'austérité budgétaire : le gouvernement danois (1983) fait passer le solde budgétaire d'un déficit de 9,1 pour cent du PIB en 1982 à un excédent de 3,4 pour cent en 1986, cet ajustement drastique est allé de pair avec une forte expansion économique « Découverte de l'économie », *Cahiers français,* n° 284, p. 28.

    * ou de relance des activités économiques : la théorie keynésienne a montré que les gouvernements pouvaient endiguer les crues et les décrues au moyen des instruments budgétaires (dépenses publiques, recettes fiscales).

    Le déficit budgétaire est aussi l'un des objectifs poursuivis par la surveillance multilatérale. CEA, 2004, *Les économies de l'Afrique centrale, 2000*, Paris : Maisonneuve & Larose.

4. Tinbergen, J., 1969, *Modèles mathématiques de croissance économique*, Paris : Gauthier-Villars.

5. Les chiffres entre parenthèses sont des T statistiques (T de Student).

6. La justification de la création des caisses de stabilisation des produits agricoles pendant la période d'euphorie peut s'expliquer par cette hypothèse.

7. Le principe de Mundell est que chaque instrument doit être affecté à l'objectif sur lequel il agit le plus directement. C'est la règle selon laquelle, il faut affecter l'instrument sur l'objectif qui a le plus grand impact, c'est une règle de convergence.

8. Ce résultat peut être démontré par l'adage d'un chasseur ne disposant que d'une seule cartouche (contenant plusieurs balles) et n'ayant rien à manger à la maison, lors de sa randonnée se trouva face à face aux chauves-souris, il hésita de tirer sur celles-ci, soudain apparaît une antilope, comme la dernière est bien consistante que les chauves-souris, il décida de tirer sur l'antilope, mais rata son action et le crépitement de l'arme fit fuir les chauves-souris, et se trouva en fin de compte sans antilope ni chauves-souris, alors que s'il tirait sur la cime des chauves-souris, il devait en avoir au moins une ou plus.

9. Les institutions de Bretton Woods oeuvrent actuellement dans ce sens. Lors des négociations avec les pays hôtes, ils font aussi appels aux acteurs économiques que sociaux (syndicats des travailleurs, des chômeurs, des droits de l'homme, les clergés, et autres organisations sociales).

10. Dans leur étude sur la réalisation des comptes économiques de la République centrafricaine de l'année 1961, René Condomines et Gabriel Marc (INSEE), remarquent que certaines tâches administratives en 1961 sont encore assurées par la France telles que l'administration de la gendarmerie et du trésor, et que le déficit du fonctionnement est appelé à croître dans l'avenir en raison des nouvelles charges de souveraineté (armée, diplomatie) que devra assurer le budget de l'État centrafricain ; pour faire face à cette situation, l'État devra mener une politique stricte de contraction des dépenses publiques, et surtout de mettre en place une politique pragmatique de développement de la production en vue de procurer à celui-ci des nouvelles ressources.

11. Car un proverbe camerounais (beti) dit que : l'homme ne fait pas l'homme, mais l'homme fait lui-même.

Chapitre 8

Vers une nouvelle orientation de stratégie de développement

La Centrafrique depuis les indépendances jusqu'aujourd'hui a suivi un mode de développement correspondant aux rythmes (croissance économique, troubles socio-économiques), aux structures (de production, d'accumulation du capital, du financement extérieur), aux politiques économiques mises en œuvre et à l'action des facteurs exogènes (environnement).

Ainsi, pour mieux appréhender cette partie, nous allons devoir repréciser ou ajouter quelques grains sur ce qu'est-ce une politique de développement ou une stratégie de développement. Nous disons que la politique de développement est l'ensemble des moyens mis en œuvre par la Puissance publique pour promouvoir le développement ou l'amélioration du bien-être de sa population ; alors que dans son acception originelle, la stratégie de développement n'est rien d'autre que la politique économique susceptible d'agir plus ou moins efficacement sur le développement, mais elle recouvre aussi l'orientation effective du développement qui en résulte, c'est-à-dire d'un ensemble de décisions publiques et les réactions qu'elles suscitent.

Selon Pierre Mendès-France :[1] « l'économie résulte de l'action et de la volonté des hommes, son évolution n'est donc pas fatale ; il est possible d'agir sur elle ; mais cette action pour être rationnelle doit éclairer la connaissance des faits; il est indispensable, pour ceux qui déterminent la politique économique, de disposer de divers instruments d'analyse, qui permettront néanmoins de prendre des décisions à portée générale avec une connaissance exacte de leurs conséquences ». La stratégie de développement représente donc l'action sur le type ou mode de développement des choix (ou le recours) à des instruments de politique économique qui conduisent à des changements de structures et qui permettent d'obtenir certaines finalités (résultats) en matière de croissance, de répartition de revenus, de satisfaction de besoins essentiels. D'où nous disons que le développement est défini comme une croissance économique durable dont les fruits sont convenablement repartis et est aussi la satisfaction des besoins essentiels d'une nation, d'un peuple tel que l'a affirmé le Président Barthélémy Boganda et en fit son cheval de bataille à travers les cinq verbes suivants : « nourrir, instruire, soigner, loger, vêtir ». Cette vision globale de feu Président Barthélémy Boganda a été confirmée par l'OIT en 1976, à l'occasion de la conférence mondiale sur l'emploi, la distribution des revenus et le progrès social, en définissant que les objectifs de la stratégie de besoins essentiels sont d'assurer :

- la promotion de l'emploi ;

- la satisfaction des besoins essentiels de la population tels que : les besoins minimums de la famille en nourriture, habillement et logement ;

- les services minimums de base que sont : l'éducation, la santé, l'adduction d'eau, le transport public et la culture.

En conséquence, Joseph Stiglitz (2002) déclare que « développer, c'est transformer la société, améliorer la vie des pauvres, donner à chacun une chance de réussir, l'accès aux services de santé et d'éducation ». Pour cela, « il faut des politiques de croissance durable, équitable et démocratique. Telle est la raison d'être du développement. Développer, ce n'est pas aider une poignée d'individus à s'enrichir, ni créer une poignée d'industries absurdement protégées qui ne profitent qu'aux élites du pays ».

L'examen ou l'analyse des stratégies menées depuis les indépendances, nous a conduit à établir un ensemble de constatation sur le rôle respectif des politiques et de l'environnement sur les performances socio-économiques et à repérer les stratégies sur la période observée, lesquelles ont été inappropriées, moins efficaces, mauvaises ou bonnes. Tout comme la révolution keynésienne se fondait sur la perception pragmatique, la proposition d'une nouvelle stratégie de développement aura également pour origine la perception pragmatique sur les modes d'investissement nouveaux qui sont actuellement nécessaires afin d'assurer une croissance durable et un équilibre structurel, qui ne se réaliseront pas sans une intervention réfléchie des pouvoirs publics. Il nous faudra donc réfléchir et trouver des solutions aux problèmes de l'offre avec autant d'application que la révolution keynésienne nous a enseigné à réfléchir et à trouver des solutions aux problèmes de la demande (Rostow 1981).

Le paradigme systémique

Pour faciliter la recherche de canevas au dilemme centrafricain, nous allons pouvoir utiliser l'approche de la science des systèmes. Cette approche privilégie d'abord la compréhension et la définition des systèmes d'information. Cette science a pris ces racines dans la théorie des systèmes, la théorie de la commande, la théorie du contrôle et la cybernétique. Elle a pour objet la modélisation des phénomènes perçus ou conçus complexes : c'est une modélisation à fin d'anticipation sur d'éventuelles interventions intentionnelles et de leurs conséquences enchevêtrées. La systémique a donc pour finalité de proposer des modèles pour l'action ou la compréhension d'objets ou de phénomènes complexes dans des domaines les plus variés (biologie, sciences sociales, gestion, ...). Sa contribution aux sciences sociales, au management a été indéniable et a appelé à de passionnants mais à de longs développements « par des débattants combattants ».

Le paradigme systémique repose ainsi donc sur trois hypothèses fondamentales suivantes :

- hypothèse téléologique (hypothèse sur la finalité de l'objet étudié) où l'objet à modéliser est supposé doter d'au moins un programme ou projet identifiable. Le fonctionnement et l'évolution de cet objet (dans notre cas l'économie) peuvent être interprétés par des projets (programmes) qui eux-mêmes détermineront les structures possibles ;

- hypothèse d'ouverture sur l'environnement où l'objet à modéliser est ouvert sur l'environnement que l'on doit présenter, même s'il n'est pas descriptible de façon exhaustive ;

- hypothèse structuraliste où l'objet à modéliser doit être décrit dans sa totalité, fonctionnant et évoluant.

Appliquée à la science sociale ou à une organisation, le paradigme systémique met l'accent sur l'interrelation entre sa structure, son activité, son évolution et ses finalités, ceci dans un environnement changeant. Ainsi, en systémique, tout corps social actif et organisé est donc capable de s'auto adapter et de s'auto évoluer, atteignant ainsi l'ultime stade de développement. L'État est alors capable de définir son projet et ses objectifs : c'est l'émergence de la conscience. Un système doté de capacités d'auto-adaptation ou d'auto-évolution peut se décomposer en trois sous systèmes, à savoir :

1. le sous-système opérant qui est le siège de l'activité productrice de l'organisation. Cette activité consiste en une transformation des ressources ou flux primaires qui peuvent être des flux de matières premières, des flux financiers, des flux de main d'œuvre, des flux d'actifs ou des flux d'informations ;

2. le sous-système d'information, du point de vue systémique, est considéré comme un système capable de fournir les informations nécessaires au fonctionnement de l'organisation, informations de représentation de l'environnement ou de comportement de l'organisation et informations-décisions qui s'échangent entre le système de pilotage et le système opérant et entre l'organisation et son environnement ;

3. le sous-système ou système de pilotage est le siège de l'activité décisionnelle de l'organisation. Cette activité décisionnelle est très large et est assurée

par tous les acteurs de l'organisation, à des niveaux divers, depuis les acteurs agissant dans l'activité productrice à ceux dirigeant l'organisation. Le système de pilotage permet la régulation, le pilotage, mais aussi l'adaptation de l'organisation à son environnement. C'est cette activité qui conduira et décidera de l'évolution de l'organisation.

La figure suivante nous présente un modèle où le système peut s'auto-adapter afin de permettre l'accompagnement du système vers l'évolution. Cette modification de l'organisation et a fortiori la modification des objectifs entraînent une évolution perpétuelle du système, qui nécessitera en conséquence des re-conceptions successives, continuelles, externes et internes. Ainsi, à chaque évolution structurelle de l'environnement, le système va immédiatement tenter de s'adapter, tel qu'au cours du temps, l'accumulation des évolutions va induire un écart, et que le rattrapage de ce décalage nécessitera une action de maintenance.

Figure 10 : Les trois sous-systèmes d'une organisation/État capable de s'autofinaliser

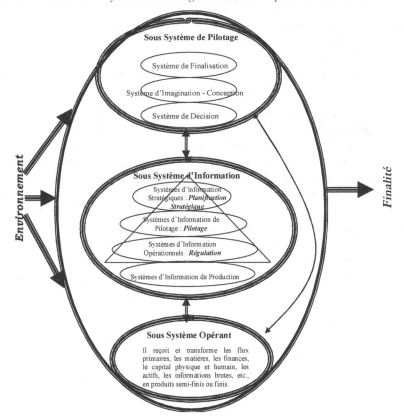

Source : Inspirée des travaux de Boyom Sop (1999).

En conséquence, pour qu'un projet ou programme soit viable, il doit respecter les trois principaux critères suivants :

1. le cycle de vie (ou démarche) doit traduire le caractère vivant du système, présentant une conception, une gestation, une naissance, une croissance, une évolution et une mort puis une renaissance ; qui peut se résumer comme suite : la conception, la réalisation et la maintenance ;

2. le cycle d'abstraction (ou raisonnements) doit développer la recherche et le développement (R&D) ;

3. le cycle de décision (ou maîtrise du projet) doit permettre qu'à chaque étape, des choix ou des décisions d'arbitrage sur un ensemble de propositions doivent être effectués. Vers quel projet veut-on aller ? Quels moyens veut-on lui affecter ?

Ainsi un projet sans cycle de décision, ni cycle de vie et de raisonnements est voué à s'éteindre, c'est ce qui explique la faillite ou l'échec de beaucoup de programme de développement en Centrafrique, puisque ceux-ci sont basés sur le cycle de décision et le cycle de vie, tandis que la recherche est oubliée ou n'est pas prise en compte. Tout projet ou programme pour être viable doit être de dimension trois ou bien est fonction de trois variables que sont : la réalisation, la maintenance et la recherche & développement.

Figure 11 : Repérage d'un projet dans les trois dimensions

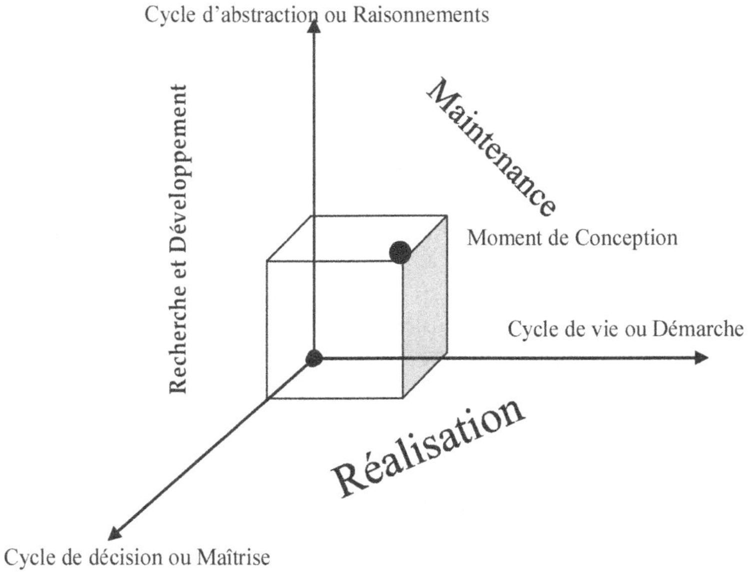

Source : Inspirée des travaux de Boyom Sop (1999).

Le paradigme social du XVIIIe siècle : la sacralisation du travail et la naissance d'une classe d'entrepreneurs[2]

A. Philip souligna que :

> la révolution industrielle sera préparée et rendue possible par une modification profonde du sens des valeurs de civilisation : on va assister, en effet, en partie sous l'influence du protestantisme, à une transformation totale de la conception que l'homme se fait de son travail professionnel, transformation qui va permettre aux entrepreneurs naissants d'échapper à l'attraction du milieu social aristocratique et d'acquérir une conscience de classe, avec un sens des valeurs autonome.

Pour rendre compte de la nature, et de l'ampleur du bouleversement, il faut rappeler que dans l'Antiquité grecque ou romaine, l'homme libre se consacrait aux arts, au sport et surtout aux activités politiques ; il ne travaillait pas au sens où on l'entend aujourd'hui ; le labeur (de « labor ») était celui des esclaves; socialement méprisé, il était considéré comme un effort pénible, une souffrance, une torture. Le Moyen Âge chrétien ne valorise pas non plus le travail qui n'est que la sanction du péché de l'homme, chassé du Paradis terrestre et condamné à gagner sa vie à la sueur de son front ; le travail apparaît comme une fatalité. Ce qui est condamné de façon particulièrement énergique, c'est le fait d'amasser de l'argent « sans rien faire de ses mains », c'est l'activité du banquier, ou de négociant. Ce qui est admiré, c'est le moine de l'ordre contemplatif.

L'apparition de la religion réformée, et plus spécialement la doctrine calviniste, va entraîner un changement profond sur lequel Max Weber, au début du siècle, a attiré l'attention. Certes, l'idée selon laquelle il existe une relation entre le protestantisme et la réussite économique est très ancienne ; mais c'est sans doute à cet auteur que revient le mérite d'avoir montré non pas l'équivalence entre puritanisme et capitalisme mais la relation, à bien des égards paradoxale, entre la foi, la vie spirituelle et la sacralisation du travail. C'est ce qui expliquerait le renversement complet des perspectives antérieures.

Calvin croit à la prédestination. Certains hommes sont élus, appelés à être sauvés, d'autres à ne pas l'être. C'est un décret impénétrable de Dieu, la grâce divine, qui fixe le sort de chacun. Les œuvres de l'homme ne servent à rien ; elles sont incapables de le sauver. Il lui est impossible de gagner sa grâce ou de la perdre ; il est impossible d'infléchir le décret divin ; il est même impossible de le connaître et c'est cela qui crée chez le fidèle une angoisse intolérable. Comment savoir si l'on est sauvé ? Comment savoir si l'on est au nombre des élus ? Pour le croyant, une seule solution : l'observation de ses actes, de ses œuvres. Si les fruits de l'arbre sont bons, c'est que l'arbre est bon. On ne gagne pas son salut par ses œuvres (puisque l'homme est sauvé ou damné de toute éternité), mais les œuvres sont un signe, un moyen, comme le souligne M. Weber, « non pas sans doute d'acheter le salut, mais de se délivrer de l'angoisse du salut ». D'où la recherche de l'efficacité professionnelle. Ainsi, alors que la prédestination devait normalement amener au fatalisme, c'est à l'inverse que conduit la recherche de la certitude du salut (à ne pas confondre encore une fois avec la recherche du salut). Cette nouvelle attitude se développe spécialement aux XVIIe et XVIIIe siècles. Plusieurs conséquences méritent d'être signalées.

Puisque le travail n'est en quelque sorte que la quête de témoignages, de signes du salut, il ne peut avoir de fin ; pas de repos pour le fidèle ; plus les résultats de ce travail (les profits) seront considérables, plus clairs les signes de l'élection divine. Bien entendu, les résultats du travail de l'homme, ces profits ne lui appartiennent pas ; le propriétaire n'est que dépositaire. On ne peut dissiper à des dépenses de luxe (œuvres de Satan) ces signes de l'élection. Le profit ne peut donc servir à la jouissance, mais uniquement à l'accumulation, au réinvestissement. De toutes façons, il ne saurait être question de consommer ; car consommer c'est être oisif ; c'est donc, pour le fidèle, perdre la preuve de son élection.

Cette exaltation du travail et de l'épargne se retrouve dans l'Almanach du Bonhomme Richard (dû au philosophe Benjamin Franklin) qui eut une très grande popularité en France avant la Révolution. Il s'agit de conseils prodigués à un jeune ouvrier :

> Souvenez-vous que l'argent est de nature prolifique ; il engendre l'argent ; les petits qu'il fait en font d'autres plus facilement encore et ainsi de suite. Cinq francs employés en valent six ; employés encore, ils en valent sept et vingt centimes et proportionnellement ainsi jusqu'à cent louis. Plus les placements se multiplient, plus ils grossissent et c'est de plus en plus vite que naissent les profits. Celui qui tue une truie pleine en anéantit toute la descendance jusqu'à la millième génération. Celui qui engloutit un écu détruit tout ce que cet écu pourrait produire et jusqu'à des centaines de francs.

Travail et accumulation. Tels sont les nouveaux principes, les nouvelles valeurs qui découlent des transformations et déformations de la foi calviniste. Thème que l'on retrouve plus tard, chez Marx décrivant le comportement du capitaliste « agent fanatique de l'accumulation » avec l'apostrophe fameuse : « Accumulez, accumulez ! c'est la loi et les prophètes »...

C'est bien entendu dans les pays protestants qu'apparaissent ces nouveaux principes, avec un changement d'attitude vis-à-vis de la pauvreté. *Celui qui a droit au respect n'est plus le pauvre, mais le travailleur*. C'est une rupture complète avec l'attitude catholique, et notamment franciscaine, en face du pauvre représentant du Christ ici bas ; l'aumône, loin d'être œuvre pie, est insulte à Dieu ; pour le calviniste, en effet, faire l'aumône aboutit à considérer la misère comme une donnée irrémédiable alors qu'elle n'est que la conséquence du péché, du miséreux s'il est paresseux, des autres hommes si c'est de leur fait qu'il ne trouve pas d'emploi lui procurant des ressources convenables.

Naturellement *le travailleur modèle c'est l'entrepreneur*[3] ; s'il s'enrichit c'est le signe de l'élection divine ; c'est aussi la possibilité qui lui est fournie de donner du travail aux autres, d'accomplir une fonction sociale essentielle. L'entrepreneur apparaît aux antipodes du bourgeois, bénéficiaire de charges vénales et de privilèges, qui vit des revenus d'une propriété, indépendamment du travail effectué.

Une conscience de classe va naître progressivement en Angleterre après le triomphe du mouvement puritain et l'avènement de Cromwell ; progressivement, les puritains vont diffuser un comportement nouveau, marqué par une certaine uniformisation dans la conduite extérieure, dans l'habillement en particulier, la lecture de la Bible, l'apparition d'un despotisme des mœurs qui va pallier dans une large mesure l'absence d'administration caractéristique de l'Angleterre de la fin du XVIIIe siècle. L'apparition de cette classe nouvelle va marquer profondément le développement économique de l'Angleterre et de l'ensemble du monde occidental.

La puissance d'une vision, power (puissance ou pouvoir ?)

L'image positive du futur d'une nation peut être déduite de la vision future qui aide une communauté à surmonter les difficultés, c'est cette vision qui nous donne la raison de vivre; cette vision future de l'image de la nation doit être :

- élaborée par les leaders, elle n'est pas créée par la masse ;
- globale et détaillée, chacun doit savoir comment travailler et participer à la réalisation de cette vision ;
- positive et inspiratrice, accessible et tendre à dépasser notre vie ordinaire ;
- partagée par une équipe soudée et vouée à cette vision : cette équipe doit soutenir et partager celle-ci, elle doit agir en commun pour faire d e celle-ci une réalité.

Ainsi, un acteur ou un leader charismatique dans l'univers a pour action de changer les choses, car nous sommes dotés de pouvoir pour transformer l'avenir. C'est cette perception du futur qui a inspiré le Président Julius Nyerere à dire que « Change is the definition of Africa », car c'est en changeant les choses que nous pouvons modeler l'avenir, et de plus pour pouvoir changer l'avenir il est nécessaire de disposer d'un brin de pouvoir, d'où nous affirmons que pour un avenir meilleur et que pour atteindre nos objectifs (car les objectifs sont les détails d'une vision), nous devrons former une communauté de vision (pouvoir). C'est ce qui nous permet d'accepter et de compléter la vision de Julius Nyerere, pour dire que maintenant « Power is the definition of Africa »,[4] parce que la vision sans l'action n'est que rêve, et que l'action sans la vision n'est que perte de temps d'où en combinant la vision et l'action on peut changer l'avenir.

Doter d'un pouvoir ou d'une puissance, on peut changer l'avenir, on peut facilement transformer la destinée d'une communauté, les comportements, ce que confirme l'étude menée par Patrick et Sylvianne Guillaumont et A. Varoudaskis (1999) qu'il faut accorder une prime à l'accélération des changements. Cette prime dans notre cas peut être assimilable à la puissance ou le pouvoir que détient une société ou un leader à changer l'avenir, à améliorer le bien-être communautaire, parce que selon les mêmes auteurs les gains durables de bien-être s'attachent en effet à la politique de ceux qui s'engagent durablement dans la voie des changements, et à contrario, le risque de marginalisation menace les économies qui s'y refusent.

Le problème qui se pose actuellement est que pour que la Centrafrique soit prospère, a-t-elle besoin d'un leader ou d'un décideur puissant ? sinon quel type de décideur ou de leader ?

L'étude menée par John French et Bertram Raven,[5] a permis d'identifier cinq principales sources de pouvoir, qui sont :

- pouvoir légal (legitimate power) ;
- pouvoir de récompense (reward power) ;
- pouvoir coercitif ;
- pouvoir expert ou spécialisé (expert power) ;
- pouvoir de référence (referent power).

Le pouvoir légitime ou formel est basé sur l'autorité formelle que la société ou une institution délègue à un individu. Alors que les pouvoirs incitatif (de récompense) et coercitif (ou punitif) sont les deux côtés d'une même pièce. Le pouvoir coercitif est le pouvoir de punir (si tu ne fais pas ce que je demande de faire, je te punis) ; et que le pouvoir de récompense est un pouvoir qui permet à un responsable de récompenser un travail bien fait (si tu fais ce que je t'ai demandé de faire, tu as une médaille ou une récompense matérielle, financière, morale, etc.). Tandis que le pouvoir expert (expert power) provient de la possession de connaissance spécialisée valorisée, spécialement c'est la connaissance qui permet de dénouer ou de résoudre des problèmes. Et enfin, le pouvoir de référence (referent power) revient à ceux qui sont les plus admirés par les autres, il leurs servent de modèles, de leaders charismatiques comme Nelson Mandela.

Le pouvoir peut aussi provenir de l'image ou de la réputation. Un individu qui a une histoire bien connue en matière de succès social, dispose d'un large pouvoir de réputation sur ces adversaires lors des négociations ou de traitement d'affaires (on peut citer le cas de Roger Mila). Le pouvoir peut également provenir des interactions entre les individus au sein et entre les sociétés, et, du contrôle de l'information et des ressources dans ces interactions.

Le pouvoir présidentiel est le talent ou la capacité d'influencer les individus qui font et qui accomplissent les politiques gouvernementales. On y distingue trois sources :

- la première source est contenue dans la capacité de négociations, c'est-à-dire le pouvoir qui permet au président de convaincre ou de persuader les autres à le suivre dans sa démarche ;
- la seconde correspond à la réputation professionnelle qui provient de l'espérance des politiciens professionnels, des bureaucrates et de la communauté politique du président et de sa volonté d'utiliser ce pouvoir,

ceci relatif à l'habileté du président de contrôler le vote à l'assemblée nationale, car si le président perd la majorité à l'assemblée nationale, il ne peut garantir la réalisation de ces programmes et il peut perdre le pouvoir ;

- la troisième est relative au prestige du président parmi le public, spécialement comment la communauté politique, ses électeurs (ses groupes de supporters) l'estiment et également l'apport des politiciens déchus à la réussite des programmes du président élu.

John Kotter[6] (1977) soutient qu'un brillant leader doit avoir plusieurs types de pouvoirs, spécialement les pouvoirs experts et référents, parce que leurs effets sont beaucoup plus palpables et persistants que l'autorité formelle.

Neustadt (1990) montra que ce qui est important pour un président ou un leader est sa crédibilité et en plus de cela, c'est le prestige public et la réputation professionnelle du leader qui sont nécessaires. Il démontra aussi que les compétences politiques et le tempérament jouent un grand rôle dans la vie du président ; le président doit être patient et capable de tolérer une situation politique complexe qui lui permet de prendre et d'exécuter avec succès ses meilleurs projets ou initiatives politiques. Neustadt approuva également que l'expérience et la compétence politique sont cruciales pour réussir dans ces activités politiques car la présidence n'a pas de place pour les amateurs. Donc expérience et compétence politiques sont nécessaires pour réussir mais ne sont pas suffisantes.

Est-il nécessaire pour une organisation prospère d'avoir un leader puissant ? car on sait que le pouvoir est les deux tranchants d'une épée qui affectent positivement ou négativement une société. Ce qui nous permet de dire que l'accumulation du pouvoir est :

- salutaire quand :
  - i. il y a un coût d'agencement[7] élevé entre les leaders et le peuple ;
  - ii. l'environnement de l'organisation est relativement stable ;

- nuisible, quand :
  - i. il y a un coût d'agencement élevé entre les leaders, parce que selon Easterly et Levine (1997), la forte fragmentation ethnolinguistique est une tragédie qui condamne la population à une très lente élévation de niveau de vie ; alors que pour Patrick et Sylvianne Guillaumont (2000), cette diversité ethnique a un impact direct sur l'allocation des facteurs de production, lié aux difficultés de communication entre agents économiques: c'est-à-dire que la diversité ethnolinguistique est défavorable à la croissance lorsque les coûts de communication sont élevés ; et que la recherche de capture de rente par les leaders par manque de circulation d'informations élève les coûts d'agencement, situation propice aux mésententes provoquant des troubles sociaux ;
  - ii. l'environnement de l'organisation est relativement instable.

Les innovations

Nous avons pu démontrer au chapitre précédent que le principal problème de la Centrafrique est celui de la création du revenu pour assurer les énormes besoins de sa population. Il apparaît paradoxal[8] aux yeux du commun des mortels, pour qu'un pays comme la Centrafrique, dotée d'immenses potentialités naturelles, ne puisse être capable de créer un revenu permanent. De ce fait, il se pose un problème de gestion ou d'allocation des ressources, puisque celles-ci se font en fonction des objectifs, des buts que le gouvernement se fixe d'atteindre. En conséquence, il se pose un problème de gestion, car la gestion est l'accomplissement d'acte créateur de toute organisation, qu'il s'agisse d'administration, d'entreprises privées, de syndicats, de partis politiques ou même d'églises.

Peter Drucker définit la gestion comme la décision rationnelle et informée, pour lui gérer[9] consiste à gouverner une organisation :

- en rendant précis les buts, on se fixe les objectifs et on les clarifie : ici on fait appel au concept d'efficacité ;
- puis en sélectionnant et en mettant en œuvre les moyens qui permettent d'atteindre les objectifs dont on a fixé, on parle alors de choix des moyens et de leur sélection ou bien du concept d'efficience.

Une organisation bien gérée est une organisation qui est à la fois efficace et efficiente, car l'efficacité est la capacité de l'organisation à atteindre les objectifs fixés. La bonne gestion ne peut se déterminer que par la confrontation de l'efficacité et de l'efficience, c'est-à-dire un compromis judicieux entre efficacité (capacité de prise de décision) et efficience (qualité de la gestion interne). D'où l'on déduit que l'indicateur de la bonne gouvernance ou de la bonne gestion est la croissance. En prenant l'exemple d'une entreprise privée efficace et efficiente, plus l'anticipation est lointaine et plus l'incertitude augmente, ce qui pousse l'entreprise à réaliser un maximum de bénéficie et à être aux aguets en maintenant continuellement sa situation de monopole (le profit attire de nouveaux concurrents sur le marché), ne pouvant rester seule sur le marché et pour maintenir sa part de marché, elle cherche à innover et à créer une nouvelle situation de monopole temporelle pour continuer à maximiser son profit.

Psychologie du peuple ou d'une société

Le peuple (la société) se définit face aux décideurs ou aux politiciens comme une boite noire où ceux-ci émettent des stimulus à travers et enfin des réponses seront émises par celle-ci. D'où l'on peut dire que les besoins, la motivation et la personnalité constituent la première explication de comportement d'un peuple, d'une société, d'un individu. Parce que le besoin naît d'un sentiment de manque éprouvé par un peuple. Le besoin se définit également comme un état de déséquilibre entre une situation que l'on vit et une situation que l'on voudrait idéal.

Alors on dit que le besoin renvoie à un produit, et que, les motivations découlent du besoin, le produit se décompose donc en caractéristique qui a une signification psychologique : le soi-même.

En fin de processus, la personnalité matérialise l'ensemble des réactions stables et coordonnées d'un peuple, d'une société ou d'un individu face à l'environnement, elle est régie par la psychologie de la société, de l'individu. Ce qui permet de distinguer trois types de sociétés ou d'individus :

- individus orientés positivement : individus sociables (prise de conscience) ;
- individus orientés négativement : individus associables (nerveux, agressifs) ;
- individus neutres ou détachés des autres.

Pour la Centrafrique, durant les dernières décennies, elle a été marquée négativement. Le constat qui en découle est que l'embryon du léger tissu industriel a été détruit, on a assisté à une montée vertigineuse du tribalisme, le peuple s'est entredéchiré et autodétruit[10]. Pour effacer cette mauvaise image qu'a la société centrafricaine, il faut que les gouvernants ou les politiques prennent le taureau par la corne, ils doivent donc appliquer une politique agressive tout azimut pour faire revenir les principaux partenaires (en créant des journées Centrafrique Promotion auprès des pays amis pour pouvoir montrer le vrai visage du pays, présenter ses atouts, ses contraintes et ses cultures), créer une société auto-évolutive et auto-adaptable.

Quelles activités privilégier ?

Dès les indépendances jusqu'à présent, la République centrafricaine s'est spécialisée dans la production des produits primaires exportables tels que le café, le coton et le tabac. Ces trois produits ont fait les beaux temps du pays quand les cours mondiaux de ceux-ci étaient attrayants, et les mauvais temps quand il y avait déliquescence des termes de l'échange.

Actuellement, certains décideurs, politiques ou élites centrafricains se posent la question de savoir s'il faut continuer avec le même système agricole ou bien que faut-il faire pour augmenter le pouvoir d'achat des paysans afin d'améliorer leur niveau de vie ? pour pouvoir répondre à ces questions, nous allons devoir utiliser les outils proposés par la microéconomie pour analyser le portefeuille stratégique de la Centrafrique.

La matrice de Boston Consulting Group (BCG)

Cette méthode est la plus ancienne, elle date du début des années 1970, et est la plus simple à mettre en œuvre, elle permet d'analyser la structure de passage d'une activité à une étape supérieure ou à être éjectée. Elle s'articule autour de deux variables :

- le taux de croissance de l'activité (ou du segment de l'activité) ;

* la part relative du marché de l'activité que mesure la part du marché de l'activité sur la part du marché du principal concurrent de la même activité.

Figure 12 : Le paradigme de Boston Consulting Group (BCG)

	Forte	Faible	
	Rentabilité		
Élevé	**Activité Vedette**	**Activité Dilemme**	Élevé (+)
	– rentabilité forte	– rentabilité faible	
	– besoin financier élevé	– besoin financier élevé	
Taux de croissance de l'activité	– flux financier net élevé	– flux financier net nul (faible)	**Besoins financiers**
	Vache à lait	**Point mort**	
	– rentabilité forte	– rentabilité faible	
	– besoin financier faible	– besoin financier faible	
Faible	– flux financier net élevé	– flux financier net nul	Faible (-)
Forte (+)	**Part relative du marché**		Faible (-)

Pour une gestion prospère du portefeuille des ressources, la stratégie de BCG consiste à analyser l'effet d'expériences (à partir de la courbe d'expériences) et le modèle de cycle de vie des produits. Le portefeuille est composé d'un ensemble de ressources ou d'activités réalisé par une organisation donnée.

En ramenant l'analyse au niveau de la Centrafrique, durant les deux premières décennies, la RCA exportait le coton, le café et le tabac. Ces produits faisaient le bonheur des paysans et des décideurs, ils leurs procuraient des revenus; selon l'analyse de BCG, ces produits appartenaient à la branche d'activité vache à lait, le revenu tiré de ceux-ci servait à financer les dépenses de l'État ou à subventionner les entreprises publiques. N'ayant subi aucune grande modification, cette activité est devenue une activité au point mort durant les deux dernières décennies. Les prix du café et du coton ont tellement baissé que les paysansse sont vus obligés de s'adapter ou de se tourner vers la production des produits alimentaires qui peuvent leurs procurer un revenu pouvant leurs permetre de subsister ou de faire face à certains besoins essentiels.

La lecture de la structure de passage d'une activité à une autre selon la matrice de BCG nous permet d'identifier quelles sont les activités à être élaguées ou à être éjectées. On note que toutes les activités à droite des activité dilemme et point mort doivent être élaguées, parce que ces activités perdent leurs parts sur le marché, elles enregistrent des flux financiers nuls, ce qui n'encouragent pas les producteurs à investir plus dans ces types d'activités. Alors que d'autres activités peuvent migrer d'une zone à une autre et devenir des activités vache à lait ou vedettes.

Figure 13 : Structure de passage d'une activité à une autre

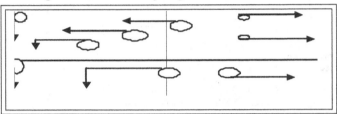

L'orientation dynamique des activités des produits exportables par la République Centrafricaine, nous montre que si aucune nouvelle politique agricole ou aucune amélioration n'est faite, la branche agriculture industrielle (café, coton, tabac) risque d'être une activité à être éjectée, parce qu'elle est actuellement au point mort. Pour cause, la part relative du marché s'amenuise, la rentabilité devient de plus en plus négligeable, les flux financiers nets engendrés par cette branche sont quasi-nuls, il n'y a presque pas de nouveaux investisseurs pour soulager cette branche. Normalement dans les faits, ce sont les activités vedettes et vache à lait qui devraient financer les activités dilemmes et au point mort.

Figure 14 : Chemin suivi par la branche agriculture industrielle en RCA selon la matrice de BCG

Activité Vedette : **Maintenir une Position de** **Leader**	**Activité Dilemme :** **Investir pour Devenir** **Leader ou Abandonner**
Activité Vache à Lait : **Rentabiliser**	**Activité au Point Mort :** **Abandonner ou Maintenir** **sans Investissement**
Café, coton, tabac.	

La matrice Arthur Doo Little

Cette méthode s'inspire du modèle de cycle de vie des produits, elle analyse l'activité avec le cycle de vie de l'activité. Elle permet de sélectionner les activités rentables, de développer certaines ou d'abandonner d'autres.

L'analyse dynamique du chemin suivi par les principaux produits agricoles exportés par la Centrafrique montre que ceux-ci, à travers le temps, c'est-à-dire depuis le démarrage de ces cultures, ont suivi un parcours à la borne inférieure de la bande de sélection, ils occupaient et occupent actuellement une position concurrentielle faible, une rentabilité légère en dessous des autres pays de la sous région, un risque sectoriel élevé compte tenu de la rentrée des pays comme le Vietnam, le Cambodge, l'Indonesie et les autres pays de l'Amérique Latine dans la production de ces types de produits.

Cette constatation nous permet d'affirmer que la RCA ne se spécialisant que dans une catégorie des produits primaires exportables, s'est exposée à une position concurrentielle faible, une rentabilité moindre, des risques concurrentiels et sectoriels élevés, et s'est exposée à la rareté des flux financiers vers cette discipline. D'où la nécessité pour ce pays de diversifier ou d'innover ces produits pour réduire les risques auxquels il s'expose.

Figure 15 : La matrice Arthur Doo Little

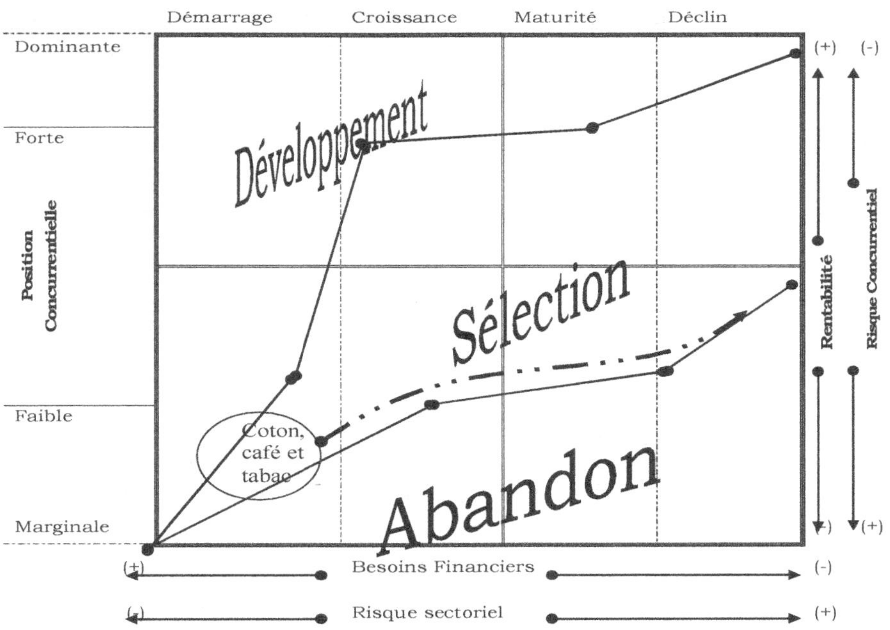

Source : Roger Yele.

Destruction créatrice

Pourquoi la Centrafrique n'a pas pu, jusqu'à présent, créer ou innover d'autres types de produits afin d'augmenter le revenu paysan honteusement bas ? De toutes les analyses, il s'est avéré que depuis la colonisation, le pays s'est contenté de cultiver que les produits introduits par les colons, il n'y a jamais eu de tentation de création ou d'innovation. Le pays est resté sur ces lauriers. Ce qui valide nos hypothèses et aucune analyse fine sur l'origine des avantages comparatifs n'a été faite. La Centrafrique n'a pas su profiter de l'ouverture de la fenêtre des avantages comparatifs. Cette fenêtre se réduit au fur et à mesure que la mondialisation avance à grands pas, réduisant ainsi les marges de compétitivité du pays.

À la question de savoir quelles sont les origines de l'avantage comparatif, la réponse est que certains pays ont su exploiter au moment opportun l'opportunité offerte par l'ouverture d'une position concurrentielle profitable que les autres ignorent ou ne peuvent pas les exploiter. Cette opportunité ne peut être saisie que par des nouveaux types d'entrepreneurs. L'essence d'un nouveau type d'entrepreneurs et leurs capacités à saisir cette opportunité sont synonymes de découverte et d'innovation.

Selon Joseph Schumpeter,[11] l'entreprenariat est aussi la capacité d'agir sur les opportunités qui créent les découvertes et les innovations. Il considère également que le capitalisme est un processus évolutif qui se développe selon un modèle caractéristique. Plusieurs marchés ont des périodes compétitives silencieuses au moment où certaines firmes ont développé les produits supérieurs, les technologies et les capacités d'organisation qui leurs rapportent un profit économique positif. Ces périodes silencieuses sont ponctuées par des chocs fondamentaux ou des discontinuités qui détruisent les anciennes sources d'avantage et les remplacent par des nouvelles autres. L'entrepreneur qui exploite les opportunités de ces chocs, parvient à créer des profits positifs durant la prochaine période compétitive silencieuse. Schumpeter nomme ce processus évolutif de destruction créatrice. Elle se justifie, d'une part, par une efficience statique c'est-à-dire par une allocation optimale des ressources de la société à un point donné et au moment opportun, est moins important que l'efficience dynamique (achèvement de la croissance à long terme et perfectionnement technologique) ; d'autre part, la conséquence de la stratégie d'affaires et de marché, peut être évaluée seulement dans un contexte de destruction créatrice.

Pour Schumpeter, ce qui compte réellement n'est pas la concurrence des prix, mais la concurrence entre les nouveaux produits, les nouvelles technologies et les nouvelles sources d'organisations :

> Ce genre de concurrence est beaucoup plus efficace que l'autre tel l'effet d'un bombardement comparé à une porte forcée. Il est d'autant plus important qu'il devient une question d'une relative indifférence selon que la concurrence au sens ordinaire fonctionne plus ou moins rapidement. Le puissant levier qui, à la longue augmente la production et baisse les prix est en tout cas fait d'autres choses.[12]

L'avantage comparatif basé sur les ressources inimitables et la qualité peuvent devenir obsolètes si des nouvelles technologies sont mises en place, si les goûts changent et aussi les politiques gouvernementales évoluent. Ce type de processus peut être analysé à travers le cycle de vie des produits ; la dynamique de l'avantage comparatif montre à travers le temps le chemin hypothétique suivi par le profit d'une entreprise qui a atteint un niveau d'avantage viable.

Figure 16 : Courbes de vie des produits, de rentabilité économique des produits

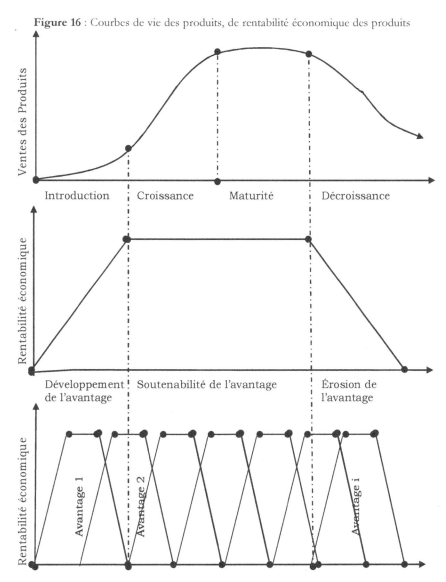

La notion de Schumpeter sur la destruction créatrice a été utilisée comme cadre de référence pour aider les décideurs à prendre des décisions stratégiques: pour atteindre un avantage comparatif, pour avoir de bons résultats sur les marchés, un produit nouveau ne doit pas seulement créer une valeur positive, mais il doit créer plus de valeur que les autres produits.

Ainsi, Richard d'Aveni[13] argumente que pour qu'une organisation soit prospère, l'objectif stratégique en chef de celle-ci doit être celui d'interrompre les sources d'avantages comparatifs existant dans sa branche d'activité tout en créant une nouvelle autre source, afin de créer plus de richesse que ces concurrents. Ce qu'explique la figure précédente. Le profit économique s'élève quand l'avantage se développe, il se stabilise quand l'avantage perdure ; éventuellement si l'avantage s'érode le profit économique diminue. Et il montre également que sur plusieurs marchés, la période durant laquelle les avantages sont viables est déclinante. Dans ce type d'environnement, une organisation peut soutenir un profit économique positif, seulement si elle développe de nouvelles sources d'avantage comme le montre le graphique.

Ce qui nous permet de dire que dans un environnement ambiant caractérisé par la mondialisation, le rapide développement technologique et des goûts changeants, une nation qui dort sur ces lauriers, cherchant seulement à récolter les fruits des anciennes sources d'avantage comparatif, peut rapidement être dépassée par un autre concurrent créatif. D'ailleurs plusieurs organisations sont capables de créer leurs propres chocs que d'attendre le changement apporté par l'environnement ou bien sont capables d'interrompre les anciennes sources d'avantage. Les décideurs ou les gestionnaires doivent avoir ce principe en tête pour faire évoluer l'organisation qu'ils dirigent

En conséquence, une organisation qui se colle à produire longuement un certain type de biens ou qui exploite durablement une même source d'avantage, ne peut pas survivre. Elle doit chercher continuellement et sans interruption le perfectionnement de ses routines ou de son train-train quotidien. L'aptitude d'une organisation à maintenir et à adapter ses facultés basées sur ces avantages, est ce que David Teece, Gary Pisano et Amy Shuen, appellent les aptitudes dynamiques. Une organisation avec des aptitudes dynamiques limitées, néglige de nourrir et d'adapter les sources de ces avantages au cours du temps et les autres peuvent éventuellement le supplanter. Tandis qu'une organisation qui a de fortes aptitudes dynamiques, adapte ces ressources et ces facultés au cours du temps, et capte facilement l'avantage que lui offre la nouvelle fenêtre d'opportunité pour créer de nouvelles sources d'avantages ; ce qui dit qu'une organisation qui n'adapte pas ces aptitudes existant se compromet lui-même quand ces nouvelles fenêtres d'opportunité sont ouvertes, et peut se trouver éventuellement être bloquée hors du marché ou court le risque d'un désavantage significatif, et se voit à la marge de la mondialisation.

La recherche et le développement

Selon Henri-François Henner (1998), la croissance économique des nations est fondée sur l'innovation, et que l'accès aux connaissances nouvelles n'est ni gratuit, ni immédiat. Que la genèse de l'innovation s'explique par la croissance économique elle-même : l'élévation du niveau de vie augmente la valeur du temps de travail, le temps devenant un bien rare, pousse les entrepreneurs ou industriels à mettre au point de nouvelles techniques de production. Cet état de fait confirme le mot de J. M. Clark, qui dit que « la connaissance est le seul instrument de production qui ne soit pas sujet aux rendements décroissants ».

C'est dire que si l'on cherche à explorer quel sera le futur taux d'accroissement de la productivité, W. Rostow[14] démontre qu'il faut prendre en considération trois types d'activité humaine : la recherche d'une connaissance fondamentale, la capacité et le désir d'inventer ; la capacité et le désir d'innover. Le taux d'accroissement de la productivité dépendra donc de la créativité de la recherche et du développement. La recherche et le développement prend donc une importance particulière, parce qu'elle permet de mettre au point un nouveau produit, créant un avantage absolu mais temporaire ; elle permet une innovation de processus qui recrée un avantage perdu : le transfert de technologie et l'imitation viennent alors diluer dans le temps l'avantage comparatif, contraignant l'ensemble de économies à améliorer leurs performances.

Il apparaît alors bien évident pour la Centrafrique afin d'augmenter sa productivité agricole, que la recherche puisse se concentrer sur la recherche appliquée et la recherche développement, car l'innovation et l'adaptation aux conditions changeantes de l'économie mondiale, sont les conditions de survie et de la croissance d'une nation ; le repli sur soi ne permet pas de maintenir les situations acquises, mais aboutit à une régression progressive de l'activité économique et un appauvrissement continuel des agents.

Les branches d'activités clés de l'économie centrafricaine[15]

Les indices de Rasmussen permettent de déceler les branches ou secteurs clés de l'économie nationale. En posant que combien de produits intermédiaires doit-on utiliser pour produire une unité de demande finale, on met en exergue des réactions à l'intérieur du processus de production. Ces réactions sont guidées ou dirigées par des branches porteuses et/ou dont les demandes finales stimulent la totalité de l'économie nationale. Un secteur est considéré comme clé si au moins un des indices est supérieur à un :

- Si m_j^i >1, une croissance de la demande finale du secteur j a un impact sur l'économie supérieure à la moyenne.

- Si m_i^j >1, le secteur est susceptible de recevoir une stimulation supérieure à la moyenne si la demande finale croit dans tous les secteurs.

Tableau 22 : Indice de Rasmussen des branches pouvant impulser la demande

	1988	1989	1990	1991	1992	1993	1994	1995	1996	Moyenne	Rang
Agropastorale	0,856	0,732	0,751	0,742	0,738	0,743	0,728	0,702	0,723	0,746	11
Chasse et pêche	0,888	0,764	0,789	0,798	0,806	0,813	0,797	0,779	0,776	0,801	10
Alimentation et boisson	1,045	0,984	1,018	1,020	1,053	1,073	1,064	1,027	1,095	**1,042**	4
Biens de base et de production	0,912	0,767	0,835	0,837	0,835	0,835	0,823	0,810	0,803	0,829	9
Biens d'investissement	0,843	0,708	0,726	0,730	0,733	0,742	0,722	0,695	0,704	0,734	12
Biens de consommation	1,027	0,990	1,029	1,019	0,986	1,010	0,978	0,957	1,037	**1,004**	5
Construction	1,112	1,154	1,133	1,131	1,095	1,088	1,038	0,983	1,028	**1,085**	2
Energie (Eau et Electricité yc pétrole)	0,874	1,016	0,899	0,911	0,877	0,889	0,915	0,904	0,868	0,906	7
Transport et Télécommunication	1,177	1,236	0,980	0,973	0,984	0,999	1,045	1,032	0,960	**1,043**	3
Commerces, hôtels, bars et restaurants	1,309	1,826	1,965	1,929	1,986	1,868	2,003	2,253	2,182	**1,925**	1
Autres services marchands	1,022	0,953	0,981	0,996	1,002	1,010	0,985	0,979	0,958	0,987	6
Services non marchands	0,936	0,870	0,894	0,913	0,906	0,931	0,902	0,878	0,866	0,899	8

Source : Roger Yele.

Ce tableau 22 mesure l'impact d'une réaction en demande finale de la branche j sur la production du produit i, c'est-à-dire une croissance de la demande finale du produit j a un impact sur l'économie supérieure à la moyenne. En lisant celui-ci, nous constatons que cinq branches sont clés. Il s'agit des branches ou produits

- Alimentation et boisson ;
- Biens de consommation ;
- Construction ;
- Transport et télécommunication ; et
- Autres services marchands.

Ces secteurs sont capables d'impartir une stimulation, au dessus de la moyenne, à l'ensemble de l'économie : une croissance de la demande finale de ces secteurs peut engendrer un impact multiplicateur sur l'économie supérieur à la moyenne par effet d'attraction, de feedback ou de rétrocontrôle.

Branches susceptibles d'être stimulées au-dessus de la moyenne

Les indices de ce tableau montrent que certains secteurs sont susceptibles d'être stimulés au dessus de la moyenne par une croissance générale de la demande finale émanant des autres secteurs, c'est-à-dire que si la demande finale augmente dans tous les secteurs, la production du secteur i croîtra au dessus de la moyenne. Ainsi, il ressort qu'il y a quatre secteurs clés tels que :

- Agropastorale ;
- Biens de base et de production ;
- Biens d'investissement ;
- Autres services marchands.

Tableau 23 : Indices de Rasmussen des branches pouvant stimuler l'offre (tous produits)

	1988	1989	1990	1991	1992	1993	1994	1995	1996	Moyenne	Rang
Agropastorale	1,142	1,237	1,282	1,255	1,324	1,343	1,372	1,395	1,359	**1,301**	3
Chasse et pêche	0,823	0,718	0,756	0,764	0,768	0,791	0,774	0,750	0,753	0,766	10
Alimentation et boisson	0,896	0,855	0,891	0,877	0,811	0,780	0,765	0,740	0,729	0,816	9
Biens de base et de production	1,099	1,626	1,191	1,151	1,233	1,227	1,222	1,171	1,407	**1,259**	4
Biens d'investissement	1,176	1,277	1,361	1,395	1,369	1,354	1,374	1,474	1,188	**1,330**	2
Biens de consommation	0,988	0,998	0,998	1,008	0,903	0,890	0,886	0,846	0,860	0,931	5
Construction	0,895	0,848	0,882	0,887	0,903	0,887	0,860	0,869	0,895	0,881	7
Energie (Eau et Electricité yc pétrole)	1,210	0,781	0,828	0,834	0,842	0,855	0,867	0,838	0,871	0,881	8
Transport et Télécommunication	0,921	0,900	0,902	0,901	0,928	0,939	0,942	0,920	0,952	0,923	6
Commerces, hôtels bars et restaurants	0,809	0,697	0,730	0,732	0,735	0,746	0,733	0,705	0,710	0,733	11
Autres services marchands	1,238	1,386	1,478	1,488	1,474	1,470	1,503	1,613	1,588	**1,471**	1
Services non marchands	0,803	0,675	0,702	0,707	0,710	0,717	0,702	0,679	0,686	0,709	12

Source : Roger Yele.

Les secteurs-clés dynamiques

Pour mieux sélectionner les secteurs clés, c'est-à-dire des branches ou des secteurs qui réagissent dans les deux sens[16] des indices de Rasmussen, nous allons devoir élaborer un tableau croisé. Le croisement de ces indices, nous permettra de déceler les branches-clés dynamiques. Elles sont capables de tracter et de pousser l'offre et la demande au-dessus de la moyenne. Les investissements effectués dans ces branches vont accroître la demande effective et en conséquence stimuler l'économie nationale.

Tableau 24 : Les branches-clés dynamiques

	Agropastorale	Chasse et pêche	Alimentation et boisson	Biens de base et de production	Biens d'investissement	Biens de consommation	Construction	Energie (Eau et Electricité)	Transport et Télécommunication	Commerces, hôtels bars et restaurants	Autres services marchands	Services non marchands	Total
Agropastorale	0	1	1	1	0	1	1	1	1	1	1	1	10
Chasse et pêche	0	0	0	0	0	0	0	0	0	1	0	0	1
Alimentation et boisson	0	0	0	0	0	0	0	0	0	1	0	0	1
Biens de base et de production	0	1	1	1	0	1	1	1	1	1	1	1	10
Biens d'investissement	0	1	1	1	0	1	1	1	1	1	1	1	10
Biens de consommation	0	0	0	0	0	0	1	0	0	1	0	0	2
Construction	0	0	0	0	0	0	0	0	0	1	0	0	1
Énergie (Eau et Électricité)	0	0	0	0	0	0	0	0	0	1	0	0	1
Transport et Télécommunication	0	0	0	0	0	0	1	0	0	1	0	0	2
Commerces, hôtels bars et restaurants	0	0	0	0	0	0	0	0	0	1	0	0	1
Autres services marchands	1	1	1	1	1	1	1	1	1	1	1	1	12
Services non marchands	0	0	0	0	0	0	0	0	0	1	0	0	1
	1	4	4	4	1	4	6	4	4	12	4	4	52

Source : Roger Yele.

La lecture du tableau en diagonale, nous permet de sélectionner ou de choisir les branches d'activités les plus porteuses en Centrafrique, car celles-ci sont capables d'engendrer la croissance si on stimule simultanément la demande et l'offre. Ainsi nous distinguons trois branches d'activité dynamiques clés :

- commerce, hôtels, bars et restaurants : c'est le maillon de transmission dans le processus de production ;
- les biens de base et de production ;
- autres services marchands.

Du même tableau, nous pouvons sélectionner d'autres secteurs clés induits comme la construction, qui, si on lit le tableau en colonne, elle réagit positivement avec les autres branches telles que l'agropastorale, les biens de base et de production, les biens de consommations et d'investissements, les autres services marchands. Si la production de la construction augmente, les autres branches vont aussi augmenter leurs productions puisque celle-ci va accroître sa demande pour ces produits.

- **L'énergie** : personne ne peut nier l'importance de l'énergie dans une économie, car sans une politique adéquate en matière d'énergie, aucune industrie ne peut s'installer dans le pays. Pour cause, le coût fixe élevé en énergie empêche les entrées potentielles d'autres unités de production ; ou bien, l'entreprise à elle seule, ne peut supporter le coût de l'énergie et son coût d'installation. D'où la nécessité de l'intervention de l'Etat pour résoudre le problème du monopole naturel de certains biens ou services ;

- **Transport et télécommunication** : ce secteur intervient en amont et en aval du processus de production, cette branche d'activité assure une meilleure productivité, raccourci les délais et l'espace entre les opérateurs économiques.

La lecture en ligne, nous amène à compléter la liste des secteurs clés de l'économie centrafricaine : l'agropastorale, les biens de base et de production et les biens d'investissements.

Les branches clés hors produits importés

Une analyse plus fine, consiste à distinguer la production locale pour tenir compte du niveau du progrès technologique, car on peut effectivement déceler les secteurs qui peuvent soutenir durablement la croissance de l'économie et améliorer le bien-être de la population.

Dans ce cas de figure, nous ne disposons pas d'une série longue, il existe seulement deux années de construction de TES avec distinction produits locaux et produits importés, il s'agit des années 1988 et 1989.

Il ressort que les secteurs clés porteurs de croissance, c'est-à-dire, ceux qui ont un impact multiplicateur sur l'économie si leur demande augmente, sont : l'alimentation et boisson, les biens de consommation, la construction, transport et télécommunication, les commerces, hôtels, bars et restaurants.

Les branches-clés dynamiques hors produits importés

Le tableau croisé de deux types d'indices, nous permet de choisir les branches-clés dynamiques suivantes :

- l'agropastorale ;
- l'alimentation ;
- les biens de base et de production ;
- les biens d'investissement ;

- la construction ;
- le commerce, hôtels, bars et restaurants ; et
- enfin les autres services non marchands.

Tableau 25 : Branches capables d'impulser la demande (hors produits importés)

RasmusBj	1988	1989	Moyenne	Rang
Agropastorale	0,901	0,910	0,906	11
Chasse et pêche	0,942	0,936	0,939	8
Alimentation et boisson	**1,121**	**1,107**	**1,114**	**2**
Biens de base et de production	0,949	0,952	0,951	7
Biens d'investissement	0,897	0,885	0,891	12
Biens de consommation	**1,068**	**1,136**	**1,102**	**3**
Construction	**1,118**	**1,155**	**1,137**	**1**
Énergie (Eau et Électricité)	0,951	0,922	0,937	9
Transport et Télécommunication	1,076	1,089	**1,083**	**4**
Commerces, hôtels bars et restaurants	1,061	0,956	**1,009**	**6**
Autres services marchands	1,013	1,018	**1,016**	**5**
Services non marchands	0,904	0,932	0,918	10

Source : Roger Yele.

Les branches clés dont l'offre est susceptible de s'accroître

D'autre part, les branches qui peuvent voir leur offre s'accroître si les demandes finales augmentent dans toutes les autres branches, sont :

- l'agropastorale ;
- les biens de base et de production ;
- les biens d'investissements ;
- les biens de consommation ; et
- les autres services non marchands.

Tableau 26 : Branches capables de stimuler l'offre (hors produits importés)

RasmusFi	1988	1989	Moyen.i	Rang
Agropastorale	**1,229**	**1,242**	**1,236**	**2**
Chasse et pêche	0,881	0,866	0,874	10
Alimentation et boisson	0,901	0,88	0,891	9
Biens de base et de production	**1,102**	**1,086**	**1,094**	**3**
Biens d'investissement	0,996	1,009	**1,003**	**5**
Biens de consommation	0,979	1,033	**1,006**	**4**
Construction	0,914	0,924	0,919	8
Énergie (Eau et Électricité yc pétrole)	0,942	0,938	0,940	7
Transport et Télécommunication	0,981	0,97	0,976	6
Commerces, hôtels bars et restaurants	0,871	0,865	0,868	11
Autres services marchands	**1,351**	**1,345**	**1,348**	**1**
Services non marchands	0,853	0,843	0,848	12

Source : Roger Yele.

Tableau 27 : Branches-clés dynamiques (hors produits importés)

	Agropastorale	Chasse et pêche	Alimentation & boisson	Biens de base et de production	Biens d'investissement	Biens de consommation	Construction	Énergie (Eau et Electricité)	Transport et Télécommunication	Commerce hôtels, bars & restaurants	Autres services marchands	Services non marchands	Total
Agropastorale	0	1	1	1	0	1	1	1	1	1	1	1	10
Chasse et pêche	0	0	0	0	0	0	0	0	0	1	0	0	1
Alimentation et boisson	0	0	0	0	0	0	0	0	0	1	0	0	1
Biens de base et de production	0	1	1	1	0	1	1	1	1	1	1	1	10
Biens d'investissement	0	1	1	1	0	1	1	1	1	1	1	1	10
Biens de consommation	0	0	0	0	0	0	1	0	0	1	0	0	2
Construction	0	0	0	0	0	0	0	0	0	1	0	0	1
Énergie (Eau et Électricité)	0	0	0	0	0	0	0	0	0	1	0	0	1
Transport et Télécommunication	0	0	0	0	0	0	1	0	0	1	0	0	2
Commerces, hôtels bars et restaurants	0	0	0	0	0	0	0	0	0	1	0	0	1
Autres services marchands	1	1	1	1	1	1	1	1	1	1	1	1	12
Services non marchands	0	0	0	0	0	0	0	0	0	1	0	0	1
	1	4	4	4	1	4	6	4	4	12	4	4	52

Source : Roger Yele.

Le cheminement prévisionnel de la Centrafrique

Pour pouvoir prévoir le cheminement possible que doit suivre la République Centrafricaine, afin de permettre à celle-ci d'améliorer le niveau de vie de sa population, nous allons devoir utiliser les outils proposés par la dynamique de l'avantage comparatif (Henri-François Henner). Cet outil nous enseigne d'abord pour que la Centrafrique soit compétitive, il faut qu'elle crée permanemment des produits à forte valeur ajoutée afin de ne pas être dépassée sur le marché. Et que le développement rapide ne peut être possible que grâce à une forte accumulation du capital : le capital physique et le capital humain.

Malgré l'existence d'énormes potentialités naturelles, elle dispose d'un avantage comparatif dans la production des biens agricoles intensif en travail : cette production demande de la terre dans des quantités relativement faibles, du capital par tête très faible. Sa forte dotation en terre et en ressources naturelles semble devoir la handicaper et lui fermer les sentiers de développement de croissance. Pour la sortir de ce cercle vicieux de développement, les décideurs doivent mener une politique volontariste en réorientant les objectifs poursuivis vers la création de nouvelles sources de revenus tout en améliorant les anciennes.

Donc les politiques doivent choisir une stratégie de développement, telle que le déplacement du vecteur de translation dans le triangle des dotations factorielles se dirige vers le sommet K.

Figure 17 : Cheminement prévisionnel volontariste de la RCA

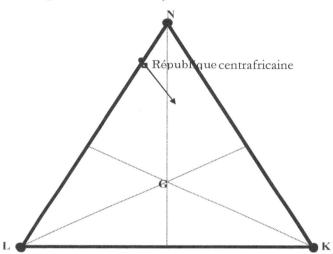

Cette réorientation stratégique volontariste, nous montre que la Centrafrique doit se spécialiser dans la production d'un bien intensif en capital par rapport au travail, intensif en terre par rapport au travail, c'est-à-dire une production agricole extensive et mécanisée ou bien dans la production des biens de marques (luxes). Effectuer ce virage, nécessite de disposer d'importantes ressources humaines. Mais quel type de ressources humaines[17] ? Pour Arvid Aulin (1998), pour que les ressources humaines aient un impact significatif sur la croissance économique, il faut qu'on ait une population active composée des gens qui prennent part à la production des biens ou du capital humain, à l'éducation formelle ou qui contribuent au travail intellectuel, il s'agit des gens qui passent leurs heures à :

- l'apprentissage par la pratique dans l'activité de production ;
- l'apprentissage dans l'éducation formelle ;
- l'enseignement dans les institutions formelles d'éducation ;
- la planification ou programmation des travaux et des outils utilisés dans l'activité de production ;
- la programmation de l'enseignement dans les institutions de formation ;
- la gestion des travaux de production du capital humain.

En résumé, c'est une population active qui à la fois exerce des activités physiques et intellectuelles.

Figure 18 : Capital humain souhaité

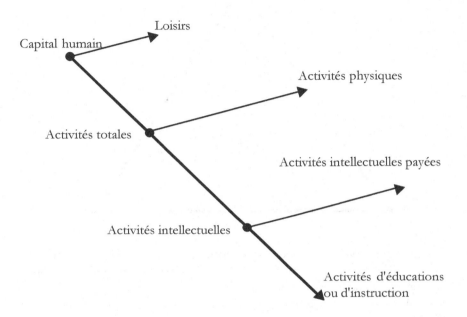

Source : Arvid Aulin (1998).

L'accumulation du capital et de l'épargne (tant intérieure qu'extérieure) à des taux élevés couplée avec une politique économique appropriée vont permettre à la Centrafrique de s'orienter vers l'exportation progressive des produits agricoles intensifs en capital et en terre, et en fin de processus vers la production des biens intensifs en capital.

Le choix stratégique volontariste d'une politique agricole intensive en capital par tête et en terre arable par tête (production agricole extensive et mécanisée et non itinérante avec des outils aratoires rudimentaires), permettra à la Centrafrique d'augmenter considérablement sa productivité agricole : un investissement plus important permet de privilégier les secteurs porteurs d'avenir (engagement dans la production des produits progressifs) sans supprimer pour autant les secteurs en régression relative (coton, café et tabac), c'est-à-dire que les secteurs dynamiques à forte croissance représenteront une part croissante du revenu, ce qui tendra à engendrer une forte rentabilité du capital.

Pour entamer ce cercle vertueux de la croissance et du développement, la République Centrafricaine doit s'engager dans une stratégie volontariste gradualiste dans la modification des structures économiques internes, la mobilisation de l'épargne tant interne qu'externe, le choix optimal de financement des projets porteurs, la mise en place d'une politique économique efficiente, car ces actions vont stimuler la croissance pouvant déboucher sur un développement durable.

Si aucune politique volontariste d'accumulation du capital à des taux élevés n'est mise en œuvre, la République centrafricaine suivra son cheminement habituel le long du segment [NL], en produisant des biens agricoles à faible capital par tête et à faible hectare de terre par tête, démontrant ainsi l'hypothèse émise par Henri-François Henner : « Le pays qui bénéficie de forte dotation en terre et en ressources naturelles, ne commencera à produire des biens manufacturés que plus tard dans son stade de développement, c'est-à-dire à un niveau de revenu par tête ou à un rapport (K/L) plus élevé que les pays pauvres en ressources naturelles ». Ceci dit que si rien est fait, la République centrafricaine va d'abord détruire toutes ces ressources naturelles (rente forestière, rente minière) avant d'amorcer son développement.

Renforcer la synergie ville-campagne

Une grande partie de la production en Centrafrique vient des petites entreprises familiales urbaines et des petites exploitations rurales dont l'efficience économique est souvent très faible en dépit des performances parfois étonnantes.[18] Si le développement des campagnes se révèle impossible, les villes deviendront invivables, et les capacités de nourrir les populations urbaines fortement compromises.

Pour renforcer la synergie ville-campagne, l'intensification de l'agriculture est inéluctable. Sans cette intensification, la population en croissance rapide se heurte à la limitation de l'espace cultivable et la diminution des temps de jachère, avec comme corollaire direct l'appauvrissement des sols qui les rendent vulnérables à l'érosion hydraulique et éolienne. Il en résulte une baisse de la productivité et des rendements, une baisse accélérée dans certaines régions par des perturbations climatiques (baisse ou hausse chronique des précipitations, désertification).

Le faible revenu monétaire des paysans centrafricains les contraints à choisir un autre type d'agriculture : l'agriculture itinérante. L'intensification pourra se développer grâce à quelques exploitants éclairés ou à des sociétés d'agrobusiness, qui feront de l'agriculture une agriculture scientifique et de l'exportation. Mais ce sera au prix d'une marginalisation des petits exploitants qu'on finira par retrouver dans les banlieues de la capitale ou des grandes villes. Le problème n'est pas de produire avec moins d'hommes possibles, mais il s'agit au contraire de fixer dans les zones rurales des populations (qui ont peu de chance de trouver des emplois rémunérateurs en ville pour une période plus longue) et d'augmenter le rendement agricole.

L'objectif est d'inventer un mode de développement rural qui permette de stabiliser au moins pour un temps les populations rurales, d'accroître la productivité, les revenus et de renforcer les terroirs qui sont parmi les plus dégradés d'Afrique. L'un des effets attendus de l'accroissement des revenus familiaux est de susciter le développement d'un réseau dense de services de proximité et de petites productions rurales : une agriculture plus intensive en travail et en intrants, capable de faire jouer de bonnes synergies.

L'innovation culturale ou commerciale implique un risque qu'un paysan pauvre ne peut jamais prendre. Les sociétés d'encadrement ont disparu et continuent de disparaître du paysage rural centrafricain, laissant souvent les petits exploitants familiaux désorientés et incapables d'assumer par le seul jeu du marché les fonctions dévolues auparavant à ces institutions : couverture minimale des risques, vulgarisation, conditionnement et commercialisation, distribution d'intrants et crédits de campagne.

Pour résoudre ce problème de risque, on peut envisager avec le concours de certaines ONG, de grouper les paysans et certains bailleurs de fonds, et de mettre en place des organismes d'appui locaux dont les groupements paysans prendront progressivement le contrôle. Ces organismes auront pour rôle d'apporter un soutien concret aux stratégies des groupements des paysans et de vulgariser une agriculture plus rentable.

Le but d'une bonne politique agricole est de faire des paysans prospères. Cette prospérité permettra de tempérer l'exode rural vers des villes de plus en plus engorgées et surtout de renforcer la dynamique des échanges villes-campagnes, grâce à l'amélioration des revenus agricoles. Mais comment faire des paysans prospères ?

Les produits exportés sont sensiblement mieux rémunérés que les produits destinés au marché intérieur. Ce qui peut s'expliquer par le très faible pouvoir d'achat des urbains qui interdit des prix de vente très élevés, et que l'Etat centrafricain n'a généralement pas les moyens de subventionner les productions agricoles. Le prix limité du marché joue donc comme un butoir à la croissance des revenus agricoles. Les agriculteurs ne peuvent se rattraper sur les quantités à condition que les prix soient suffisamment rémunérateurs pour permettre d'accroître la production ou qu'ils soient suffisamment incitatifs.

En outre, les capacités acquises à l'exportation, en terme de marché et de production, ont des retombées favorables sur la production à usage interne, cette capacité permettra d'atteindre la sécurité alimentaire. Aucun essor de la productivité dans l'agriculture et dans les petites entreprises individuelles urbaines n'est pensable sans un renforcement de la demande, qui joue le rôle de levier. Mais cette demande doit être réciproque. C'est dans cette réciprocité que réside la dynamique d'ensemble villes-campagnes. Les revenus tirés de l'exportation jouent alors un rôle moteur dans le processus, parce que dans une première phase, le marché intérieur urbain est trop déprimé pour fournir des revenus agricoles suffisants.

Notes

1. Mendès-France, Pierre, Ardant, D., 1958, *Science économique et lucidité politique.*

2. Ce texte est inspiré du livre de Abraham-Frois, Gilbert, 1992, *Économie politique,* 5e édition, Economica.

3. L'importance du rôle de ce dernier a été soulignée par Cantillon R., (1680-1734), Jean Baptiste Say et plus récemment Joseph Schumpeter (1883-1950).

4. Aimé Césaire l'a confirmé à travers le Roi Christophe « malheur à celui dont les pieds flanchent » dans *Tragédie du Roi Christophe.*

5. French, John Raven, Bertram, 1959, « The Bases of Social Power », in CartWright, D. (ed.), *Studies in Social Power,* Ann Arbor: University of Michigan, Institute for Social Research.

6. Kotter, John, 1977, « Power, Dependance and Effective Management », *Harvard Business Review,* July-August, pp. 125-136.

7. Agency costs are the costs associated with slack effort and with the administrative controls to de-ter slack effort. For example, the unwilingness of top management to eliminate agency costs farther down in the organization is itself an agency cost. D. Besanko, D. Dranove, M. Shanley, 2000, *Economics of Strategic,* 2nd Edition, John Wiley & Son, Inc.

8. René Condomines et Gabriel Marc, dans leur étude sur les comptes économiques de la République centrafricaine de 1961, notent qu'il existait une ressemblance économique entre la République centrafricaine de 1961 et le Cameroun de 1959 au niveau du PIB par tête (respectivement 28 100 F CFA contre 29 600 F CFA).

9. Gérer implique aussi d'être capable de juger le bien fondé des décisions qu'il convient de prendre, ceci grâce à un recueil d'information aussi rapide, claire, complet, abondant que possible.

10. Voir paragraphe 6.11 sur la rupture ou crise de confiance.

11. Schumpeter, J., 1942, *Capitalism, Socialism and Democracy,* New York : Happer & Row.

12. This kind of competition is as much more effective than the other as a bombardment is in comparison with forcing a door, and so much more important that it becomes a matter of comparative indifference whether competition in the ordinary sense functions more or less promptly; the powerful lever that in the long run expands output and brings down prices is in any case made of other stuff.

13. Aveni, Richard d', 1994, *Hypercompetition : Managing the Dynamics of Strategic Maneuvering*, New York Press.

14. Rostow, W. W., 1981, *L'ultimatum de l'an 2000 : Chances de survie de l'économie mondiale*, Economica.

15. Voir, Roger Yele, étude non publiée, Impacts macroéconomiques des goulots d'étranglement dus aux arriérés de salaires dans la fonction publique centrafricaine et au rationnement des produits pétroliers importés.

16. Certains secteurs clés sont capables de combiner les effets : effet de poussée et effet d'attraction.

17. Il se pose un problème au niveau de l'agriculture ou du paysannat centrafricain : est ce que les paysans sont-ils des entrepreneurs ? S'ils ne sont pas des entrepreneurs, alors il faut former des paysans entrepreneurs qui ont le goût du risque, qui peuvent gérer leur unité comme une entreprise à la recherche du profit.

18. En 1995 près de 72,5 pour cent de la population active sont des agricultureurs, des éleveurs et des forestiers, 12,2 pour cent sont des personnels commerciaux et des vendeurs, et 5,4 pour cent des ouvriers, des conducteurs. Sur les 3,9 pour cent de croissance réelle du PIB en 1998, 2 pour cent résultent de l'augmentation des productions vivrières.

Chapitre 9

Une stratégie d'intégration à l'économie mondiale : la promotion et la diversification des exportations

La volatilité des cours internationaux engendre, d'une part, permanemment une vulnérabilité de la croissance du revenu. Les produits primaires confrontés à des instabilités de prix internationaux affectent les recettes d'exportation de la Centrafrique. Patrick Guillaumont montre que ces facteurs confèrent une vulnérabilité structurelle à l'économie des pays les moins avancés avec des incidences sur la croissance économique. Ces dernières se manifestent davantage sur la productivité des facteurs que sur le rythme d'accumulation, mais une volonté politique d'ouverture (c'est-à-dire l'exigence de maintenir les incitations à produire pour le paysan dans un contexte de risque de prix exogènes) et le soutien de l'aide internationale sont stabilisants et tendent à réduire significativement l'impact des chocs extérieurs.

D'autre part, une manière d'atténuer l'impact de ces instabilités sur le bien-être peut consister en la diversification des sources de revenus. La diversification des produits à l'exportation offre une opportunité aux agents économiques de diversifier leurs revenus, car la diversification des activités agricoles et l'adoption du changement technologique sont une dimension de la gestion des risques et de réduction de la pauvreté contribuant ainsi à une plus grande équité et distribution des revenus.

Cette stratégie devrait s'inscrire dans le processus de la mondialisation, elle peut se faire sous forme de contrats ou de création des zones franches (agropastorales et industrielles). Cette stratégie d'ouverture vers l'extérieur pourra engendrer une forte croissance des exportations, basée sur la spécialisation internationale dans la branche d'activité agropastorale sans oublier le rôle primordial des capitaux étrangers et des transferts de technologie. Le but recherché étant d'une part, d'améliorer la compétitivité des produits nationaux, et d'autre part, de se procurer des devises en quantité suffisante afin de moderniser l'industrie et de consolider les bons résultats économiques.

La Centrafrique doit mettre l'accent sur l'avantage comparatif qu'elle possède en terre abondante, fertile et bon marché ; ceci couplé avec des bas niveaux de salaires dans les campagnes. Jusqu'à ce jour, il ne semble pas exister à l'heure actuelle des entrepreneurs centrafricains disposant à la fois des capitaux et des connaissances techniques prêt à investir dans des complexes agro-industriels. Elle peut dans un premier temps importer les ressources dont elles ne disposent pas (appliquer une politique d'immigration pouvant combler le manque de ressources humaines), celles-ci vont lui permettre de former et d'initier les entrepreneurs locaux.

Elle doit chercher également à concilier la croissance de la branche agropastorale à forte intensité de main-d'œuvre tirée par les exportations à la modernisation des secteurs clés à forte intensité capitalistique, telle que l'énergie, les biens d'investissement, les biens de base et de production, etc. Ces secteurs à forte intensité capitalistique permettront à la Centrafrique de bénéficier des économies d'échelle. Le commerce extérieur devra donc constituer un important facteur de mutation structurelle de l'économie centrafricaine.

La mise en valeur de ce potentiel dépend de l'investissement : l'élément essentiel dont la RCA ne dispose pas. Pour réaliser un tel type de développement basé sur les exportations, le préalable est bien sûr la prise d'une décision politique, une prise de mesures attractives envers les investisseurs potentiels, le tout devancé par un gros effort de promotion. Et l'un des principaux dispositifs visant à inciter les exportations consisterait également à laisser aux opérateurs économiques étrangers de disposer d'une partie de leurs gains en devises.

La règle du jeu : investir et exporter

L'idée de développement par les exportations n'est pas nouvelle : « les exportations de produits de base (miniers ou agricoles) suscitent des opportunités nouvelles d'investissement, qui déboucheront sur un processus de diversification des exportations, et des effets de diffusion dans d'autres secteurs, ces effets étant provoqués par le savoir-faire et les surplus financiers tirés des exportations ».[1]

Si la diversification et la diffusion n'ont pas lieu, la dépendance envers les produits d'exportation conduit inéluctablement à la stagnation : les exportateurs consacreront leurs ressources vers le secteur d'exportation et fuiront les opportunités de développement du marché intérieur, l'économie se trouve alors enfermer dans une trappe.

Au XIXe siècle, les pays occidentaux se sont développés au moyen de l'exportation des produits primaires, ce fut le cas de l'Australie, du Canada et des États-Unis. Or dans ces trois pays, c'est le développement du marché intérieur qui avant, pendant ou après est entré en phase avec l'essor de l'industrie entraînant ainsi le développement des exportations. Même le développement des pays asiatiques par les exportations a pris son départ en s'appuyant sur la consommation intérieure, elle-même stimulée par des productions domestiques (agriculture, transformations des produits de base, outillage, biens de consommation).

Pendant ce même siècle, les échecs du développement par les exportations de l'Égypte, du Costa Rica et du Chili sont flagrants.

Entre 1840 et 1880, le Costa Rica a atteint un niveau de vie parmi les plus élevés du monde au moyen des revenus d'exportation du café, revenus répartis au profit du plus grand nombre. Lors de la crise de 1929, le manque de ressources disponibles et l'étroitesse du marché intérieur ont bloqué le développement de l'import substitution.

Au Chili, jusqu'en 1880, le développement du pays s'est appuyé sur les produits agricoles, notamment le blé, assurés par des grands propriétaires terriens. L'exportation de nitrates, contrôlée par des étrangers, a pris le relais de l'agriculture mais se transforma en enclave. L'industrie locale n'a joué qu'un rôle marginal parce que personne n'y trouve son compte, son développement ne concerne que la consommation des travailleurs urbains. L'idée de développement intérieur par un large programme de travaux intensifs en main-d'œuvre (tels que les travaux publics, les routes, les chemins de fer, l'éducation) qui aurait pu conduire à une hausse des revenus et de la demande intérieure, rencontra l'opposition de la haute bourgeoisie chilienne.

En Égypte, le développement des exportations échoue, à peu près à la même époque, parce que le capital étranger ne s'intéresse qu'à ce secteur et que les efforts de la petite bourgeoisie pour développer le marché interne sont vains ou contrariés.

De ces trois exemples, les marchés locaux ont été occultés par les marchés extérieurs, ce fut donc la demande extérieure de ces pays qui modela et rythma leur développement intérieur et non la demande interne. Il n'y a pas eu intégration du secteur des exportations parce que la dynamique interne qui aurait permis cette intégration fut inexistante, insuffisante ou contraire aux intérêts dominants.

Il est peu probable que la croissance pourrait être tirée en Centrafrique par les exportations. Même si c'était le cas, on peut présumer que cette croissance pour être durable, exigerait un développement suffisant du marché.[2] L'essor du marché intérieur exige un développement de l'économie urbaine et rurale en faisant jouer une dynamique double : synergie entre les grappes d'activités créant des services de proximité et synergie entre villes et campagnes.

Les investissements privés étrangers ne s'orienteront pas rapidement en priorité vers la RCA, parce qu'il y a des pays où il existe des potentiels industriels élevés, c'est-à-dire une main d'œuvre instruite et compétente ou un marché dynamique. Les délocalisations pratiquées par les firmes multinationales sont d'ailleurs très loin de s'effectuer vers la RCA, pour cause de son éloignement des débouchés maritimes, du manque de main- d'œuvre qualifiée et de l'étroitesse du marché intérieur.

La création des zones franches : une incitation à l'investissement extérieur

Malgré son potentiel tempéré par son enclavement géographique, la Centrafrique est dans une situation délicate. Les freins, les blocages sont nombreux et l'héritage est lourd. Cependant, la mise en œuvre volontariste de politiques tant économiques et sociales rigoureuses, pourront permettre au pays de trouver la voie de développement. Ces politiques demandent des moyens financiers, humains et technologiques dont la République Centrafricaine ne dispose pas à l'heure actuelle, l'investissement étranger ou l'aide de la communauté internationale est sollicitée. Faute de consentir cet effort, effort financier et effort d'imagination, il n'y aura ni fruits ni développement.

Le plaidoyer à l'investissement étranger sera le maître mot de cette politique. Le commerce extérieur sera donc associé à l'acquisition technologique. Cette politique se traduira par la prise d'une série des mesures concrètes : création des zones franches agropastorales et industrielles. Ces zones franches auront pour vocation de constituer des laboratoires d'apprentissage des techniques de gestion étrangère. Les entreprises installées dans ces zones franches bénéficieront d'avantages fiscaux et juridiques. Elles feront partie d'un espace ouvert aux opérations internationales. Elles s'inscrivent dans la stratégie d'économie tournée vers l'extérieur et insérée dans la division internationale du travail par l'extension des opérations de sous-traitance, de transformation des produits primaires et d'accélération des industries à forte intensité de main d'œuvre. L'entrée des capitaux étrangers augmentera grâce aux mesures préférentielles suivantes :

- encourager des hommes d'affaires étrangers à investir dans les entreprises et d'ouvrages d'envergure et de haute technologie en ouvrant d'avantage le marché intérieur ;
- améliorer la qualité des produits exportables en coopérant avec les établissements de recherche, de production et de contrôle ;
- développer la législation touchant au commerce extérieur et aux échanges internationaux ;
- abaisser les taxes douanières sur les produits d'importations ;
- améliorer la transparence du marché intérieur, élargir les possibilités d'investissement sur tout le territoire national et offrir une part croissante de marché intérieur aux concurrents étrangers.

Ainsi pour mieux appréhender le niveau maximal d'investissement souhaitable que peut supporter un niveau d'exportation donné, nous allons utiliser le multiplicateur et l'équilibre du commerce extérieur[3] :

$Y = C + I + (X - M)$ avec DBC = X - M : la balance commerciale

$C = C_0 + cY$, $0 £ c £ 1$, la consommation est une fonction affine du PIB et

$c = \dfrac{dY}{dC}$ la propension marginale à consommer, C_0 la consommation

incompressible.

En faisant l'hypothèse que $M = M_0 + mY$, $0 £ m £ 1$, c'est-à-dire que l'importation est une fonction affine du PIB et que $m = \dfrac{dY}{dM}$ est la propension

moyenne à importer du pays, les exportations X et les investissements I sont donnés, on peut poser le système d'équation suivant :

$$\begin{cases} Y = C + I + X - M \\ C = C_0 + cY \\ \Delta BC = X - M = X - mY - M_0 \end{cases} \Leftrightarrow \begin{cases} Y - C - \Delta BC = I \\ -cY + C = C_0 \\ mY + \Delta BC = X - M_0 \end{cases}$$

l'hypothèse suivante peut s'écrire matriciellement :

$$\begin{pmatrix} 1 & -1 & -1 \\ -c & 1 & 0 \\ m & 0 & 1 \end{pmatrix} \begin{pmatrix} Y \\ C \\ \Delta BC \end{pmatrix} = \begin{pmatrix} I \\ C_0 \\ X - M_0 \end{pmatrix}$$

que l'on peut écrire comme suit : $\begin{pmatrix} Y \\ C \\ \Delta BC \end{pmatrix} = \dfrac{1}{1-c+m} \begin{pmatrix} 1 & 1 & 1 \\ c & 1+m & c \\ -m & -m & 1-c \end{pmatrix} \begin{pmatrix} I \\ C_0 \\ X-M_0 \end{pmatrix}$

on en déduit que : $dY = \dfrac{1}{1 - c + m}$ [dI + dX] et l'on constate qu'une variation du montant des exportations X a le même effet sur le niveau du revenu qu'une variation des investissements I. En fait, une politique économique qui s'appuie sur un accroissement des investissements qui n'implique pas un accroissement des exportations (par exemple, une politique d'accroissement des investissements publics d'équipements collectifs) peut conduire à un déficit du commerce extérieur, c'est-à-dire :

$\Delta BC = \dfrac{1}{s + m} \left[-m(I + C_0) + s(X - M) \right]$ ou $s = 1 - c$

d'où l'on déduit : $DBC \ {}^3 \ 0 \Leftrightarrow I \ £ \ \dfrac{s}{m}(X - M_0) - C_0$

Pour assurer la relance du marché intérieur et l'intégration progressive des différentes filières et secteurs de l'économie, il faut atteindre un niveau d'exportation capable de soutenir une croissance du produit intérieur. L'intégration progressive du marché intérieur permettra en retour de renforcer l'effet d'entraînement des exportations.

Pour que la croissance des exportations entraîne celle de l'économie à un taux de 5 pour cent, qui conduit à un taux de croissance de 2 pour cent du produit par tête, il faudrait réaliser (en supposant que l'élasticité du PIB aux exportations soit égale à un) une croissance réelle des exportations de 5 pour cent l'an au minimum. Soit que l'investissement doit avoir un taux de croissance réel inférieur ou égal à celle de l'exportation.

Le pilier de la stratégie : diversification et promotion des exportations

La politique d'ouverture a deux objectifs : attirer des capitaux étrangers et promouvoir les échanges extérieurs afin d'accélérer la croissance et la modernisation. Le second maître mot de la stratégie d'ouverture de la Centrafrique, est d'exporter. Car elle est contrainte d'exporter pour financer ses importations au risque de piller ou de brader ses ressources naturelles.

Compte tenu des énormes potentialités du pays, il est sans aucun doute possible d'accroître la contribution des secteurs agropastoraux et de l'industrie à la richesse nationale. Outre leur impact positif sur la balance commerciale, le développement des cultures d'exportation permettrait d'assurer un complément de revenu aux populations rurales.

Étant donné l'avantage comparatif dont dispose la RCA dans la production agropastorale, l'action à entreprendre, devrait s'efforcer, en premier lieu, de renforcer le potentiel existant par la mise en place des complexes agro-industriels pour l'exploitation du café, du coton et du tabac. Les mesures à prendre doivent viser à assurer un prix rémunérateur aux producteurs, à accroître la productivité, à améliorer la qualité des produits et à contribuer au rétablissement progressif de l'équilibre d'exploitation des filières.

La diversification des productions et des exportations est nécessaire à un développement harmonieux de l'agriculture centrafricaine. Selon des études d'identification réalisées par la FAO, des possibilités existent néanmoins en Centrafrique d'élargir l'agriculture en un certain nombre de cultures, il s'agit de :

- sériciculture : soie et soie d'araignée à travers la production biogénétique ;
- cultures fruitières : kolatier, mangue, papaye, agrume, mangoustan, grenadille ;
- cultures de la gomme arabique, du *jojoba* ;
- production du miel, de la cire ;
- culture maraîchère : cultures de contre saison ;

- culture des épices : piment, poivrier, gingembre ;
- culture des plantes médicinales, cosmétiques et à huiles : le ricin ;
- culture des plantes à parfum : giroflier, vanillier, ylang-ylang.

Ces cultures pourront servir de base à l'agro-industrie, parce que la plupart de ces productions nécessitent une transformation avant la commercialisation. L'avantage de la RCA à développer l'exportation de ces types de produits, est qu'il s'agit pour certains des produits non pondéreux qui peuvent supporter des coûts de transports élevés et pour lesquels certainement la Centrafrique dispose d'un avantage comparatif.

Promotion de la sériciculture

L'éducation du ver à soie était pratiquée en Chine depuis la plus haute Antiquité. De là, elle se transmit en Inde, puis au Moyen-Orient. La sériciculture consiste à faciliter et à contrôler le développement du bombyx, depuis l'éclosion de l'œuf jusqu'au moment où la chenille a fini de tisser son cocon. Pour cela, deux activités potentielles sont nécessaires : se procurer une grande quantité de feuilles de mûrier blanc, la nourriture préférée du ver à soie ; et disposer d'un local suffisamment chaud et aéré afin que les diverses mues de l'insecte se passent dans les meilleures conditions. La sériciculture nécessite d'abord de disposer d'une plantation de mûrier et de local aéré et chaud pour développer les vers à soie. Son avantage est qu'elle associe à la fois plusieurs activités telles que : l'agriculture, la sylviculture, l'élevage et le bâtiment.

La sériciculture présente donc un avantage certes dans la culture de mûrier, qui est une activité sylvicole donc de reboisement, peut également stimuler les activités piscicoles ; et elle détient également un avantage économique dans la construction des locaux nécessaires au développement des larves. Elle pourra stimuler la production de la branche Bâtiments et Travaux Publics qui va engendrer à son tour l'augmentation de la demande globale activant ainsi en conséquence une croissance générale de l'économie nationale.

Production de la soie d'araignée à base de mouton ou de tabac transgénique

Peut-on imaginer un polymère qui aurait la résistance d'un fil d'acier et qui serait en même temps deux fois plus élastique que le nylon ? Les applications d'un polymère artificiel ayant de telles propriétés seraient innombrables: médecine, bâtiment, habillement, sport, industrie automobile.

Ce polymère, impossible à fabriquer par l'homme jusqu'à présent, existe cependant à l'état naturel : c'est le fil de soie produit par l'araignée. Il suscite depuis longtemps les convoitises. Cinq fois plus résistant que l'acier, beaucoup plus extensible que le Nylon, le fil de soie est totalement biodégradable. En outre, ces fils présentent une élasticité qui fait défaut aux fibres synthétiques. Et aucune fibre ne peut se targuer d'avoir les mêmes propriétés. « C'est incroyable qu'un si petit animal parvienne à fabriquer un matériau si résistant qu'il arrête un insecte volant à 30 kilomètres à l'heure sans se casser, un faisceau de filaments de ce type, torsadés pour former un câble de la taille de votre doigt, aurait une résistance suffisante pour arrêter un avion en plein vol ou une balle ». s'étonne le Chercheur Jeffrey Turner, et affirme également que « Les protections balistiques actuelles sont extrêmement lourdes et peu flexibles, car elles contiennent des plaques en céramique. Grâce à la soie d'araignée synthétique, nous espérons pouvoir supprimer ces plaques et fabriquer un gilet qui serait beaucoup plus souple, plus confortable à porter, mais qui aurait les mêmes performances en matière d'arrêt des balles ».

La soie d'araignée est une microfibre naturelle biodégradable, plus mince qu'un cheveu (diamètre inférieur à 1/10 de celui d'un cheveu humain), mais qui serait trois à cinq fois plus résistante que l'acier et plus élastique que le Kevlar, un matériau breveté utilisé dans la fabrication des gilets pare-balles et des canots. Les propriétés étonnantes de la soie d'araignée sont connues de longue date. Pendant plusieurs siècles, diverses civilisations ont tenté de reproduire ces propriétés. Les Grecs anciens utilisaient la soie d'araignée pour la fermeture de plaies alors que les aborigènes de l'Australie en faisaient des lignes de pêche. Plus récemment, la soie d'araignée a servi à la fabrication de réticules pour nombre d'instruments optiques, notamment des microscopes, des télescopes et des systèmes de visée optique, du fait qu'un seul brin de soie d'araignée est plus fin que tous les autres matériaux utilisables, peut aussi être utilisée dans la fabrication des produits cosmétiques, la haute couture et la médecine (ligaments de rechange, des valves cardiaques, des veines artificielles, des implants chirurgicaux, la microchirurgie de l'œil ou des réseaux nerveux, prothèses osseuses), des fils de suture, des câbles optiques et des lignes de pêche.

En effet des chercheurs tentent d'imiter la soie d'araignée pour concevoir des matériaux d'une extrême légèreté mais suffisamment résistants pour résister à des contraintes de force précises : des gilets pare-balles plus légers et plus confortables que ceux en Kevlar actuellement utilisés par la police militaire. Ceux-ci ont d'abord pensé faire des élevages d'araignées afin de récupérer leur soie. Mais le projet a échoué à cause de l'instinct territorial et carnivore de l'araignée. L'animal n'est pas très sociable et dévore ses voisines tisseuses. Il n'est pas possible d'élever les araignées comme on le fait avec les vers à soie.

Une méthode perfectionnée réalisée par des entreprises canadienne, allemande et suisse, est le recours à des chèvres transgéniques dotées d'un gène responsable de la production de la protéine de soie de l'araignée (la fibroïne). Ces chèvres produisent du lait renfermant la protéine de soie, qui, une fois isolée et purifiée, est filée en fibre brevetée.

Pourquoi des chèvres ? La raison est simple : la lignée spéciale de chèvres a une reproduction et une lactation plus précoces que tout autre animal laitier, par exemple la vache. Ces deux avantages permettent d'accroître la taille du troupeau plus rapidement et d'entreprendre plutôt la production de protéines. Il est possible d'accroître le nombre de chèvres transgéniques pour produire davantage de protéines qu'on le pourrait avec un système de culture cellulaire. Dans certains cas, les systèmes de culture cellulaire sont incapables de produire la protéine visée en quantités significatives alors que les animaux transgéniques produisent de grandes quantités de protéines.

Un laboratoire canadien (québécois) a sélectionné une lignée de chèvres naines d'Afrique qui, de façon naturelle, ont une reproduction et une lactation précoces, a introduit le gène de synthèse de protéines de soie d'araignée dans le génome de deux boucs nains africains.

Cette expérience fait suite à la découverte du gène de la soie d'araignée (la fibroïne) par des chercheurs de l'université du Wyoming. Celle-ci a été produite en quantités infimes dans des cellules en culture puis en quantités plus importantes dans le lait de souris ayant reçu le gène (20 à 30 milligrammes de protéine par millilitre de lait). Ils ont ensuite procédé de même avec les boucs.

Dans cette étable québécoise, 150 chèvres et une poignée de brebis sont maintenues en bonne santé par cinq assistants. Elles produisent de la protéine de soie d'araignée dans leurs glandes mammaires. Pour Jeff Turner, la chèvre est l'animal le mieux approprié : les chèvres sont très intéressantes, car elles combinent la faculté de produire une descendance rapidement et de donner du lait en grande quantité. C'est donc une situation très avantageuse. Les vaches produisent une grande quantité de lait, mais les périodes de croissance sont très longues. Il faut beaucoup de temps pour passer du veau au lait. Un litre de lait contient environ 20 grammes de protéine de soie d'araignée. Après filtration, le lait reste propre à la consommation. Après son isolement et sa purification, la protéine est filée pour obtenir des fils de soie appelés bioacier.

Une autre option consiste à utiliser les biotechnologies pour transformer des plantes en usines de fabrication de protéines de soie d'araignée. Des chercheurs canadiens ont réussi à introduire des gènes d'araignée dans des plants de tabac mâles stériles en vue de produire de grandes quantités de protéines de soie. Le tabac est une plante qui a été étudiée pendant de nombreuses années et qui est à la base d'un système de culture en plein champ utilisé en « agriculture moléculaire ». Les chercheurs ont validé ce concept en produisant de petites quantités de protéines de soie d'araignée dans les feuilles de tabac.

Dans une serre de l'institut de phytogénétique et de recherches botaniques de Gatersleben, près de Magdeburg (Allemagne), on cultive en effet du tabac à soie d'araignée. Le tabac, plante favorite des généticiens, incorpore très facilement un matériau génétique étranger, pousse et se reproduit rapidement. Mais il peut produire seulement quelques millièmes de gramme de protéine de fil d'araignée. Les chercheurs envisagent donc de passer bientôt au soja ou à des pois.

Les matières non traditionnelles, comme la soie d'araignée, sont précieuses et devraient être produites à grande échelle par le secteur agricole pour répondre aux besoins des applications industrielles. Cette recherche offre donc une occasion au secteur agricole de jouer un rôle clé dans la création d'une nouvelle industrie de biofibres de pointe. La course pour la soie d'araignée a débuté au niveau mondial. Mais à ce jour, l'araignée reste la seule créature capable d'utiliser le matériau miracle.

Investir dans ce secteur permet à la RCA de privilégier un secteur porteur d'avenir (engagement dans la production des produits progressifs) sans supprimer pour autant les secteurs en régression relative (coton, café, tabac), c'est-à-dire que ce secteur dynamique à forte croissance représentera une part croissante du revenu, stimulera la recherche et le développement, chatouillera en permanence le secteur agricole qui engendrera une augmentation rapide de l'offre globale dopant ainsi l'économie par une forte amélioration de la rentabilité du capital.

Promotion de la gomme arabique

La gomme arabique (ou samr arabi en arabe), doit son nom à sa provenance de certains acacias d'Arabie. Des sources rapportent qu'elle serait originaire du Soudan. C'est de ce pays qu'elle était exportée vers les pays arabes, d'où son nom de gomme arabique. Les Égyptiens la connaissaient sous le nom de kami et l'auraient utilisée dès la troisième dynastie (2650 av J.C) pour assurer la cohésion des bandages de momies. Cette gomme aurait aussi pu servir à la fixation des pigments des peintures hiéroglyphiques. Le commerce de la gomme remonterait à près de 20 siècles. On rapporte qu'au Moyen-Âge, elle était entreposée dans des ports turcs avant son expédition vers l'Europe. Cela lui vaudra à un certain moment le nom de gomme turque.

Près de 900 espèces d'acacias sont susceptibles de fournir la gomme arabique, réparties avant tout dans la ceinture tropicale du globe. La plus grande production s'est très vite concentrée en Afrique, lui valant son autre nom de gomme Sénégal qui est une plante de la famille des léguminosae (définition du Comité mixte OMS-FAO 1999), sécrétion de divers acacias (légumineuses). Environ 80 pour cent de la production provient de l'Acacia Sénégal (au Soudan), le reste se partage par moitié entre l'Acacia laetia et l'Acacia seyal. La gomme s'écoule naturellement par des blessures de l'écorce des arbres ; en augmentant le nombre de celles-ci par action de la main de l'homme, on peut facilement augmenter le rendement. La production peut toutefois être très variable suivant les arbres, de 20 g à 2 000 g par individu; elle est en moyenne de 250 g par arbre.

Facilement soluble dans l'eau, la gomme arabique s'y disperse facilement, donnant un effet épaississant ou gélifiant. Ces caractéristiques lui confèrent plusieurs usages. La gomme est utilisée dans l'industrie pharmaceutique (pastilles, dragées, sirops, comprimés), dans l'industrie cosmétique (parfums, fards, savons liquides), dans l'industrie textile, en imprimerie comme encres et dans l'industrie alimentaire (aliments de régime, brasseries, boulangerie, chewing-gum et autres produits de confiserie). Bien connue pour le collage des étiquettes, des enveloppes ou des timbres, la gomme arabique a aujourd'hui bien d'autres emplois, dont alimentaires. Dans le domaine des peintures, toutes les gouaches et aquarelles classiques ont pour liant une solution aqueuse à concentration élevée de gomme arabique. C'est aussi le meilleur fixatif pour les pastels gras ou maigres.

L'on s'en sert également comme bois de chauffe au même titre que les autres plantes ; mais, elle est particulièrement appréciée pour la qualité de son charbon. Son bois, très solide, entre dans la fabrication des manches d'outils de travail. Certains tissus comme le basin sont amidonnés de gomme. Dans les constructions, on se sert parfois des débris de gomme, additionnés à de la terre, pour le crépissage des murs en terre. La gomme est également utilisée dans des cérémonies rituelles où elle est associée à de l'encens et brûlée.

Dans la pharmacopée, l'écorce de la gomme, en décoction, traite certaines dermatoses, des blessures, la dysenterie et la constipation. Son tanin sert également au tannage des peaux. La variété l'Acacia Sénégal est utilisée pour la fabrication de l'encre dont se servent les élèves de l'enseignement coranique pour écrire sur leurs tablettes.

Sur le plan de la pédologie, la gomme aide à la stabilisation des sols pauvres. Elle fixe l'azote de l'air et elle est un engrais naturel. Elle favorise une meilleure production culturale. Ses feuilles servent également de fourrage pour les animaux.

Une plante peu exigeante et une source de revenus substantiels pour les pauvres. La gomme présente donc plusieurs atouts. Elle a de faibles exigences écologiques (forte capacité d'adaptation à un climat aride) et elle aide à la régénération des sols. Tout en apportant des réponses aux préoccupations environnementales du pays, elle joue un rôle économique important.

Dans le cadre de la politique forestière ou du reboisement, le gouvernement centrafricain peut promouvoir la culture de la gomme arabique comme politique de lutte contre la désertification et constituer une véritable source financière pour les paysans exploitants, car elle a bien des perspectives importantes en termes de réduction de la pauvreté et est une chance pour les plus pauvres. Les gains financiers sont fonction d'une bonne organisation de la filière, une organisation qui soit à même de garantir des normes de qualité pour de meilleurs prix parce que la demande mondiale est de plus en plus croissante.

Pour promouvoir cette culture, il paraît essentiel pour les décideurs centrafricains d'observer quelques mesures suivantes : susciter l'adhésion des populations rurales à la valorisation de la filière gomme arabique en pratiquant notamment des prix d'achat incitatifs auprès des collecteurs et producteurs ; soutenir l'action des principaux bailleurs de fonds pour la prospérité et la pérennisation de la filière gomme arabique ; organiser les différents acteurs de la filière en vue de leur professionnalisation ; contribuer à la modernisation constante des systèmes d'exploitation, de production et de conditionnement de la gomme en vue de répondre aux normes de qualité requises ; développer des circuits commerciaux avec des utilisateurs, des transformateurs ; optimiser les avantages économiques et écologiques liés à l'exploitation de la gomme arabique ; entretenir des relations de partenariat avec des structures locales ou étrangères intéressées ; lutter contre la désertification par le reboisement et réduire la pauvreté en milieu rural par le rachat des producteurs.

La promotion de l'exploitation de la gomme arabique exige donc la mise en place de cinq composantes qui sont : la composante appui aux exportateurs, la composante professionnalisation de la filière, la composante pérennisation de la gommerie, la composante recherche et la composante appui au fonctionnement de l'unité de gestion.

Promotion du jojoba

L'un des tous premiers écrits à mentionner le *Jojoba* est le journal du père Junipéro Serra, c'était au XVIIIe siècle en 1769. En 1789, c'est au tour du père jésuite Clavijero de publier la « Storia della California ». Dans ce livre est mentionnée l'utilisation du *Jojoba* par les Indiens. Les noix leur servaient de nourriture tandis que l'huile servait pour l'alimentation. Cette huile est utilisée comme remède pour cicatriser les blessures, pour protéger la peau et les cheveux contre la sécheresse du désert (déshydratation).

La culture du *Jojoba* fut d'abord développée en Californie où fut créée une coopérative distribuant ses graines à ses adhérents. Ce sont les américains qui firent le plus de tests sur l'huile de *Jojoba* portant un intérêt à sa texture particulière. Cela a permis à deux chercheurs de l'université d'Arizona, Foster et Greene, d'établir un parallèle entre les constantes physico-chimiques de l'huile de *Jojoba* et le blanc de baleine. Étude étant la bienvenue qu'en 1971 les États-Unis interdirent l'extermination des baleines. Le *Jojoba* connut alors un grand boom.

En 1977, le célèbre élève Khairi du professeur Yermanos parvint à faire pousser le *Jojoba* dans les zones arides d'Afrique. Enfin en 1982, l'huile de *Jojoba* obtient même un soutien de la part du gouvernement du Soudan et des Nations Unies. Ils se réunirent lors d'une conférence pour favoriser la culture du *Jojoba* qui donne non seulement une huile très intéressante mais qui protège également les sols.

Le nom indien du *Jojoba* est « Hohowi » qui est ensuite devenu *Jojoba* en espagnol. C'est un arbuste épais et touffu. Les branches les plus basses sont les plus développées et forment généralement ainsi une demi-sphère. Pendant la croissance, les branches les plus basses, donc les plus jeunes, disparaissent avec l'ombre produite par la plante. Elle peut atteindre 5 mètres de hauteur. C'est une plante à racine pivotante ; cette racine principale assure l'ancrage et le stockage des réserves de la plante.

Ce système radiculaire du *Jojoba* maintient une stabilisation des sols et freine la croissance des déserts dans le monde. Il est également résistant face à des conditions de grande sécheresse, à tel point que cette dernière peut résister un an et demi sans apport d'eau.

Les feuilles sont de forme ovale, coriaces et velues sur les deux faces. Les jeunes feuilles sont d'un vert doux ou gris puis deviennent jaune verdâtre. Le *Jojoba* est une espèce dioïque, c'est-à-dire que les fleurs mâles et femelles apparaissent sur des pieds séparés. Il y a autant de pieds mâles que de pieds femelles.

Les fleurs femelles sont isolées de couleur vert pâle. Les fleurs mâles sont jaunes, petites et disposées en grappe de capitules. La floraison débute en mars-avril. Le fruit est une capsule et se développe en juillet-août.

L'arbuste étant brouté par les cerfs, chèvres et moutons, les bergers l'ont dénommé « noix de brebis ». Dans le désert de Sonora, le *Jojoba* vit en symbiose avec une petite souris Perognatus baileyi. Elle se nourrit de graines, creuse des terriers et facilitant ainsi la pénétration de l'eau dans le sol et les graines isolées peuvent alors germer.

Le nom latin du *Jojoba* est Simmondsia. Il appartient à la famille des Simmondsiaceae et à l'ordre des Euphorbiales. Les facteurs influant sur la culture du *Jojoba* sont :

- la température : les seuils critiques de température sont compris entre -5°C et + 50°C. Le *Jojoba* tolère des variations thermiques très importantes ;

- le sol : pour que la racine pivotante de la plante puisse se développer et capter l'humidité du sol, il faut que ce dernier soit profond. Le *Jojoba* aime les sols granitiques avec un bon drainage et une aération importante ;

- l'eau : de manière générale, la production est améliorée quand les années sont pluvieuses. Les jeunes plants nécessitent une irrigation continue ;

- le vent : est essentiel puisque la fécondation est anémophile (transport des grains de pollen par le vent).

Le *Jojoba* se développe dans un climat méditerranéen ou tropical. Sa répartition géographique potentielle est donc vaste. Les cultures les plus importantes se situent en Israël, en Australie et au sud des États-Unis.

Il est possible de réaliser des plantations de *Jojoba* grâce à trois techniques qui sont le semis, le bouturage et la culture de tissu.

Pour un rendement maximum : La proportion optimale est de 75 à 80 pour cent de pieds femelles et de 20 à 25 pour cent de pieds mâles pour une densité de 2 200 à 2 800 pieds à l'hectare. L'espacement entre les rangs doit être de plusieurs mètres de façon à ce que chaque plante bénéficie d'une quantité de lumière maximum non limitée par l'ombre occasionnée par le plant voisin. Le *Jojoba* est fort résistant aux maladies et aux insectes mais il existe toutefois des microorganismes dévastateurs pour les cultures de *Jojoba*, tels que le Phymatotrichum omnivorum aux États-Unis et l'Heliotis punctigera en Australie.

La récolte, qu'elle soit manuelle ou mécanisée, doit se faire quand les graines sont presque mures (même contenu en cire et en protéines) soit environ cinq mois après la floraison. L'huile de *Jojoba* a des applications au niveau thérapeutique et cosmétique :

- Usages pharmaceutiques : elle présente un intérêt par rapport aux antibiotiques. En effet, il a été démontré que des particules d'huile de *Jojoba* pouvaient micro-encapsuler la pénicilline ce qui permet l'administration orale de cet antibiotique. De plus, cette huile inhibe l'activité du bacille responsable de la tuberculose. Enfin, elle présente les propriétés d'un excellent antimousse. Elle est donc utilisée dans les milieux de fermentation pour la préparation des pénicillines ou des céphalosporines.

- Usages cosmétiques : l'huile de *Jojoba* traite efficacement l'hypersécrétion séborrhéique et les pellicules. De plus, son application sur des lésions acnéiques régularise la sécrétion de sébum et tend ainsi à combattre l'acné. Elle révèle aussi une action hydratante et adoucissante. Et enfin, elle est utilisée comme anti-oxydant pour protéger les formulations cosmétiques.

- Combustibles des véhicules diesels : la recherche des sources d'énergie renouvelable a poussé les ingénieurs à examiner de près l'huile de *Jojoba*. Ils ont donc conclu que l'huile de *Jojoba* est un carburant potentiel pour les véhicules diesels, parce qu'utilisée pour faire tourner un moteur, elle libère plus d'énergie et est chimiquement stable aux hautes températures et pressions que les anciens carburants, sa combustion prend légèrement du temps pour atteindre la pression maximale dans le moteur, faisant de sorte que le moteur tourne silencieusement. Le carburant de *Jojoba* contient moins de carbone que le diesel, l'émission de monoxyde et du dioxyde de carbone, du soufre est moindre ; à la différence du diesel, l'huile de *Jojoba* ne contient aucun soufre, l'émission est exempte d'oxydes nocifs de soufre, mais le moteur est moins exposé à l'attaque de l'acide sulfurique qui est corrosif, augmentant ainsi la durée de vie du moteur ; l'huile de *Jojoba* a également un point d'inflammabilité plus élevé que le diesel, montrant que son transport et son entreposage présentent moins de risques.

- Huile de moteur ou mélange de peinture: l'huile de *Jojoba* peut aussi être utilisée comme huile de transmission et d'engrenage différentiel. Elle a une grande capacité à résister aux températures élevées et à faire tourner les moteurs à grandes vitesses. Même les armes peuvent être lubrifiées avec l'huile de *Jojoba*.

Pour fabriquer le carburant diesel avec les noix de *Jojoba*, il faudrait produire une grande quantité de noix, d'où la culture du *Jojoba* présente un grand défi pour l'agriculture ; sa culture nécessite un lourd investissement pour le secteur privé que pour l'administration publique. Le *Jojoba* futur remplaçant du diesel et favorable à être développé dans des climats chauds, des sols salés ou dans le désert, est cultivé actuellement par les fermiers arabes d'Égypte spécifiquement pour la production de carburant.

L'ONUDI estimait, en 1995, la demande annuelle potentielle à 65 000 tonnes mais la production reste très faible (quelques centaines de tonnes) et ne progresse pas. L'avenir de ce produit, certes remarquable mais trop cher, est lié à l'augmentation de l'offre et à la baisse concomitante du prix. Faute de quoi l'utilisation de l'huile de *Jojoba* restera limitée à des produits de luxe ou des produits stratégiques.

Promotion du ricin

Le ricin est une plante originaire du nord-est de l'Afrique et du Moyen-Orient. C'est au XVIe siècle que Stillmark découvre que les graines de ricin contiennent une protéine toxique : la ricine. Il en découvrira plus tard son processus d'action. L'huile de ricin est depuis longtemps utilisée en cosmétologie, elle est aussi utilisée comme lubrifiant pour moteur du fait que sa viscosité ne varie pas entre les différentes températures. L'huile de ricin intervient également dans la fabrication d'élastomères de nylon et de fibres comme le rilsan. Les Égyptiens le cultivaient et l'utilisaient au moins pour s'éclairer, il y a 6 000 ans. Il a été répandu, il y a très longtemps vers l'Inde et la Chine et au 16e siècle en Amérique.

L'huile est constituée majoritairement de triacylglycérol dont l'acide gras en C18 (insaturé et hydroxylé) : l'acide ricinoléique. C'est un purgatif drastique longtemps utilisé comme laxatif, mais c'est surtout une huile industrielle : lubrifiant des moteurs tournant à très haut régime, matière première dans l'industrie des polymères (RILSAN) et source d'acide undécylénique (substance antifungique et industrielle).

Cette plante robuste s'est acclimatée dans les régions tropicales et subtropicales du monde entier. Elle pousse à l'état sauvage en Centrafrique. Les feuilles renferment un alcaloïde la ricinine qui peut provoquer une intoxication du bétail. Les graines sont riches en huile et en protéines : 40 à 60 pour cent d'huile, 15 à 20 pour cent des protéines et contiennent une toxalbumine très dangereuse : la ricine.

Beaucoup de populations préparent encore une huile domestique : les graines sont pilées et cette pâte plus ou moins homogène est chauffée et placée sur un tamis qui permet à l'huile de s'égoutter.

Les feuilles de ricin s'utilisent traditionnellement en emplâtre contre les douleurs rhumatismales et en « lavage externe », chez les indiens palikours de Guyane, pour se remettre « en forme » après un accès fébrile prolongé; en usage interne, l'effet laxatif est atteint avec une cuillerée à café, l'effet purgatif drastique avec une à deux cuillerées à soupe, mais cet usage n'est pas à conseiller.

Le caractère glycoprotéique de la toxine et ses capacités de poison cellulaire ont permis d'envisager son utilisation couplée à des anticorps monoclonaux pour créer ainsi une immunotoxine dirigée spécifiquement sur un antigène. Cette torpille biologique permettrait d'atteindre les cellules cancéreuses métastasées ou de pénétrer l'intérieur des tumeurs solides inopérables. Des protocoles thérapeutiques complexes associant cette immunotoxine (de ricine) avec des médicaments cytostatiques ou des radio-isotopes sont envisagés.

Actuellement, Il est cultivé en Asie, au Brésil, dans la CEI, au Mexique et aux États-Unis, principalement pour son huile issue des graines. Cette huile a longtemps été utilisée en pharmacopée pour ses propriétés purgatives. Elle contient une protéine unique : l'acide ricinoléique. Les usages industriels dominent aujourd'hui : fabrication de lubrifiants, plastiques, peintures et teintures. Ses caractéristiques en font un excellent lubrifiant pour les armes et dans l'aviation: résistance à la chaleur, point de congélation bas, viscosité élevée et constante quelle que soit la température, faible solubilité dans l'essence.

La demande européenne d'huile de ricin est de l'ordre de 100 000 t par an. Et que les États-Unis sont le premier pays importateur et consommateur d'huile de ricin. Ils importent entre 40 000 et 45 000 t d'huile de ricin et de ses dérivés chaque année. Du fait d'une demande limitée, la production est régie par des contrats entre agriculteurs et industriels. Cette huile est principalement utilisée comme lubrifiant pour les armes. D'où la nécessité pour la République Centrafricaine d'exploiter l'ouverture de cette fenêtre d'opportunité qui lui est offerte.

Promotion des épices et aromates

L'histoire des épices débute 4 000 ans avant notre ère sur la côte de Malabar au sud-ouest de l'Inde. Le premier homme à cueillir du poivre pour améliorer le goût de son riz fut le précurseur d'une course folle dans la recherche de nouvelles flaveurs permettant d'agrémenter sa nourriture de base. L'Amérique Centrale et le nord de l'Amérique du Sud sont le berceau de plusieurs épices : la vanille, le piment mais aussi la tomate, les haricots, le tabac etc. Les grands découvreurs du XVe et du XVIe siècle ont favorisé l'apparition de nouvelles épices : Piment, vanille. Voici par exemple l'histoire du muscadier. Cet arbre fournit des fruits toute l'année, jusqu'à 2 000 graines par an et par arbre, et ce, sans soin particulier et pendant plus de 80 ans. Et pourtant la livre de macis se négociait à la fin du Moyen-Âge l'équivalent d'une demi-vache et de trois moutons. Durant tout le Moyen-Age les différents pouvoirs en place en Europe ont largement profité du négoce des épices pour lever de très lourdes taxes. Les épices, et le poivre en particulier, ont très souvent été utilisées comme monnaie à part entière.

Les sommes d'argent colossales que représentait le négoce de ces produits d'épicerie ont sans arrêt attisé les rivalités et la concurrence fut impitoyable entre les différentes puissances de l'époque : Les Anglais prendront pieds aux Indes. Les Hollandais en Inde orientale (Indonésie). La France s'installera à Madagascar et à l'île Bourbon (île de la Réunion). Les Portugais, qui contrôlaient en 1524 : Java, Sumatra, Malacca et Madagascar se replieront plus tard vers l'Afrique et le Brésil. Les Espagnols, surtout présents en Amérique du Sud et aux Philippines feront connaître au reste du monde : La vanille, le piment et la tomate. Pierre Poivre, un nom prédestiné, mettra 22 ans (de 1748 à 1770) pour briser le monopole sur les muscadiers et les girofliers. Ce monopole avait été mis en place par le Portugal, il fut maintenu ensuite par la Hollande. Aujourd'hui, c'est le Zanzibar (Tanzanie) qui est le premier producteur de clous de girofle.

La culture des épices et aromates (le clou de girofle, la vanille, le safran, la cardamome et les noix de muscade) à grande échelle en Centrafrique présente un intérêt non indéniable, parce que la République centrafricaine réunit toutes les conditions naturelles pour le développement de nouvelles filières porteuses de croissance, leur production constitue un important atout pour les opportunités d'exportation.

Le cumin noir

Le cumin est originaire du bassin méditerranéen dans la vallée du Nil ou de l'Asie mineure. Son utilisation en Égypte date, il y a au moins cinq mille ans. Chez les Égyptiens, le cumin avait des vertus médicinales. De plus, les tombeaux pharaoniques étaient parsemés de graines de cumin par les membres des familles pharaoniques. Les hébreux ont même utilisé cette graine comme moyen de dîme dans les églises. D'après d'anciens écrits tels la Bible, le cumin servait de monnaie d'échange pour payer des dettes. Au Moyen Âge, les serfs l'utilisaient comme monnaie d'échange pour s'affranchir. En ce temps-là, le met au cumin principal était le poisson.

L'Huile de cumin noir était déjà connue comme un remède précieux. Les pharaons étaient soignés par leurs médecins personnels pour les maladies les plus variées avec l'Huile de cumin noir. Lors de l'ouverture du tombeau du Pharaon Toutankhamon, des archéologues trouvèrent une fiole d'Huile de cumin noir, qui devait sans doute adoucir les souffrances dans l'au-delà. Des mémoires nous apprennent que l'Huile de cumin noir a exercé ses vertus bienfaisantes sur Cléopâtre et Néfertiti. Dans le livre de la guérison de l'âme, un ouvrage écrit au 10e siècle par le médecin et philosophe Ibn Sina, l'Huile de cumin noir est sans cesse mentionnée comme remède naturel à cause de son rayon d'action varié. Le prophète de l'Islam Mahomet (570-632 après J. C.) immortalisa l'Huile de cumin noir dans son célèbre livre « Hadith » avec les mots : « l'Huile de cumin noir guérit toutes les maladies sauf la mort ».

Il est privilégié dans la fabrication de nombreuses médications. Les vertus de cette huile sont innombrables, en agissant sur le système de défense de l'organisme, elle aide à renforcer le système immunitaire qui permet de combattre les allergies, l'asthme, l'eczéma, le psoriasis, les rhumatismes, le rhume des foins. L'une des propriétés essentielles de l'Huile de cumin noir est l'apport en acides gras insaturés qui jouent un rôle essentiel dans le métabolisme. Ces acides gras insaturés ont une action bénéfique sur le taux de cholestérol, l'hypertension, les inflammations, le diabète. L'huile de cumin noir a également une action bénéfique sur la candidose (candida albicans) et autres affections mycosiques.

Programmer le processus de développement

« La tâche fondamentale de la programmation du développement consiste à libérer les énergies de la population, afin qu'elle puisse faire ce qui doit être fait pour relever le taux de croissance économique ».[4] Parce que selon Winston Churchill, cité par W. Rostow (1981), « les détenteurs d'un corps théorique déterminé et de convictions profondément enracinées sur lui seront dans une bien meilleure position pour faire face aux changements et aux surprises des affaires quotidiennes que ceux qui se contentent de brefs aperçus et qui suivent leurs impulsions naturelles qui naissent de leurs lectures quotidiennes ». Ainsi avec un véritable effort de cohérence et de programmation,[5] on peut :

- procéder au rééquilibrage du territoire, c'est-à-dire, tirer le meilleur parti possible des synergies de l'offre et de la demande rurale, de l'offre et de la demande urbaine en favorisant les interactions complexes car la stagnation agricole entrave la croissance, elle empêche l'amélioration du niveau de vie des habitants en restreignant leur pouvoir d'achat et restreint également les possibilités d'industrialisation ;

- réduire les disparités villes-campagnes : le revenu des agriculteurs ne croit que si leur productivité et leurs rendements augmentent. Or cet accroissement résulte d'une expansion de la demande. C'est le développement des villes qui assure progressivement l'essor de la demande des produits alimentaires, laquelle à son tour permet aux agriculteurs d'acheter des produits manufacturés. La croissance de la productivité et des rendements a pour effet de réduire progressivement les prix des denrées alimentaires. le revenu réel des urbains augmente et ainsi que leur demande. Le taux d'échange villes-campagnes se dégrade au détriment des agriculteurs suite à une baisse des prix des denrées alimentaires. Mais le revenu réel des agriculteurs continue d'augmenter si la croissance des quantités produites et vendues fait compenser la baisse des prix des produits agricoles, d'où le développement des villes est une condition nécessaire de celui des campagnes ;

- favoriser des procédés technologiques ou institutionnels ;

- provoquer de nouvelles synergies entre les filières de l'économie informelle et celles de l'économie moderne.

L'économie centrafricaine est mal intégrée et le pays a devant lui un important travail de programmation, d'aménagement du territoire et d'études de marché pour l'exportation, que de petites équipes de planificateurs[6] entreprenants, réalistes et compétents pourraient mener à bien. L'idéal serait que ces équipes soient suffisamment autonomes et en prise avec des médias indépendants pour que les stratégies et les scénarii examinés fassent l'objet de débats publics. Cette équipe aura pour mission :

- de constituer des bases de données et de se relier sur Internet aux centres de recherche qui dans le monde, capitalisent de l'information sur le pays, la sous-région et le reste du monde ;
- de comprendre l'emboîtement complexe de la société, de l'économie centrafricaine et sous régionale ;
- d'examiner d'un œil critique ce qui se fait ailleurs , de scruter les nouveaux horizons de débouchés pour les exportations ;
- d'identifier les secteurs porteurs de l'avenir, ceux qui développent le maximum de synergie entre le marché intérieur et les exportations ;
- favoriser la constitution de quelques groupes puissants de paysans et d'acteurs du secteur informel de production.

Réorienter l'aide au développement

Face aux exigences actuelles de réduction du déficit budgétaire et de l'amélioration des grandeurs macroéconomiques, une nouvelle politique de l'aide à laquelle l'apport des bailleurs de fonds est nécessaire. L'exigence de l'efficacité[7] de l'aide, obligerait à centrer celle-ci sur le marché intérieur sans négliger les exportations.

Le financement de la relance du marché intérieur devrait être une priorité pour les donateurs à condition que la relance s'inscrit dans une stratégie économique d'ensemble. C'est dans cette stratégie que l'aide pourrait trouver son efficacité, elle pourrait aider à financer les économies informelles de production, appuyer des recherches de valorisation des ressources locales, la formation à la réflexion des petits entrepreneurs individuels. L'aide doit être concentrée dans les secteurs et les activités (en incluant l'offre des biens et services de base) où les efforts suscitent le maximum d'externalités cumulatives.

L'aide a un sens parce que la pauvreté fait obstacle au jeu du marché. Mais les donateurs démultiplieraient l'efficacité de leur appui en facilitant une relance de la demande intérieure et la mise en œuvre d'une programmation stratégique. Ils pourront ainsi intervenir en amont des processus de production, soit dans le financement des secteurs sensibles soit dans la mise en œuvre d'organes de développement des zones rurales, de l'économie informelle de production, du secteur social et des exportations.

Les conditions de réussite de la politique d'ouverture à l'extérieur

La République centrafricaine, pays plus démuni et pays pauvre très endetté, sa seule solution pour maintenir une croissance longue, sans heurt social, est de faire de son marché intérieur, du marché sous-régional et régional, le point d'appui qui permet à tous les acteurs, les pauvres ou non, d'améliorer leur niveau de vie, d'accéder aux biens et services de base. L'objectif est de mieux intégrer les divers secteurs, l'espace géographique, social et économique. C'est en apprenant sur le marché intérieur que les unités de production seront en mesure de produire pour l'exportation et c'est ainsi que les exportations auront un effet d'entraînement sur le reste de l'économie.

La fameuse stratégie en V du Japon à l'époque de la construction et de l'intégration de son économie en est une illustration, c'est-à-dire en premier lieu on importe, puis on produit localement et on exporte en dernier lieu.

La relance ne peut avoir de sens que si elle conduit à une économie soutenable à plus long terme, non structurellement déficitaire du point de vue de l'emploi, des comptes extérieurs et des ressources naturelles non renouvelables.

La stratégie qui conduit à une économie soutenable doit s'appuyer sur la relance de l'économie par un accroissement de la productivité, des rendements dans les petites entreprises individuelles ou familiales, dans l'agriculture par des investissements dans les moyens de communication ainsi que dans la recherche des solutions alternatives.

Des taux de croissance plus élevés et une stratégie de développement intelligente devraient permettre de réduire progressivement les déficits, mais surtout de susciter la croissance de la productivité et du rendement. Les articulations de cette stratégie peuvent se présenter comme suit :

- l'existence d'un moteur initial, un accroissement de l'offre agricole par une agriculture intensive en travail et en intrants, capable de faire jouer de bonnes synergies ;

- l'offre excédentaire agricole cherchera des débouchés par les exportations ;

- l'effort systématique des investissements en infrastructures, information, communication, appui suffisant en organisation, formation et auto-formation, peut relancer l'économie suite à un assouplissement du remboursement de la dette ou de son annulation (permettant de desserrer l'étau budgétaire) ;

- l'augmentation de la production locale suite à ces investissements devrait favoriser la croissance de la productivité des petites entreprises individuelles rurales et urbaines ;

- l'expansion des revenus agricoles induit par la croissance de la demande, suscite en retour une demande accrue de biens et services en ville et à la campagne : les services de proximité stimulent dans les zones rurales et urbaines la petite production artisanale et semi-industrielle des villes et des campagnes ;

- l'expansion des exportations suite à une offre excédentaire permettant la remontée vers l'amont du processus de production, consolide le processus du développement et d'une croissance longue ;

- le renforcement et l'adaptation des institutions formelles et informelles de crédit afin d'augmenter la production et la productivité des agents du secteur informel de création et du secteur agricole ;
- l'affectation de l'aide au développement aux petits producteurs informels et agricoles.

Cette stratégie de développement pour pouvoir réussir, devra être couplée ou jumelée à une réorientation volontariste des actions des gouvernants dans trois directions, conditions sine qua non de l'augmentation de l'offre effective :

L'État assureur-aplanisseur

En réalité, c'est l'État qui détient les clés de la compétitivité des entreprises et des gouvernés, pour cela, il doit favoriser en premier lieu l'action des agents économiques, principalement celle des entreprises en créant un environnement légal, fiscal et normatif adapté à l'épanouissement de celles-ci ; en second lieu, l'État doit favoriser la constitution d'espaces économiques régionaux afin d'obtenir un meilleur environnement de croissance, il doit contribuer également à la création des fonds de garantie.

L'État courtier

Une des conditions de réussite de l'ouverture à l'extérieur, est que l'État doit s'investir dans la conquête des marchés extérieurs pour ses agents économiques et ses entreprises. Pour ce faire, il doit lier désormais l'évolution de la carrière des diplomates à leurs performances économiques, cet investissement au profit des exportations doit s'accompagner d'une réorientation des services des ambassades au profit de l'information ou du renseignement économique.

L'État maître des horloges

Le principal rôle de l'État est que celui-ci doit se vouer à créer un environnement national compétitif : c'est-à-dire qu'il doit concevoir, développer un système d'éducation, de recherche et de technologie, de prévision performant ; qui seul représente le gage d'une compétitivité accrue des entreprises vers l'extérieur et d'emplois à haute valeur ajoutée. Parce que, selon Jean François Daguzan (1999), seuls les entreprises et les États qui seront les plus à même de supporter et de vaincre dans la compétition économique mondiale, seront ceux qui disposeront et offriront les meilleures conditions de travail et d'épanouissement, non pas en terme de bas salaires mais de production d'intelligence, d'imagination et d'anticipation.[8] La base de succès est alors assurée, d'une part, par un système maillé d'infrastructures de communication et de télécommunication, et, d'autre part, par un système performant de formation et recherche. Ce sont ces deux éléments qui conditionneront à la fois l'accès à la production effective et au marché, et à l'excellence dans la production et dans l'innovation.

L'État devra jouer également un rôle très important dans le renseignement économique et la prospective, parce qu'il doit assurer aux entreprises les instruments de leur futur développement en dégageant les meilleures options commerciales et technologiques, en favorisant la concentration de la recherche de base, en organisant un système exceptionnel de veille technologique, en travaillant avec les entreprises sur les normes et les standards, et en contribuant à la pénétration des entreprises sur les marchés extérieurs par le biais d'une diplomatie économique. Pour Philippe Caduc, l'intelligence économique et la prospective est qu'un État doit être « anticipateur, pourvoyeur et accompagnateur ».

En définitive, l'un des éléments discriminant en matière de compétitivité économique où l'État a un impact décisif est « la constitution, le maintien et le développement d'une base scientifique et technique » ; puisque l'entreprise puise sa capacité de croissance dans le tissu d'hommes produits par la société dans laquelle elle évolue, et dans les connaissances de base produites par le système de recherche (Paul Krugman 1990), ce que Jean-Baptiste Say (1828-1829) illustre par un gouvernement promoteur des lumières et organisateur de l'harmonie des intérêts.

Notes

1. Watkins, M. H., 1963, « A Staple Theory of Economic Growth», *Canadian Journal of Economic et Political Science.*

2. La France affecte 75 pour cent de sa production à la demande intérieure et 25 pour cent à l'exportation en 1998 ; *Jeune Afrique Hebdomadaire*, décembre 1999.

3. Georges Pupion, Gabriel Poulalion, 1990, *Macroéconomie : fondements et formalisation*, Paris : Vuibert.

4. Lewis, W. Arthur, 1979, *Développement économique et planification*, Paris : Payot.

5. Pour Eugène Black : « Entre les idéalistes, qui sont plus intéressés par le fait d'imposer des solutions que par le fait de faciliter des choix, et les cyniques qui mettent en doute la planification, dans toutes ses acceptions, il existe, je crois, une définition rationnelle de ce concept, que l'on devrait approfondir. La planification, simplement définie, devrait être une instance où le dirigeant politique prend conscience des conséquences de ses décisions avant de les adopter, et non après. Si l'on pousse cette définition plus avant, elle devrait constituer le moyen de maintenir ouvertes les lignes de communication entre ceux qui prennent les décisions, ceux qui les éclairent, et ceux qui les exécutent.

   Quelles que soient les formes qu'adoptera la planification, si elle ne garde pas ces lignes de communication ouvertes, ce sera la pagaille ».

6. La République centrafricaine aurait tiré parti de la dévaluation du franc CFA si elle avait pu bénéficier de modèles de simulation capable d'indiquer des politiques les plus appropriées à cette situation.

7. L'importance de l'aide réside aussi dans les apprentissages patients de nouveaux savoir-faire, des idées neuves, des changements de perspective, de la maturation des esprits et les externalités positives qui en découlent.

8. Jean-Baptiste Say (1803, 1817, 1828-1829) affirme que : « ce n'est pas que les particuliers ne soient intéressés au maintien et au progrès comme les autres ; mais ils n'y sont pas aussi directement intéressés ; le déclin qu'ils éprouvent ne les exposent pas à une perte immédiate, et un grand empire pourraient rétrograder jusqu'aux confins de la barbarie et du dénuement avant que les particuliers se fussent aperçus de la cause qui les y pousse ... On conçoit alors qu'ils convient à une nation de faire des sacrifices en faveur de l'instruction de ses membres, et comme le gouvernement est chargé des intérêts de la communauté, on conçoit qu'il doit consacrer à l'instruction une partie des dépenses publiques ».

Chapitre 10

Les piliers et les leviers de la croissance en Centrafrique

Dans ce chapitre, nous allons proposer les stratégies ou les actions à entreprendre par les décideurs centrafricains, d'une part, dans les secteurs de production qui sont les locomotives, et d'autre part, sur les facteurs qui déterminent la compétitivité des secteurs sur lesquels il faut agir pour réduire les coûts, améliorer la compétitivité et accélérer la croissance. Donc nous entendons par piliers les branches porteuses de croissance et de leviers les facteurs de production.

Les piliers de la croissance

Des analyses faites dans le chapitre précédent sur les branches clés de l'économie centrafricaine ont permis de déceler quelques branches clés dynamiques, c'est-à-dire celles qui sont capables d'impulser et de stimuler la demande et l'offre par effet de feedback ou de rétrocontrôle. Il s'agit de l'agropastorale, des biens de base et de production, des biens d'investissement, de la construction, de l'énergie, du transport et télécommunication, du commerce, des hôtels, bars et restaurants et les autres services marchands. Ces branches clés dynamiques peuvent être regroupées en trois secteurs, qui sont l'agriculture, l'industrie et les services.

L'agriculture

Comme cela a été dit à de multiples reprises, le problème essentiel de l'agriculture centrafricaine est sa faible productivité, car celle-ci ne permet pas de rémunérer correctement les producteurs, ni d'être compétitive. En fait, il n'y aura pas de développement possible en Centrafrique sans un accroissement de la productivité agricole. Cette amélioration de la productivité passe d'abord par l'utilisation de pratique culturale mécanisée et d'intrants améliorés, puis par un audacieux programme d'investissement accompagné de mesures appropriées et diversifiées.

Toute mesure ne pourra produire les effets attendus qu'à la condition qu'elle réponde aux besoins et attentes du monde rural et aux contraintes qu'il endure.

La RCA disposant d'importants atouts en terre abondante, une des meilleures prairies d'Afrique, fertile et bon marché, manque d'entrepreneur agropastoro-piscicole. Ce qui limite les ambitions des petits agriculteurs, puisque la majorité de ceux-ci n'ont pas le comportement d'un entrepreneur qui cherche à maximiser ses profits et apte à prendre les risques du marché. L'action que doit mener les décideurs centrafricains, dans un premier temps, c'est de faire recours à des investisseurs étrangers, qui sont prêts pour une agriculture biologique ; il est même souhaitable que le gouvernement crée des zones franches agropastoro-piscicoles.

Ainsi pour la Centrafrique, pays très pauvre, la stratégie optimale de développement et de réduction de la pauvreté aura besoin d'une agriculture dynamique, mais surtout tournée vers la production exportable, qui sera le principal générateur de revenu et de croissance pour la campagne. Pour ce faire le gouvernement doitrenforcer son rôle d'appui aux opérateurs économiques (encadrement, recherche et développement, information sur les conditions de marché), tout en engageant des efforts pour développer les infrastructures d'appui (transport, électricité, eau, etc.) et améliorer la qualité des ressources humaines (éducation de base, encadrement technique et commercial). C'est dire que la productivité globale augmentera si le gouvernement peut réduire de façon drastique l'analphabétisme et prendre des mesures nécessaires pour mécaniser l'agriculture : l'augmentation rapide du taux d'alphabétisation et la naissance d'une nouvelle classe d'entrepreneurs agricoles pourront entraîner la hausse de la productivité totale des facteurs.

L'apparition de nouveaux entrepreneurs[1] agricoles engendrera de nouveaux modes de production allant de la maîtrise de l'eau, des techniques d'irrigation par la diversification des produits exportables afin de stabiliser la production. En somme, la technologie de production irriguée augmente le bien-être des populations concernées, se traduisant également par une variation notable de la productivité du travail familial. La promotion de ce mode de production pourra améliorer la santé des populations indirectement, à travers une moindre sensibilité des revenus aux aléas climatiques qui réduit les risques d'insécurité alimentaire et augmente la valeur du patrimoine des paysans.

Pour mieux assurer un développement durable et équilibré, les politiques doivent promouvoir l'intégration des activités agropastoro-piscicoles et la sylviculture, parce que l'intégration de la production animale aux systèmes de production agricole encourage l'intensification de la production des cultures vivrières et des cultures de rapport ainsi que le maintien de la fertilité du sol. Pour ce faire, les gouvernants doivent :

- créer un cadre incitatif à l'initiative privée dans le domaine de l'équipement, l'aménagement, l'approvisionnement, la production et la commercialisation favorisant les investissements dans le secteur agricole ;

- mettre l'accent sur la recherche et la formation des producteurs et des conditionneurs pour améliorer la qualité des produits à l'exportation ;

- assainir les circuits commerciaux en intrants et des produits agricoles afin d'améliorer la compétitivité des filières à fortes potentialités de croissance ;

- supprimer les barrières et contrôles (postes servant de rackette) qui entravent inutilement la libre circulation, afin d'améliorer les capacités d'intervention des différents acteurs économiques ;

- mettre en place un cadre réglementaire favorisant une agriculture contractuelle dans l'offre des produits biologiques et de certains produits spécialisés d'exportation tels que le sésame, les courges, les cultures de contre-saison, qui sont sans doute des produits prometteurs, surtout le développement de la production du sésame blanc qui est une variété prisée sur le marché international.

L'agriculture contractuelle est également aussi appropriée pour amorcer la production agricole en Centrafrique, car elle peut susciter un effet d'entraînement dans tous les secteurs de l'économie nationale. Ce type de pratique agricole fait une bonne combinaison entre l'entreprise et les paysans producteurs en fonction du besoin ou de la demande de l'entreprise contractuelle, car l'entreprise est capable de se couvrir contre les risques du marché en diversifiant ses productions en plusieurs produits agricoles biologiques ; elle peut utiliser également divers instruments de couverture sur les diverses bourses internationales pour garantir un prix aux producteurs en début de campagne, garantir l'enlèvement des produits en fin de campagne, garantir en fin de compte le label biologique de ses productions afin de faire passer les normes de qualité dans ses relations contractuelles avec les paysans producteurs.

Les industries

En faisant jouer la synergie entre l'agriculture et l'industrie tout en poursuivant une stratégie gradualiste[2] (car les politiques gradualistes apportent moins de souffrance à court terme, plus de stabilité sociale et politique, et plus de croissance à long terme), la République centrafricaine peut amorcer son développement. Pour qu'un tel programme réussisse, il faut d'abord un gouvernement relativement fort et honnête, soucieux d'améliorer le bien-être collectif, c'est-à-dire, un gouvernement capable de créer l'infrastructure institutionnelle, des réglementations bancaires, des filets de sécurité pour faire fonctionner une économie de marché. Les soubassements de l'économie de marché sont :

- les institutions financières qui prêtent aux nouvelles entreprises ;

- des lois qui font respecter les contrats et soutiennent la concurrence ;
- un pouvoir judiciaire indépendant et honnête.

Il y a d'État que pour une action définie, il n'y a d'action définie que par la détermination d'une fin et d'une règle. D'où la nécessité pour les gouvernants d'édifier les infrastructures institutionnelles de base d'une économie de marché afin que la RCA puisse saisir l'opportunité de développer de nouveaux tissus industriels tout en visant le marché régional et international.

Des analyses faites à la suite d'une enquête sur « L'emploi et la réduction de la pauvreté » menée par Roger Yele et Mbaïkoa Léon en octobre 2004 auprès des promoteurs d'emploi, et des organismes défenseurs des droits des travailleurs et autres organisations non gouvernementales, il ressort à la question « Selon vous, que doivent faire les autorités publiques pour réduire le chômage et améliorer la productivité des entreprises ? ». Beaucoup ont répondu comme suite :

- faciliter l'installation de nouvelles entreprises ; favoriser l'émergence des petits métiers ;
- élaborer une politique en matière de réduction du chômage, encourager les populations à l'auto-emploi ;
- élaborer une politique en matière de développement des entreprises : relecture des lois et définition des conditions sur le licenciement pour protéger les employeurs ; définition d'un cadre légal adapté et équitable pour tous(en matière d'emploi) ; création d'une structure centralisée et allégée pour la création de nouvelles entreprises, mise en place d'une politique fiscale attrayante ;
- améliorer l'environnement politico-économique, créer et développer la chaîne de transformation agricole ; alléger certaines charges et formalités afin de favoriser les investissements et encourager le développement du secteur informel ; asseoir une politique douanière et fiscale incitative pour la création d'emploi ;
- garantir la sécurité des investissements, adopter la politique tripartite, les autorités publiques devraient tout mettre en œuvre pour restaurer la paix et la sécurité, encourager l'épargne locale, relancer la production intérieure ;
- reconquérir la confiance des partenaires au développement en vue de relancer la production industrielle : pour améliorer la productivité des entreprises, il est souhaitable de mettre l'accent sur les formations qualifiantes, la modernisation des méthodes de production par les investissements.

Les études réalisées par le PNUD sur comment faire pour redémarrer le secteur industriel en Centrafrique confirment les réponses des enquêtés et recommandent les actions suivantes :

- la restauration de la sécurité tant dans les villes de province qu'à Bangui pourra favoriser la circulation des biens et des personnes et influencera positivement les décisions d'investissement ;

- la lutte contre l'incivisme et la restauration de l'autorité de l'État en vue d'un meilleur fonctionnement de l'Administration. Les lourdeurs des procédures administratives, l'opacité dans l'application des textes, les phénomènes de corruption, la démotivation des fonctionnaires, ont un impact négatif sur l'environnement des entreprises ;

- l'amélioration du fonctionnement quotidien de l'administration : de nombreuses mesures considérées depuis longtemps comme nécessaires à l'amélioration de l'environnement des entreprises et ne nécessitant pas de moyens financiers ne sont pas mises en œuvre du fait de dysfonctionnements dans le système de suivi au sein de l'administration : textes bloqués dans le circuit d'approbation, décrets d'application non pris etc. ;

- l'amélioration du climat des affaires par une plus grande sécurité sur le plan juridique et judiciaire, notamment par la mise en conformité des textes nationaux avec les dispositions des Actes uniformes de l'OHADA, et l'adoption du texte juridique organisant le Tribunal de Commerce, ainsi que sa dotation en ressources humaines (juges) et moyens minima de fonctionnement ;

- l'instauration d'un véritable partenariat entre l'État et le secteur privé, en particulier par la mise en place d'un cadre de concertation formel ;

- la simplification des formalités et procédures administratives par la mise en place d'un véritable guichet unique encouragera la transparence tout au long du parcours de l'investisseur ;

- le renforcement de l'équité entre les opérateurs économiques par une plus grande efficacité des administrations fiscales, douanières et du commerce ;

- la restructuration et la redynamisation de la Chambre de Commerce, d'Industrie, des Mines et de l'Artisanat (CCIMA) qui est aujourd'hui la seule structure d'appui aux entreprises. La Chambre de Commerce doit retrouver les moyens de fonctionnement (centimes additionnels, loyers) en vue de lui permettre de se restructurer et d'offrir des services adéquats en matière d'information, de formation et d'accompagnement des opérateurs économiques.

En fait, il ressort que les gouvernants doivent créer l'infrastructure institutionnelle : cadre juridique sain, guichet unique pour la création des entreprises, des banques capables de prêter aux nouvelles entreprises et surtout des filets de sécurité. Car les changements institutionnels exercent des effets potentiels sur la croissance, véhiculent de profondes variations dans le système des incitations, facilitent le renforcement de la concurrence et l'ouverture à l'extérieur.

Ainsi pour pouvoir maintenir la stabilité sociale, le gouvernement afin d'éviter le chômage massif improductif qui pourrait détruire celle-ci, doit accorder une importance particulière aux réformes démocratiques. Puisque la stabilité sociale est importante pour la croissance, Stiglitz (2002) affirme que « tous ceux qui connaissent l'histoire de la Chine comprendront combien la peur de l'instabilité est profonde dans ce pays de plus d'un milliard d'habitants », c'est dire en définitive que « la croissance et la prospérité largement partagée sont nécessaires, sinon suffisantes pour la stabilité à long terme. Les démocraties occidentales ont montré que les marchés libres (souvent disciplinés par les États) réussissent à apporter croissance et prospérité ».

Le tourisme

La nécessité de repositionner la Centrafrique comme une destination touristique internationale est une approche fondamentale parce que celle-ci dispose d'un important avantage comparatif en tourisme :

- la diversité des produits touristiques (montagnes, paysages verts, lacs à caïmans, de multiples rivières, tourisme rural, potentialité écotouristique, tourisme de vision, safari) ;
- environnement naturel bien préservé ;
- richesse d'héritage culturel ;
- d'importantes potentialités naturelles et diverses ressources culturelles ;
- peuple accueillant et hospitalier.

Le développement du tourisme et surtout de l'écotourisme permettra à la Centrafrique de se repositionner comme une destination touristique internationale, et de redorer son image ternie pendant les deux dernières décennies.

Les leviers de la croissance

En suivant la même démarche que celle de la section précédente, nous allons devoir nous appesantir sur les stratégies ou actions devant stimuler les facteurs qui agissent sur la productivité, le dynamisme et le coût de production, il s'agit de : l'éducation, la santé, l'emploi, les infrastructures économiques, la gouvernance économique, etc.). Car l'amélioration de ces facteurs va permettre d'accroître la productivité globale de l'économie qui à son tour excitera le niveau du revenu. Surtout l'éducation et la santé agissent sur la croissance à long terme tout en étant exogène à court terme.

Une bonne formation générale : la meilleure éducation de base

Le capital humain (éducation et formation) est une arme décisive dans la lutte contre la pauvreté.[3] L'accélération de la croissance, qui conditionne la réduction de la pauvreté nécessite de relever le niveau d'instruction de la main d'œuvre, parce qu'un pays qui offre à tous ses enfants l'accès à une éducation primaire de qualité, accomplit un pas décisif sur la voie d'une croissance économique équitable.[4] Pour ce, des stratégies ou des mesures semblent être essentielles pour améliorer la qualité de l'éducation de base, à savoir :

- la création d'école primaire à vocation agropastorale et sylvicole en milieu rural ;
- le développement de politique et de stratégie sectorielle favorisant une meilleure adéquation milieu rural et urbain, processus de décentralisation et suivi des mesures mises en place ;
- la promotion des institutions : mise en place ou renforcement d'institutions pour l'élaboration des programmes scolaires ainsi que de matériel pédagogique, scolaire et examen ; d'institution de formation et du perfectionnement des enseignants ; d'institution de recherche sur l'éducation et la planification de l'éducation, amélioration de la gestion de l'éducation ;
- la participation de la population riveraine à la planification et à l'application des programmes d'enseignement ainsi qu'au fonctionnement de l'école : auto assistance de la population riveraine ;
- le développement des compétences : formation et perfectionnement des maîtres, du personnel des institutions sectorielles spécialisées et des fonctionnaires de l'administration scolaire, du personnel technique ;
- l'amélioration de la qualité de l'enseignement : introduction de nouvelles méthodes pédagogiques et scolaires afin d'améliorer une éducation de base axée sur le travail, des cours de sciences naturelles et d'environnement ;
- l'amélioration des infrastructures : mise en place des programmes de construction et d'équipement d'écoles, des centres de formation d'instituteur et des institutions administratives ;
- l'approche par groupes cibles : promotion de l'éducation de base des filles et femmes par une approche alternative à destination des groupes défavorisés.

L'enseignement technique, professionnel et scientifique : la clé de l'avenir

La Centrafrique est aujourd'hui convaincue qu'elle ne sera économiquement et industriellement puissante que par sa capacité à faire face à la concurrence sur le marché mondial. La qualité des produits dépend en majeure partie du savoir faire des cadres, des ouvriers qualifiés et est aussi fonction de l'organisation du système économique et de l'organisation du système de formation technique et professionnelle (école de métiers). Ce qu'affirme l'ancien Président sénégalais Léopold Sédar Senghor : « il est indispensable que l'Afrique possède une véritable politique scientifique orientée vers la solution des problèmes de développement ». Emboîtant le pas au Président sénégalais, l'ancien Premier Ministre camerounais, Peter Mafany Musonge déclare que « la condition sine qua non du développement, source d'emplois et de prospérité, réside dans la maîtrise par les habitants, et surtout par la jeunesse d'un pays, de la science et de la technologie: l'histoire l'a démontré, l'actualité le confirme ».

Vu ces déclarations solennelles et capitales des hommes politiques, nous pensons que la formation technique et professionnelle est la clé de voûte qui devra jouer plus que jamais un rôle de premier plan dans la stratégie des politiques, car les effets multiplicateurs seront les seuls vrais déterminants du véritable transfert des techniques et des technologies devant favoriser davantage le processus d'industrialisation du pays. C'est à ce titre que l'amélioration des systèmes de formation technique et professionnelle et leur parfaite valorisation représentent un défi majeur pour la Centrafrique, d'où il est nécessaire de cultiver l'esprit d'entreprise au travers duquel on donne la priorité à la motivation, à la créativité et aux capacités d'innovation chez les jeunes, futurs créateurs d'emplois.

Afin d'accroître et de pérenniser le processus de développement, des actions ou des stratégies d'ensemble volontariste sur les systèmes, la qualité et les potentialités qu'offre l'enseignement technique et professionnel s'imposent :

- la définition des objectifs à atteindre avec la formation technique et professionnelle ;

- la création de véritables écoles de métiers, des lycées techniques et polyvalents dans les principales villes de la République Centrafricaine ou dans les six chefs lieux des régions à vocation de développement des activités régionales ;

- l'utilisation judicieuse des ressources humaines, matérielles et financières (valorisation et vision sur la formation technique et professionnelle) ;

- l'implication des structures de formation technique et professionnelle dans la recherche et la réalisation des projets de développement durable en partenariat avec le secteur productif ;

- décentralisation de l'université et création d'autres institutions de recherche dans les villes suivantes : Berbérati, Bossangoa, Bambari, Bangassou, Kaga-Bandoro ;

- le développement de la capacité technologique des filles via une formation professionnelle portant sur des savoirs et des compétences appropriés, en vue d'accroître les chances d'accès au travail et à une vie meilleure ;

- le jumelage des instituts de recherche, des écoles de métiers et des universités à ceux des pays tiers (Allemagne, France, Japon, Chine, Belgique) ou favoriser la coopération sud sud ;

- l'instauration aux centres de recherche ou d'instituts de formation spécialisée de former des entrepreneurs (les étudiants doivent se mettre en groupe afin d'élaborer un projet susceptible d'être financé à la sortie) aptes et à leur fournir des crédits de démarrage pour un projet bien ficelé ;

- l'affichage de la volonté politique des dirigeants, véritable catalyseur, cette volonté doit être centrée sur les objectifs, les stratégies et autres mécanismes pour la promotion du développement socio-économique et industriel et les formations technique et professionnelle.

Ainsi, afin de favoriser l'entreprenariat et l'amorce de l'industrialisation, l'apport de la communauté internationale, des ONGs, de tous les acteurs du développement est nécessaire pour l'amélioration et le développement de formation technique et professionnelle, d'équipements, de la formation des formateurs. C'est par rapport à cet apport que son Excellence Paul Biya, Président du Cameroun, clama haut et fort que « nous aurons maîtrisés la technologie le jour où nos ingénieurs seront en mesure de fabriquer les pièces et de monter les usines dont notre pays aura besoin. La coopération scientifique et technique internationale prendra alors sa véritable dimension universelle ».

La santé

L'état sanitaire d'une population n'est pas sans conséquence sur l'efficacité productive. Il est un élément constitutif du capital humain et est à la fois un résultat et un facteur contributif du processus du développement. La santé présente donc des retombées très positives pour le rythme d'accroissement du Produits intérieur. M. Audibert et J. Mathonnat suggèrent l'existence d'une influence statistique positive entre les variables de capital humain sur l'efficience technique des producteurs, notamment celle de la santé. L'analyse de la relation entre santé et ouverture, M. Audibert, J. Mathonnat et T. J. Chen (2002), montre une relation positive entre le niveau de la croissance du PIB et l'ouverture économique. Ils montrent également que la croissance des activités économiques n'a pas été indépendante de l'ouverture commerciale et que ces influences combinées ont influé très positivement sur l'évolution du taux de mortalité infantile.

La santé devra être donc une des priorités de l'action publique dans le cadre de développement. Elle permet un maintien des capacités de vie dans le temps et conduit à une plus grande productivité. L'investissement en capital humain permet à la nation de « monter les échelons de l'échelle des avantages comparatifs », et d'accéder à des productions de meilleure qualité et a priori plus avantageuses pour le développement. Afin de garantir la croissance, la puissance publique doit prendre des mesures suivantes :

- l'amélioration de l'accessibilité aux soins de qualité pour la population notamment la plus vulnérable ;

- la mise en place de la stratégie de surveillance épidémiologique intégrée au niveau de tous les districts sanitaires et d'assurer le plaidoyer pour l'allocation des ressources pour la mise en œuvre du plan de préparation et de réponses aux épidémies ;

- un plaidoyer pour l'élaboration et la mise en œuvre des programmes d'éducation sexuelle et de prévention des grossesses précoces et des IST y compris le VIH/SIDA chez les adolescents ;

- renforcement des moyens de lutte contre le VIH/SIDA, la Tuberculose (TB) et le Paludisme ;

- l'éradication de la poliomyélite et la surveillance des paralysies flasques aigues ;

- l'élimination des maladies comme la lèpre, le tétanos néonatal, la dracunculose, l'onchocercose et la trypanosomiase humaine africaine ;

- le renforcement de la lutte contre la maladie en vue de réduire la charge de morbidité et de mortalité due aux principales affections tant transmissibles que non transmissibles ;

- la recherche sur les interrelations entre développement et santé ;

- l'élaboration d'une stratégie nationale d'information, d'éducation et communication (IEC) pour la santé et faire le plaidoyer pour la mobilisation des ressources nécessaires à sa mise en œuvre ;

- création d'une caisse d'assurance villageoise ou urbaine de santé ;

- la mise en place d'un système efficace de contrôle de qualité de l'eau selon les normes de l'OMS.

Promotion de l'emploi et lutte contre la pauvreté

Des analyses faites à la suite d'une enquête sur « L'emploi et la réduction de la pauvreté » par Roger Yele et Mbaïkoa Léon en octobre 2004 auprès des promoteurs d'emploi, des organismes défenseurs des droits des travailleurs et autres organisations non gouvernementales, ont montré que ces organes ont une mauvaise appréciation ou une vision sombre de l'emploi en Centrafrique, le tableau suivant donne une vue synoptique du niveau de satisfaction comparé des institutions promoteurs d'emploi.

Seule la fonction publique centrafricaine est satisfaite par le rôle que joue les autres institutions dans la promotion de l'emploi. Le reste a une vision médiocre ou une mauvaise appréciation des autres structures de promotion de l'emploi en Centrafrique.

Tableau 28 : Niveau de satisfaction comparé des institutions intervenant dans la promotion de l'emploi

	Fonction publique	ACFPE	OCSS	UNPC	CMCA	SYNDIC	SYNDIC +Patron
Fonction publique	1	1	1	1	1	1	1
ACFPE	0	1	1	0	0	0	0
OCSS	0		0	1		0	1
		1				1	
UNPC	0	0	0	0	0	0	0
CMCA	0	0	0	0	1	0	0
SYNDIC	0	0	0	0		1	1
							0
HPH	0	0	0		1	0	0
CEDIFOD	0	0	0	0		0	
		1		1		1	

Source : Roger Yele et Mbaïkoa Léon (2004).

À la question : « Selon vous, quel genre d'emploi jugez-vous plus efficace pour la réduction de la pauvreté ». Ils disent que pour relancer l'emploi en Centrafrique et combattre la pauvreté, les activités suivantes doivent être promues :

- l'emploi individuel agropastoral, les emplois relevant des entreprises individuelles ; l'auto emploi du secteur informel ; encourager et réorganiser le secteur informel ; conception des micro-projets en faveur des désœuvrés

- l'emploi de masse, dans les petits métiers, les grands chantiers, les travaux à haute intensité de main-d'œuvre ;

- les emplois générateurs de revenus de base régulière ;

- actuellement promouvoir les métiers agricoles, pastoraux, de transformation et de commercialisation sont à primer ;

- la révision du système fiscal pour être attractif, l'implantation des industries ;

- les emplois qualifiés et spécialisés, les emplois dans les secteurs secondaires et tertiaires ou secteur primaire de transformation qui crée de la valeur ajoutée.

Le développement des infrastructures économiques

La Centrafrique immensément vaste et faiblement habitée, est dotée d'infrastructures très insuffisantes. Son enclavement a pour effet de renchérir les coûts des infrastructures. Par ailleurs, la pauvreté de la population restreint sa capacité à payer les services et donc à financer les infrastructures. Pour améliorer la compétitivité et amorcer une croissance durable, il s'avère essentiel pour la RCA de disposer d'infrastructures économiques performantes capables d'assurer l'offre des biens et services de bonne qualité, à quantité suffisante et à moindre coût. Il apparaît donc très important de développer une stratégie agressive en matière d'infrastructures économiques. Les politiques doivent mettre en place un NEPAD pour la RCA. Et de concert avec ces voisins où elle partage de longue frontière (Tchad, Soudan, République démocratique du Congo) d'initier des projets de désenclavement. Négocier un chemin de fer Cameroun ou Congo-Brazzaville, Centrafrique Soudan (Niala à plus de 280 km de Birao et Yubu au sud-ouest du Soudan) en accord avec la République du Tchad et la République démocratique du Congo. En fin de compte, l'amélioration des infrastructures économiques pourrait apporter des bénéfices très élevés et rapides en termes de croissance économique et de réduction de la pauvreté.

En conséquence, des stratégies sectorielles de transport devront être suivies pour améliorer les performances commerciales de la Centrafrique, car l'infrastructure est un déterminant fondamental des coûts de transport et des flux bilatéraux d'échange ; et aussi que l'Union économique a donc vocation à gérer ou créer des infrastructures collectives, orientées vers le développement conjoint des pays.

Les infrastructures de transport

Les infrastructures de transport présentent un intérêt particulier pour les décideurs, cela se justifie aisément sur la base des effets attendus à terme (faciliter les transactions donc la croissance économique) et leurs effets immédiats, en particulier sur l'emploi domestique (travaux dits « HIMO », « à haute intensité de main-d'œuvre » afin de réduire le chômage et lutter contre la pauvreté).

La création de routes, de ponts, de ports, etc. est justifiée sur le plan économique dans la mesure où ces infrastructures vont faciliter les relations commerciales entre différents centres économiques d'un même pays ou de pays différents : la création d'une autoroute par exemple a pour effet de multiplier les échanges entre les villes situées sur le trajet, au détriment des villes devenues périphériques.

La mise en place des travaux « à haute intensité de main-d'œuvre », a l'avantage de fournir des emplois (temporaires) aux chômeurs, et de susciter une demande induite de biens de consommation qui pourra à son tour permettre de créer un marché pour les produits locaux. Cet « amorçage de la pompe » pourra conduire à une croissance économique auto-entretenue, tant que les dépenses d'investissement seront reconduites de période en période. Il s'agit des travaux de construction de routes ou de pistes, d'enlèvement des ordures ménagères, etc.

Le transport routier

Une circulation plus facile des biens, des hommes, des idées, conduit en effet à une augmentation plus que proportionnelle des échanges et à une densification des réseaux : la création d'une route bitumée élargit le marché potentiel des producteurs locaux et leur permet d'étendre l'échelle de leurs activités, voire de passer d'une production auto-consommée à une production destinée à la vente. En retour, les revenus tirés de ces vente peuvent permettre aux producteurs disposant désormais d'un pouvoir d'achat monétaire, de constituer un marché pour les artisans et producteurs locaux de biens et de services. Ainsi pour améliorer le transport routier, des mesures suivantes doivent être prises par les gouvernants, il s'agit de :

- réduire la fiscalité et de supprimer les distorsions tarifaires ;
- réduire les obstacles qui entravent la libre circulation que sont les barrières de contrôle (police, gendarmerie, militaire, douane, eau et forêt) ;
- de mettre en place un NEPAD spécial pour la Centrafrique et les pays limitrophes (surtout République démocratique du Congo, Soudan et Tchad) ;
- de faire renaître le projet Trans-Africain des routes Mombassa (Kenya) Lagos (Nigeria).

Le transport ferroviaire

La création d'un réseau ferroviaire en Centrafrique doit se faire en concert avec les pays comme la République démocratique du Congo, le Tchad et le Soudan. Les chemins de fer africains, souvent décriés, ont peut-être ici encore un rôle à jouer, malgré leur coût d'installation et de fonctionnement, car ils peuvent constituer l'équivalent d'une artère venant irriguer les régions les plus éloignées. Car les effets sociaux peuvent conduire à maintenir un tel investissement malgré les calculs de rentabilité immédiate.

Il s'agit d'initier un chemin de fer Cameroun et/ou Congo-Brazzaville, Centrafrique Soudan devant desservir les villes soudanaises Niala au nord-est (à plus de 280 km de Birao) et Yubu au sud-ouest du Soudan en accord avec la République du Tchad et la République démocratique du Congo.

Les transports aérien et maritime

Pour ces types de transport, les mesures à prendre par les décideurs sont d'ordre fiscal. Le constat est que le coût du fret en RCA par rapport aux pays limitrophes est très élevé. Ceci s'explique par une taxation anormale. De ce fait, les gouvernants doivent réduire les multiples taxes et les alléger afin d'augmenter le volume de transport aérien, parce trop de taxes tuent les taxes et tuent ou rendent souterrain en conséquence l'activité économique ; ils doivent également augmenter la capacité de stockage des produits pétroliers pour faciliter aux gros porteurs d'atterrir en Centrafrique. Ils doivent également sur le plan maritime, réaménager les anciennes voies fluviales telles que la Lobaye et la Sangha et draguer le fleuve Oubangui sur l'axe Bangui Brazzaville.

Les infrastructures de télécommunication

Les télécommunications permettent de mettre en relation des agents éloignés, parfois plus facilement que des agents proches,[5] conduisant à une forme particulière de globalisation. C'est un secteur où la technologie évolue tous les jours. Il n'existe pas d'infrastructure de télécommunication à l'intérieur de la Centrafrique. L'offre et la qualité des services de télécommunication ou d'électricité sont génératrices de gain de productivité, d'amélioration de l'efficience technique et de changement technologique. Pour pouvoir désenclaver l'intérieur, les politiques doivent mener une stratégie judicieuse d'ouverture du marché pour permettre à d'autres acteurs économiques d'y intervenir, de ce fait, les stratégies suivantes doivent être appliquées :

* encouragement des opérateurs économiques extérieurs à injecter sur le marché des services qui puissent concurrencer directement les locaux ;
* création des « call-box » et des cybercafés villageois et urbains ;
* organisation d'un cadre réglementaire incitatif pour la mobilisation de ressources privées afin d'intensifier l'investissement dans l'infrastructure de télécommunication.

Infrastructures d'utilité publique

Elles sont composées de réseau d'adduction d'eau, d'égouts, ramassage et traitement des déchets, de fourniture d'électricité, etc. Les actions prioritaires proposées correspondent pour chaque composante á un ou plusieurs critères suivants : coût limité, impact immédiat, visibilité, effet sur la santé, création d'activité sur le plan local. Ces actions doivent se focaliser sur :

* la réhabilitation et l'entretien du réseau de drainage des eaux pluviales des grandes villes de la RCA ;
* la collecte et traitement des ordures ménagères ;

- la promotion de technologies appropriées pour la gestion des eaux usées ;
- la réorganisation du domaine foncier et du cadastre ;
- la restructuration et la planification du domaine public ;
- les opérations de restructuration de quartiers et d'habitations spontanés ;
- la meilleure conservation et un développement harmonieux des ressources énergétiques ;
- la promotion à moindre coût l'approvisionnement énergétique tant en milieu urbain qu'en milieu rural (électricité, eau, produits pétroliers, gaz) ;
- la diversification de la gamme des combustibles domestiques ;
- la promotion de l'énergie solaire, hydroélectrique et éolienne ;
- la création d'un deuxième et troisième points de stockage des hydro-carbures ;
- la rationalisation de l'exploitation, la conservation et la valorisation des formations naturelles pour préserver l'environnement ;
- le développement et la promotion des sources d'énergie renouvelable à technologie avancée (énergie solaire pour l'éclairage des voies publiques, des hôtels) ;
- la promotion de l'habitat.

Infrastructures de services : équipements éducatifs, de santé, sociaux

Ces types d'infrastructures ont pour fonction de renforcer la capacité des jeunes tant en milieu urbain qu'en milieu rural. Des actions vigoureuses devant être menées par les gouvernants et les élites locales afin de pouvoir développer celles-ci. Elles sont également nécessaires pour améliorer la qualité de l'enseignement, de la santé, de la vie culturelle ou sociale d'une nation.

L'information économique

Un peuple informé est un peuple aguerri et qui est aux aguets de nouvelles opportunités. C'est ainsi que le développement d'une culture de l'information civile couplée à la culture de l'information technologique et économique constitue un atout majeur pour disposer de plus d'information sur les activités économiques et sociales. La stratégie à mettre au point consiste à faciliter l'accès d'information économique à l'ensemble des agents économiques tant producteurs que consommateurs en passant par les intermédiaires, au niveau national et international, ces stratégies concernent :

- la création d'une journée porte ouverte dans toutes les ambassades de la RCA à l'étranger ;

- la mise en place d'un central d'information pouvant recueillir toutes les informations économiques à l'intérieur permettant aux opérateurs de connaître rapidement la disponibilité des produits à acheter ou à vendre ;
- la libéralisation des voies d'accès et diffusion ;
- le renforcement des capacités locales de génération, de gestion, de diffusion de l'information économique.

Le régionalisme ouvert ou l'effet de voisinage

On l'a vu à de nombreuses reprises que la République Centrafricaine est en mauvaise posture sur le plan des échanges internationaux ; pays enclavé et sous équipé, il est en situation de concurrence défavorable vis à vis de ces principaux concurrents. Pour pouvoir briser le cercle vicieux de la pauvreté, l'économie centrafricaine doit s'ouvrir vers l'extérieur. L'enclavement doit pousser les décideurs à rechercher des voies de sortie grâce à l'effet de bon voisinage et de l'ouverture à l'extérieur. Par le commerce extérieur, l'intégration à l'économie mondiale est donc une source d'amélioration du fonctionnement du marché intérieur tout en agissant positivement sur la croissance. Cette mondialisation de l'économie centrafricaine passe par la transformation progressive des structures institutionnelles et de changement de l'état d'esprit. Car la mondialisation peut être bénéfique à la Centrafrique, elle peut la mettre à profit en cherchant de nouveaux marchés d'exportation et en s'ouvrant à l'investissement étranger. Pour que la mondialisation soit une force bénéfique pour la RCA, Stiglitz (2002), le pays doit prendre lui-même son destin en main. Cette stratégie d'ouverture peut atteindre ses limites sans une stratégie globale judicieuse de bon voisinage et d'ouverture.[6]

La stratégie d'ouverture à sens unique et à élargissement limité, qui consiste à s'engager dans une intégration économique régionale en érigeant des barrières tarifaires élevées entre la région et le reste du monde est une mauvaise stratégie parce qu'elle condamne les petits pays à végéter dans la pauvreté et l'inefficacité. Une telle stratégie est désavantageuse pour les petits pays comme la Centrafrique qui devient une chasse gardée pour le grand voisin, la RCA ne pourra jamais bénéficier de meilleurs prix ou produits par rapport au reste du monde.

La meilleure stratégie pour la Centrafrique est celle qui permet d'enclencher le cercle vertueux de la croissance, c'est-à-dire une stratégie où tous les pays sortent gagnants : l'ouverture pays où chaque pays pratique une politique unilatérale d'open-door. C'est une intégration économique régionale accompagnée d'une plus grande ouverture vers le reste du monde (régionalisme ouvert) : elle permet aux pays les mieux dotés de la zone de se tourner vers la conquête du marché mondial, tout en étant des tremplins pour les petits pays (car dans le processus de production, les petits pays seront les principales sources d'approvisionnement en intrants et en main-d'œuvre bon marché). L'enchaînement de ce type de processus d'ouverture a un effet multiplicateur, il permet d'accroître la compétitivité tout en accélérant la croissance à travers la demande et les revenus générés.

Pour cela, il est important pour la Centrafrique, la CEMAC, la CEEAC de virer vers le sens d'une plus grande ouverture (zone de libre échange) ou de s'engager dans des accords multilatéraux globaux. James de MELO, O. Cadot et M. Olarreaga (2001) suggèrent qu'en terme de bien-être, la zone de libre échange est meilleure que l'union douanière. Dans ce système de libre échange, pour combler les avantages perdus par un membre de la zone, un mécanisme de compensation financière interne à la zone devrait être institué. En permettant le dédommagement par les gagnants de ceux qui ont à perdre à travers l'accomplissement de ce processus de déprotection, cette forme institutionnelle régionale s'avère compatible avec la baisse générale des droits de douane et la progression vers le libre échange multilatéral.

Ainsi une bien meilleure stratégie pour l'ensemble consiste en des libéralisations conjointes qui permettraient aux multinationales, plutôt qu'aux États, de développer des capacités optimales de production pour toute une région plutôt que pour chaque pays pris individuellement.[7] Pour réussir une telle intégration économique régionale tout en visant le marché mondial, la Centrafrique doit être un État efficace, avec un gouvernement démocratique, un pouvoir judiciaire fort et indépendant, ouvert, transparent, affranchi de la corruption qui a tué l'efficacité tant dans le secteur public que dans le secteur privé. C'est en observant ces règles de jeu (telles que la promotion de l'efficacité par un comportement de déréglementation et de promotion d'institutions efficaces) qui amènera la Centrafrique à identifier les secteurs d'activités où se révèleront ses avantages comparatifs et leur impact potentiel sur le développement des exportations.

La bonne gouvernance[8] économique

La bonne gouvernance économique est la capacité et la volonté d'un gouvernement à lubrifier les axes ou les canaux de transmission de la croissance afin d'engendrer un développement durable ou un mieux être sans entorse. Pour cela, il apparaît indispensable pour les gouvernants de prendre des mesures pouvant permettre de soulager l'économie, il s'agit de :

- créer les infrastructures institutionnelles ;
- attirer un très vaste soutien démocratique aux réformes institutionnelles ;
- mettre en place un système judiciaire capable de faire respecter les contrats et de régler équitablement les contentieux ;
- faire un plaidoyer pour la création des banques concrètes qui peuvent financer les activités de long terme ;

- contribuer à soutenir le type d'institutions sur lesquelles reposent les démocraties par la mise en place des groupes de réflexion, la création d'espace de débat public, de l'aide aux médias indépendants, l'éducation d'une génération nouvelle ;
- créer un climat propice de concurrence ;
- mettre en place des filets de sécurité ;
- simplifier les procédures douanières, créer un guichet unique, uniformiser et réduire les taux de taxation ;
- créer un guichet unique pour la création d'entreprise ;
- pratiquer dans l'administration une politique salariale compétitive afin de réduire les tentatives de corruption ;
- obliger les gouvernants à rendre compte des conséquences de leurs décisions ;
- titriser les arriérés de salaire sous forme de titre négociable à long terme payable quand l'économie aura entamé une phase ascendante de la croissance ;
- arrêter la clochardisation des fonctionnaires en payant leurs salaires à terme échu.

Les finances publiques et le développement

Le rôle de l'État, notamment par le canal du budget, est au cœur du processus de développement de l'économie. La dépense budgétaire contribue de manière cruciale à la dynamique de croissance. Cette politique de la dépense publique tend à se recentrer sur des objectifs de réduction de la pauvreté à travers une augmentation des budgets dédiés aux biens publics sociaux de base. Face aux contraintes budgétaires et aux difficultés de remboursement des dettes tant internationales que nationales, l'État doit œuvrer dans le sens de l'allègement de la charge de la dette en adoptant l'initiative Pays pauvre très endetté (PPTE) ou de son annulation. L'allègement de la dette pourrait favoriser une augmentation des dépenses publiques sociales.

Toutefois, la réalisation de ces dépenses sociales par le biais du budget national entraîne un besoin de financement élevé, qui peut être en partie couvert par des ressources extérieures. La mobilisation de ces dernières créer une situation d'endettement public insupportable, soit une dépendance excessive envers l'aide extérieure. En raison des difficultés à mobiliser les composantes fiscales neutres suite à des distorsions fiscales associées au poids de l'histoire, de la nature de spécialisations du pays et à la faiblesse des administrations qui ont assis leur fiscalité sur des perceptions de droits de porte, il s'avère intéressant pour l'Etat de trouver de nouvelles politiques fiscales pour inciter les contribuables à participer aux financement du développement. De plus la fiscalité de porte constitue un handicap important pour les performances et le développement des activités économiques, parce qu'elle est centrée sur les importations et les exportations de matières premières. Araujo Bonjean et G. Chambas proposent un système de prélèvement sur l'agriculture qui soit cohérent et neutre, le plus possible fondé sur la capacité contributive des paysans.[9] L'État doit donc privilégier un impôt sur le revenu prélevé à l'exportation et complété par une taxe foncière.

À quel saint se vouer : à plus de marché et/ou moins d'État ?

Pour échapper au piège du sous-développement, la République centrafricaine a l'obligation d'ouvrir son marché. Mais à quelles conditions ? Il est démontré par plusieurs littératures que l'ouverture ou l'intégration à l'économie mondiale (Thorbeck, Decaluwe) est une importante source d'amélioration du bien-être, du fonctionnement des marchés intérieurs et agit positivement sur la croissance. Mais cette libéralisation doit se faire par des méthodes assurant que les ressources ainsi évincées seraient redéployées dans des usages plus efficaces afin de maintenir la stabilité sociale.

La situation actuelle de la République centrafricaine peut être similaire à celle de la grande crise de 1930, où les partisans du libre marché affirmait que: « ne vous inquiétez pas, les marchés s'autorégulent. Laissons-leur le temps, et la prospérité reviendra ». John Maynard Keynes rétorqua que les marchés ne se corrigeaient pas tous seuls, en tout cas pas dans des délais pertinents puisqu'à long terme tout le monde serait mort. Pour résoudre cette crise, Keynes fit la recommandation suivante afin d'absorber le chômage pour qu'il ne se perpétue et d'éviter d'énormes pressions populaires, il fallait que l'État intervienne en stimulant directement la demande effective et le revenu du consommateur. Sur cette pertinente proposition de Keynes, Stiglitz (2002), dit que Keynes a été cloué au pilori et traité de socialiste, d'ennemi de marché. Alors que le remède de Keynes avait réussi. Selon le même auteur, « depuis la Seconde Guerre mondiale, des pays comme les États-Unis, en suivant les prescriptions keynésiennes, ont connu des récessions moins nombreuses et plus courtes, et des périodes d'expansion plus longues ». Il suggère que dans le cas des pays sous développés qu'on mette en place une politique pragmatique capable de créer des emplois stables et que les grandes puissances doivent venir en aide aux victimes de la mondialisation. Rostow, Stiglitz et Jacques Chirac le Président français, tous plaident pour que les pays développés viennent en aide aux pays les moins avancés afin qu'ils puissent éviter à ceux-ci de tomber dans la trappe du sous-développement. De même, Georges Soros a montré que l'aide fournie par un individu isolé peut compter. Il est certain que les efforts concertés de l'Occident, s'ils étaient bien orientés, pourraient compter encore plus.

Pour juger de l'intervention ou non de l'État dans l'économie, W. Rostow (1981) rétorque que « depuis la joute qui opposa Hamilton à Jefferson, il y a toujours eu, et il reste des raisons légitimes de discuter du bien fondé de l'intervention des pouvoirs publics dans l'économie, sous une forme ou une autre... Mais je crois que nous avons eu raison de construire notre société sur une association des secteurs public et privé ; et je crois que nous serions bien inspirés d'écarter la notion d'un choix radical entre le secteur public et privé, d'accepter le verdict de notre histoire ». Il infirme là que par le passé les États-Unis ont assuré leur développement par une collaboration des secteurs public et privé trop subtile et complexe pour qu'on puisse la décrire, un genre de collaboration qui figure rarement dans « les manuels économiques ou politiques ». J. Stiglitz (2002) lui emboîte le pas en déclarant que « l'idéologie du libre marché doit céder la place à des analyses fondées sur la science économique, qui a une vision plus équilibrée du rôle de l'Etat parce qu'elle a conscience à la fois de ses échecs et de ceux du marché ».

Notes

1. Pour Jean-Baptiste Say (1828-1829), l'entrepreneur héros est celui doué de qualités lui permettant d'échapper aux errements ou aux manques des débouchés parce que le pays manque de numéraire : « Outre la connaissance de son art, il lui faut du jugement, de la constance, une certaine connaissance des hommes (...) Il faut avoir la tête capable de calcul (...) Enfin le métier d'entrepreneur veut qu'on ait de l'invention ... Celui qui se voue à la carrière industrielle, et surtout qui veut former une entreprise manufacturière, eût, avant toute autre qualité un jugement sain ... Le jugement naît principalement de la connaissance que l'on a de la nature de l'homme et des choses ».

2. Stiglitz, J. E., Prix Nobel d'Économie, 2002, *La grande désillusion*, Paris, Éd. Fayard.

3. Dans son discours aux élus de la nation centrafricaine, Son excellence, Monsieur Jean-Pierre Esmieu, Chef de Mission de l'Union européenne rétorqua que : « une main d'œuvre qualifiée et en bonne santé est un investissement pour l'avenir, aussi bien en matière de productivité que de développement durable », *Journal le Citoyen*, no. 2231 du 09 août 2005.

4. Jean Baptiste Say (1828-1829) conçoit l'enseignement comme formation de capital et notamment le capital humain car les profits de l'entrepreneur en raison de la rareté de ses facultés, facultés qui seront rémunérées d'autant plus haut que le capital scolaire est plus élevé mais aussi de la nation.

5. Le « Web » permet des contacts à distance plus faciles qu'avec des personnes géographiquement proches, mais non « branchées » ; il y aura alors détournement de trafic au sens propre du mot ; ce détournement est subi depuis longtemps par les opérateurs africains, pénalisés par la mauvaise qualité et le coût des communications téléphoniques. L'explosion des « portables » ne résout qu'en partie le problème.

6. Easterly & Levine (1998) montrent que la prise en compte de l'effet de voisinage permet d'expliquer l'écart de performance entre l'Afrique et les autres pays, cet écart peut provenir de différentes sources :

    (i) un effet d'imitation des politiques des pays voisins (soit de bonnes mesures qui maximisent la croissance, soit des mauvaises comme la poursuite de recherche de rente) ;

(ii)   un effet d'attraction (répulsion) des flux directs d'investissement étrangers vers des sous-régions, selon que les pays voisins ont connu des expériences fructueuses (infructueuses) en matière d'investissements étrangers ;

(iii) un regain (déclin) du commerce international entre pays frontaliers ;

(iv)   d'autres externalités telles que l'existence (absence) d'opportunités de migrations, l'état des infrastructures qui s'améliorent (se détériorent) selon l'évolution de l'économie des pays frontaliers.

La simultanéité de ces effets de contagion crée un « effet multiplicateur ». Si un pays agit isolément, cela aura un faible effet sur la croissance du PIB de ses voisins. De ce fait, l'effet de retour de la croissance des voisins sur le PIB du pays considéré sera modéré. Par contre, si l'ensemble des pays voisins agisse en concert, le pays bénéficie d'une part de l'effet de retour de ses politiques et d'autre part de l'effet bénéfique des politiques de ses voisins. L'effet de bonnes (mauvaises) politiques sera magnifié d'autant.

7.   Banque mondiale, 2001, Burkina Faso, *Compétitivité et croissance économique: orientations, stratégies et croissance.*

8.   Selon la revue *Problèmes économiques* no. 2.611-2.612, la bonne gouvernance implique que:

1.   la sécurité des citoyens soit assurée et que le respect de la loi soit garanti, notamment par l'indépendance des magistrats : c'est l'État de droit ;

2.   les organismes publics gèrent de façon efficace et équitable les dépenses publiques : c'est la bonne administration ;

3.   les dirigeants politiques rendent compte de leurs actions devant la population : c'est la responsabilité et l'imputabilité (accountability) ;

4.   l'information soit disponible et facilement accessible à tous les citoyens : c'est la transparence.

9.   Cette technique nous l'avons énoncé dans le chapitre 12, qu'il est possible de prélever de la TVA, des impôts fonciers, etc., sur le revenu paysan.

Chapitre 11

Améliorer la compétitivité des pauvres en faisant jouer la synergie entre la promotion d'une Banque de développement mobile (BDM) et la promotion d'un habitat sain

L'habitat, lieu habité, est considéré comme l'endroit où la vie commence et se développe, c'est là où le développement commence. Il intègre non seulement le logement mais tout l'environnement social et technique qui l'accompagne (téléphone, eaux, voirie, électricité, assainissement, commerce, etc.). Il s'avère que la majorité des ménages centrafricains vit dans un logement précaire ou non solide, prouvant que l'habitat demeure jusqu'alors une priorité et un indicateur objectif d'appréciation des conditions de vie des ménages.

Les accessoires qui permettent de rendre le logement viable, constituent un indicateur de qualité de l'habitat et sont l'image de la condition économique et sanitaire d'un loyer. Ils démontrent le niveau de vie atteint par le ménage occupant.

L'accès à l'eau potable, contribuant d'une manière directe ou indirecte à l'amélioration et à la protection de la qualité de vie, est insuffisant.

Dans les zones rurales, en dépit de nombreux programmes d'hydraulique villageoise, les points d'eau modernes sont presque inexistants. Les forages ou puits équipés d'hydro-pompes, les sources aménagées sont si rares que les populations rurales n'ont d'autres alternatives que de s'approvisionner aux points traditionnels qui sont les eaux de surface et de puits non aménagés. Ce ravitaillement par les eaux de surface a pour conséquences des fréquentes maladies diarrhéiques, une des principales causes de morbidité dans les zones rurales, qui fragilisent le potentiel du capital humain.

En ce qui concerne l'énergie, le courant électrique est inexistant en milieu rural. Le bois de chauffe est la principale source d'énergie et accessoirement le pétrole lampant. Il est utilisé à la fois pour l'éclairage et la cuisson des repas.

Les principaux problèmes d'accès à l'énergie domestique demeurent les coûts excessifs d'abonnement et de consommation au compteur pour l'électricité. La pénurie des bois de chauffe aux environs des villes fait que les prix de cette source traditionnelle d'énergie sont continuellement revus à la hausse.

L'assainissement considéré comme « l'action visant à l'amélioration de toutes les conditions qui, dans le milieu physique de la vie humaine, influent ou sont susceptibles d'influer défavorablement sur le bien être physique, mental ou social de l'homme », n'a pas constitué la priorité des gouvernants. En effet, ce secteur n'a pas bénéficié d'investissements consistants tant en milieu rural qu'en milieu urbain.

En milieu rural, l'assainissement se limite à la construction de latrines traditionnelles à fosse. Le taux moyen de latrinisation est très faible. Les latrines en béton sont rares. Les villages et les quartiers ne sont pas salubres car les habitants déversent les ordures dans divers endroits. On y constate donc l'absence d'un système généralisé de collecte et de conditionnement des ordures. Le plus souvent, Les latrines se situent à proximité des points d'eau, particulièrement des puits traditionnels. L'évacuation des eaux usées et de pluie n'est pas assurée faute de système d'égout et ces eaux se transforment le plus souvent en mares, sources d'incubation des facteurs pathogènes, aggravant la dégradation de l'environnement général et du cadre de vie des populations.

La multiplicité des dépotoirs incontrôlés aggrave l'insalubrité dans les centres urbains. Les espaces publics et les alentours des maisons sont rarement désherbés, souvent hommes et animaux cohabitent sans tenir compte des mesures d'hygiène.

En dépit du lancement de la Décennie internationale de l'Eau et de l'Assainissement 1981-1990 et des initiatives privées dans le domaine de l'assainissement, on relève un manque d'hygiène et une absence presque totale des mesures de salubrité minimum provoquant la prolifération des vecteurs pathogènes. La cause de ces insuffisances est l'absence d'un habitat à la dignité humaine et que les pauvres n'ont aucune ressource pour se doter d'un tel type de bien. Et aussi se posent également les problèmes d'accès aux actifs, à la technologie, aux marchés et aux institutions au service des ruraux pauvres. Face à cette situation alarmante, n'est-il pas possible de repenser ou de trouver des politiques alternatives pouvant améliorer les conditions de vie et d'existence des laisser-pour-compte de la mondialisation ?

Les leviers pour améliorer les conditions de vie des pauvres : promotion d'une Banque de développement mobile

Formation professionnelle d'entrepreneurs agricoles

Ce sont les petites entreprises familiales qui produisent et commercialisent une bonne partie des biens et services. La principale question qui nous revient le plus souvent est de savoir comment permettre à ces petites entreprises de devenir efficientes et, donc d'accroître la productivité du travail ?

L'expérience a montré que ces petits producteurs sont bien ingénieux, maîtrisent mal les techniques de base de leur métier et qu'ils n'ont pas surtout les moyens nécessaires pour faire évoluer leurs productions. Leur productivité est restée très faible à cause du manque de formation, d'information, d'infrastructures, d'outillage, et le plus souvent de liquidité.

Un accroissement de la productivité, des revenus et des salaires, une nouvelle vague de demande et d'investissement, une croissance plus rapide de la productivité suite à une amélioration des revenus et du bien-être suscite un effort plus grand des travailleurs et d'une plus grande productivité. La forte synergie entre la promotion d'un habitat sain et celle de la Banque de développement mobile par l'intermédiaire de l'introduction de la sériciculture ou autres activités agropastorales intégrées, exercera un effet complexe offre-emploi-demande-revenu, et que les synergies induites entre les productions seront multipliées. L'expansion de la demande de l'habitat pourra constituer donc le moteur initial. Il s'agit d'identifier les grappes porteuses, celles qui susciteront le plus grand changement. Le développement est pour une bonne part, l'histoire des synergies réussies et d'externalités cumulatives. L'organisation et la formation est le meilleur moyen pour éviter aux petites entreprises individuelles de connaître des rendements d'échelle décroissants.

L'un des problèmes qui mine le secteur agropastoral est que la majeure partie des paysans n'ont pas le comportement d'un entrepreneur, parce que l'agriculture représente pour eux un moyen de survie, d'où la nécessité de former une classe d'entrepreneurs agropastoraux préparés aux responsabilités de l'exploitation d'entreprise, aptes à supporter les risques du marché.

La formation d'entrepreneur agropastoral techniquement et financièrement évolué permet de diffuser dans les campagnes un esprit d'entreprise afin de réduire l'instabilité de la population rurale, de diversifier au maximum la production pour atténuer le caractère saisonnier des récoltes. Cette transformation dans les orientations par la diversification peut assurer une évolution générale du niveau de vie, une plus vaste synergie entre l'agriculture et l'élevage. L'élevage, réserve de valeur pour le paysan, contribue à insuffler une stimulation permanente des activités de transformation et d'amélioration des conditions foncières et agronomiques. Cette diversification contribuerait donc à améliorer le tissu social tout en créant de plus larges possibilités pour la formation de l'épargne familiale.

La promotion de Banque de développement mobile

Dans tous les pays à faibles revenus, on constate que le système financier est peu développé et peu efficient et que la situation est très accentuée en zone rurale où réside la majorité des pauvres ; surtout que les banques commerciales ne mobilisent que des capitaux de campagne ou de court terme, ne permettant pas de financer le développement ou les activités de long terme. Il s'avère donc important de mettre en place un organe de proximité (types Grameen Bank, Accion, Freedom from Hunger ou Banco do Sol « Bolivie »), capable de créer des interactions et des externalités positives afin de stimuler les plus démunis à prendre place dans le concert des nations et de réduire leur marginalisation face à la mondialisation.

Ainsi, selon Seibel H. D. (1992) : « le système de production — particulièrement l'agriculture, le commerce et l'industrie — est le moteur de l'économie, et la finance en est le carburant. Tant qu'il n'y a pas un système d'injection de carburant qui fonctionne, le moteur ne pourra pas tourner. Plus le moteur tournera rapidement, plus il aura besoin de carburant. C'est le système financier qui doit injecter l'argent dans l'économie : il doit mobiliser l'épargne, octroyer le crédit et assurer la croissance adéquate de l'offre monétaire ». Puisque la plus grande ressource d'une économie n'est rien d'autre que son pouvoir d'achat.

Peter Drucker affirma aussi qu'au début du 19e siècle, le fermier américain n'avait virtuellement aucun pouvoir d'achat. Il ne pouvait donc acheter le matériel agricole. Le marché proposait des dizaines de moissonneuses, mais il ne pouvait pas les acheter et qu'elles lui étaient indispensables. Un jour un des nombreux fabricants de ces fameuses moissonneuses, Cyrus McCornick, inventa l'achat à tempérament, c'est-à-dire un système qui permettait à l'agriculteur de payer sa moissonneuse avec ces revenus futurs qu'avec l'argent épargné. La conséquence qui s'en suivait, est que d'un coup, le fermier américain disposa immédiatement du pouvoir d'achat pour financer ces équipements agricoles.

Soit en chiffre, le ratio de liquidité représentait en 1995, 22 pour cent du PIB en Centrafrique et 16,2 pour cent au Cameroun contre 64,4 pour cent en France et 112,7 pour cent au Japon. Cette comparaison nous montre que l'économie des pays les moins avancés est sous-liquide et qu'elle compense sa sous-liquidité par une très grande vitesse de circulation de la monnaie. En clair, pour obtenir cinq unités de PIB, il faut seulement une unité de monnaie à la République Centrafricaine mais plus de trois pour la France et six unités monétaires pour le Japon : une unité de monnaie tourne quatre fois plus vite en Centrafrique qu'en France. La monnaie est donc un facteur de production.[1] Sa vraie valeur réside dans sa capacité de permettre des échanges et donc une production qui sans elle n'aurait pas lieu. Si la monnaie est rare, la trésorerie et le fonds de roulement des producteurs seront réduits à la plus petite portion congrue. Le manque de monnaie est à l'origine d'une perte de productivité considérable. Mais comment résoudre le problème de lubrification des activités des petits entrepreneurs ?

La constatation est que les faibles disponibilités monétaires contraignent les pauvres à réduire leur besoin de monnaie en modérant la valeur globale de leurs transactions.

La valeur des transactions est égale aux prix multipliés par les quantités : $MV = PY$, où M représente le volume moyen de la masse monétaire, V la vitesse de circulation de la monnaie, P le niveau général des prix et Y le volume total des transactions. Dans les petites économies M est insuffisant pour réaliser Y, pour l'atteindre les acteurs accélèrent V et modèrent P. Les faibles revenus et la rareté de la monnaie exercent une pression évidente en faveur de la modération des prix, car sur n'importe quel marché du monde, les biens et quels que soient leurs coûts se négocient moins chers que lorsque les acheteurs qui sont aussi des vendeurs disposent des revenus faibles engendrant de faible niveau de liquidité.

Une irrigation de l'économie par des crédits permettrait d'augmenter le volume de la production. Par conséquent la politique appropriée est la croissance régulière de la masse monétaire, à condition qu'il existe une offre de monnaie. Mais cette offre de monnaie n'existe pas, parce que c'est une banque qui doit la créer en contrepartie d'un crédit qu'elle consent aux ménages ou autres entités. C'est pour cette raison que notre projet se focalise sur la synergie que peut jouer la promotion d'une Banque de développement mobile (BDM) et celle d'un habitat sain.

La BDM est une banque de développement décentralisée promouvant le développement à la base par le financement des investissements à long terme pour les paysans. Pour pouvoir réaliser ces objectifs, elle doit posséder une structure de communication efficace, disposant d'une qualification technique adéquate pour mieux approcher les plus démunis. La BDM doit disposer d'environ quatre sections (structure d'encadrement et de formation des entrepreneurs agropastoro-sylvicole, une structure de gestion d'information, une de mobilisation de crédits à court, moyen et long terme, et la dernière d'assurances dépôt et de crédit). Tout créditeur ou débiteur doit souscrire à une assurance. Car le système peut créer un niveau de confiance important au sein de groupes tandis que l'assurance peut servir à financer les activités pluriannuelles et pallier aux risques du faible taux de remboursement.

Ce mécanisme permettra de collecter facilement des moyens à travers les dépôts et tendra à accroître la collecte par des campagnes de propagandes méthodiques, qui sont d'autant plus efficaces qu'elle doit montrer aux ruraux que leurs dépôts seront utilisés pour leur construire un habitat humain afin d'améliorer leur qualité de vie. Elle saura mieux juger le degré de solvabilité des paysans et saura mesurer le volume de prêts à accorder aux investissements qui sont les produits de ces prêts.

Lorsque la source des prêts n'est que le dépôt, les financements acquis serviront à lubrifier les activités de court terme de durée qui ne dépasse pas le cours d'une campagne agricole. Mais en créant de nouveaux instruments de mobilisation de capitaux de durée pluriannuelle (compte à terme, assurance dépôts du type « Deposit Insurance Credit Guarantee Corporation » en Inde), elle sera apte à financer à la fois des activités de court terme et celles à moyen et long termes.

La préférence pour cette structure est qu'elle permet de faire face à la demande de crédit à échéance pluriannuelle. Les marginalisés de la mondialisation seront alors en mesure de s'adresser à celle-ci afin de pouvoir couvrir leur besoin en habitat convenable et digne d'un être humain, comportant le minimum des accessoires.

Cette structure bancaire spécialisée, polyvalente, dotée d'une articulation territoriale avec des guichets permanents ou périodiques dans les centres ruraux avec de nombreuses unités mobiles, pourra entretenir des contacts personnels suivis avec sa clientèle et exprimer des jugements moins superficiels sur les exigences de crédits aux ruraux, sur leur rentabilité d'entreprise et sur les risques de chaque prêt, puisqu'elle dispose de plus amples éléments pour juger des prêts, et, adapter les moyens récoltés aux variations des besoins financiers de sa zone d'action.

Le pilier susceptible de soulager les besoins des pauvres : la promotion d'un habitat sain

Le schéma tracé jusqu'ici montre que les ménages à faibles revenus font face à une carence grave en habitat décent. Une des principales causes est le faible niveau de revenu qui entraîne une faible accumulation du capital. Le cercle vicieux de la pauvreté est enchevêtré de la manière suivante :

Figure 19 : Cercle vicieux de la pauvreté du coté de l'offre

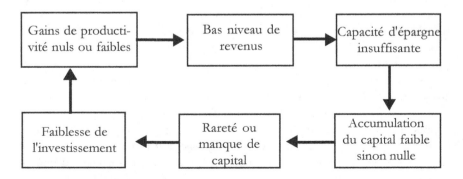

En milieu rural comme en milieu urbain, le faible niveau du revenu et le coût élevé des matériaux de construction ne permettent pas à la population pauvre d'investir dans le logement. Le faible niveau de consommation se traduit à travers le schéma de Nurkse ci-dessous décrivant le cercle vicieux de la pauvreté du coté de la demande.

Figure 20 : Cercle vicieux de la pauvreté du côté de la demande

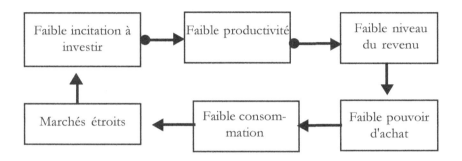

La lecture pessimiste de ce canevas de la pauvreté condamne les pays pauvres dans une situation de pauvreté continuelle. L'histoire économique récente avec la rapide croissance enregistrée par les pays d'Asie du sud-est, nous fait penser que ceux-ci peuvent sortir du cercle vicieux de la pauvreté en brisant le système du coté de l'offre en octroyant des crédits d'investissement et du coté de la demande en promouvant un habitat humain. Cette stratégie qui a comme cible la construction d'un habitat, permettra de stabiliser le niveau de vie des ménages.

La stratégie à mettre en œuvre s'inspire de la méthode de certaines ONG ou organismes internationaux qui prônent le « travail contre nourriture » ou de celle de l'ONG Habitat pour l'humanité international (HPHI). Pour promouvoir un habitat sain en zone rurale ou urbaine, l'idéologie précédente peut être transformée en « production contre habitat sain ». L'idée qui sous-tend cette stratégie est que la population défavorisée ne dispose pas de garantie pour accéder aux crédits bancaires, leur gage au crédit de logement serait donc la production dont elle dispose. Ainsi, on ne peut construire qu'en fonction de ce que l'on produit. Donc l'acquisition de l'habitat doit tenir compte de la capacité des ménages à produire, de la taille et de l'aspiration de ceux-ci à accéder à un logement social acceptable.

L'incitation des ménages à acquérir un habitat humanitaire permettra de relancer l'économie à travers ces diverses inductions, accroissement de la production agropastorale (par la diversification), incitation à l'investissement, permettra également aux ménages pauvres de focaliser dans l'avenir leurs ressources vers d'autres besoins tels que l'éducation, la santé ou d'autres activités productives, et enfin permettre aux ménages une accumulation de capital pouvant impulser une croissance soutenue.

Ce qu'il faut faire en milieu rural

Actuellement le capital investi dans le milieu rural est faible, le bas niveau de revenu détermine un faible pouvoir d'achat chez les ruraux : les entrepreneurs n'étant pas incités à investir dans le milieu, parce qu'ils le considèrent peu attractif et de faible rendement, maintenant ainsi le niveau de l'activité économique dans un état de faible productivité et par conséquent de faible revenu. Du coté de l'épargne, des revenus faibles ne permettent que des taux d'épargne et d'investissement négligeables donc d'une faible productivité conséquemment un faible niveau de revenu en milieu rural.

Afin de promouvoir un habitat sain en zone rurale, nous allons appliquer notre stratégie « production contre habitat », elle sera basée sur l'existence d'un surplus agropastoral détenu par les ménages ruraux. Les produits agropastoraux représentent une part importante du PIB par rapport aux cultures de rente. Ils constituent la première source de revenu des ménages ruraux. Ceux-ci tirent leurs revenus monétaires de la vente du surplus agropastoral. En utilisant l'équilibre comptable du producteur agropastoral, le surplus est obtenu de la manière suivante :

$$P + M = CF + CI + \Delta S + FBCF + X$$
$$P = CF + CI + \Delta S + FBCF + (X - M) \text{ or } CF = AC + CF'$$
$$P = AC + CF' + CI + \Delta S + FBCF + (X - M), \text{ tel que } AC = \alpha P \text{ avec } 0 \leq \alpha \leq 1$$
$$P = \alpha P + CF' + CI + \Delta S + FBCF + (X - M)$$
$$P - \alpha P = CF' + CI + \Delta S + FBCF + (X - M)$$

$$SPA = P - \alpha P$$
$$SPA = (1 - \alpha)P = CF' + CI + \Delta S + FBCF + (X - M)$$
$$\Delta SPA = (1 - \alpha)\Delta P$$

P	:	la production agropastorale ;
α	:	part de la production autoconsommée ;
M	:	importation des biens ;
X	:	exportations des biens ;
AC	:	autoconsommation des produits agricoles ;
CF	:	dépenses de consommation finale du producteur ;
CF	:	dépense de consommation finale en produits achetés ;
DS	:	variation des stocks du producteur ;
SPA	:	surplus agropastoral.

$$\underbrace{SPV}_{\substack{\text{Le surplus} \\ \text{agrospatoral}}} \Big\} \quad \underset{\text{sert à financer}}{=} \quad \underbrace{CF}_{\substack{\text{les dépenses de} \\ \text{consommaton}}} + \underbrace{CI}_{\substack{\text{les intrants,} \\ \text{les semences}}} + \underbrace{\varDelta S}_{\substack{\text{les entrepôts les enclos} \\ \text{les étables}}} + \underbrace{FBCF}_{\substack{\text{la formation du capital:} \\ \text{l'acquisition de l'habitat, les bétails, etc}}} + \underbrace{(X-M)}_{\text{les échanges}}$$

Le dégagement de ce surplus agropastoral pourra permettre aux ménages ruraux d'échanger la production contre la construction d'un habitat sain. Le surplus agropastoral tendra vers la production lorsque l'économie est totalement monétisée ou bien toute la production est vendue, ainsi α tendra vers zéro. En introduisant de nouvelles cultures, le taux d'autoconsommation tendrait vers zéro. Pour cause la population n'ayant pas été habituée à consommer le produit nouvellement introduit, préfère le vendre sur d'autres marchés.

L'augmentation des revenus paysans honteusement bas par une incitation des prix, la diversification des produits et l'accès à un logement sain pourra entraîner une meilleure efficacité du travail, augmentera la production, le surplus agropastoral commercialisable mais en retour le marché intérieur.

L'un des problèmes qui se pose aux ménages ruraux est celui de l'évacuation ou de la maîtrise du circuit de commercialisation du surplus vivrier. La commercialisation implique l'approvisionnement en facteur de production, des déficits dans ce secteur ont été responsables des pertes de production plus fortes. Une bonne lubrification du circuit de commercialisation permet une hausse du revenu car on ne voit pas de producteur qui diminue sa production suite à une évacuation rapide de ces produits.

La commercialisation reste et demeure étroitement liée au crédit comme étant partie constituante de l'ensemble des services nécessaires à l'exploitant pour développer son potentiel de production. Le rôle primordial de la commercialisation dans le développement agropastoral est d'élargir des débouchés intérieurs et extérieurs, d'encourager ainsi le paysan à produire plus de denrées indispensables par une structure incitative de production, sans cette incitation les ruraux ne produiront que pour leur propre consommation et demeureront dans l'extrême pauvreté. La BDM est un organe qui permettra également d'occulter de nouveaux horizons, de collecter et de diffuser des informations pour améliorer le circuit de commercialisation, elle servira d'écran ou d'interface entre les producteurs, les acheteurs et l'Etat.

Les actions à mener en zone urbaine

La population urbaine représente plus du tiers de la population totale. Le milieu urbain contient une très forte population de jeunes de moins de 15 ans. La taille moyenne plus élevée des ménages urbains, a des conséquences négatives sur le niveau de vie. Le milieu urbain est en général mieux nanti en infrastructures sociales de base. Les services d'éducation et de santé sont souvent disponibles en dehors des établissements d'enseignement secondaire qui manquent dans certaines localités. Par contre, l'habitat et son environnement demeure un problème crucial des conditions de vie en milieu urbain.

Le principe « production contre habitat » sera appliquée en différenciant les salariés du secteur public de ceux du secteur privé formel ou informel, la nouveauté ici est que les employeurs peuvent verser des indemnités de logement ou d'autres allocations des employés nécessiteux directement aux BDM, ou peuvent souscrire directement aux crédits logements.

Pour les salariés du secteur public, on pourra échanger les arriérés de salaires contre l'habitat sain (l'exemple frappant est celui du don japonais ou italien en matériaux de construction) et/ou en incitant les intéressés à fournir un certain volume de travail supplémentaire. Cette action incitera les travailleurs de la fonction publique à donner le mieux d'eux-mêmes et augmentera la productivité du travail, relancer un regain de confiance dans l'administration et atténuer la corruption.

Pour le secteur privé, la promotion des crédits logements serait la bienvenue.

Les acteurs

Pour juguler ce manquement, la mise en place d'une BDM financée par la BAD, les Fonds islamiques de Développement, les aides des ONG, les bailleurs de fonds, les dons japonais et italiens, une contrepartie venant du gouvernement et d'une portion de la vente des surplus agropastoraux.

La BDM peut être un très bon agent à la fois pour s'occuper des remboursements d'emprunts, de collecte de TVA sur les produits agropastoraux et encourager les agriculteurs à accroître leur patrimoine.

Seul un organe de ce genre capable d'associer la fonction du crédit aux autres activités pourrait stimuler le développement économique des zones défavorisées et marginalisées. Lesquelles, en plus des besoins de crédit à taux modéré, ont besoin de maximiser leurs fonctions d'utilité par l'amélioration des infrastructures sociales, sanitaires et d'assainissement, de services efficaces de récoltes, de formation et d'instruction professionnelle, d'assistance technique spécialisée afin d'améliorer la production agropastorale, et de mieux allouer leur épargne.

Une structure de la BDM se chargera de faire l'interface entre elle et les ménages nécessiteux. Elle fonctionnera sous forme d'un central d'échange (fonctionnant comme les bourses ayant des traders ou cambistes) mais pas comme les coopératives d'état, qui ont prouvées leurs limites par des dysfonctionnements. L'exemple pratique est celui de l'ONG Habitat pour l'humanité, elle est très proche des familles à faibles revenus. La BDM peut faire la promotion des produits agropastoraux à l'étranger et à l'intérieur à travers ces filiales, par des contrats avec des ménages nécessiteux pour l'évacuation des produits et en contrepartie leur construira un logement social à la dimension du ménage et à sa capacité à produire par le biais de l'Habitat pour l'Humanité, qui sera un partenaire stratégique par sa connaissance du terrain.

La réalisation d'un tel objectif a des impacts immédiats sur tous les intervenants :

> **Gouvernement** : prenant part à la capitalisation et en créant une assurance garantie (fonds de garantie), il pourra voir son assiette fiscale augmenter suite à l'application des TVA sur les produits agropastoraux, prélever des taxes foncières auprès des ménages et des impôts sur le bénéfice des sociétés ;
>
> **Ménages** : en liquidant leur surplus agropastoral, les ménages nécessiteux disposeront enfin d'un habitat sain et pourront bénéficier des interventions de la BDM pour l'acquisition des accessoires, des petits équipements, des intrants et des conseils pour accroître leur productivité, assureront leur autosuffisance alimentaire ;
>
> **Organisme d'encadrement** : les sociétés d'encadrement fourniront ainsi un soutien concret en mettant en place une structure de communication pour la commercialisation et la distribution du surplus vivrier ;
>
> **BDM** : est l'organe de référence, qui octroiera des crédits pour financer les logements sociaux auprès des entrepreneurs locaux en bâtiments. Il sera financé sur subvention du gouvernement, du dépôt des ménages, des dons, des aides et legs des bailleurs de fonds nationaux et internationaux ;
>
> **Entrepreneurs en bâtiments** : sur autorisation de la BDM, il pourra bénéficier d'un crédit pour la construction d'un logement sain destiné aux ménages nécessiteux.

Figure 21 : Schéma d'intervention

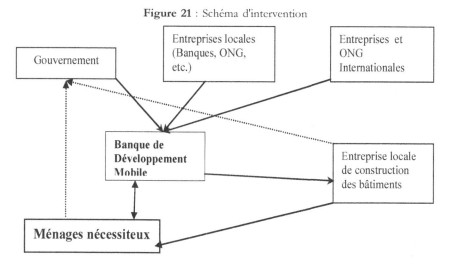

Les actions à entreprendre

Pour rendre viable cette nouvelle politique, il s'avère nécessaire pour le gouvernement, les bailleurs de fonds, les élites locales, certains groupes de pression tels que les groupements des paysans, les groupements des femmes, les transporteurs, les ONGs, les confessions religieuses, les partis politiques, les partenaires extérieurs et les ménages eux-mêmes de définir un cadre d'action afin d'assigner des objectifs spécifiques qui sont :

- la mobilisation des partenaires nationaux et extérieurs par un plaidoyer permanent pour la mise en place d'une BDM ;
- la promotion de l'habitat pour l'humanité en milieu rural ;
- la promotion des matériaux locaux de construction ;
- la promotion des crédits immobiliers en zone urbaine.

Du côté des accessoires, cette incitation à construire fera de sorte que les ménages disposeront d'une volonté à s'investir dans l'amélioration des infrastructures sociales. Cette implication des ménages doit s'accompagner avec la mise au point des actions spécifiques telles que :

- la promotion de l'énergie solaire et de nouvelles sources d'énergie non polluantes ;
- l'harmonisation des actions des partenaires privés et des bailleurs de fonds dans les secteurs de l'habitat, de l'eau, l'énergie domestique et l'assainissement ;
- le développement des connaissances locales et des technologies adaptées au contexte local ;
- la promotion de l'électrification rurale ;
- la valorisation des ressources humaines locales.

Conditions de réussite et bénéfice à tirer de la BDM

Les déterminants des performances de remboursement des crédits au groupe sont fonction des facteurs caractéristiques des institutions impliquées dans les opérations, les technologies de crédits utilisées. Il est montré que la présence dans le milieu rural des institutions financières et divers organismes impliqués dans les opérations (le rapprochement de ces derniers des villages et groupes), l'implication des ONG et des services d'encadrement gouvernementaux dans la formation et l'encadrement des groupes, le déblocage à temps des crédits, l'accroissement des montants de remboursement et de la durée des crédits, ainsi que la multiplication du nombre des échéances de remboursement, permettent de réduire les taux de défaillance. Il convient de signaler la nécessité pour la BDM d'intégrer la composante épargne, car la plupart des systèmes financiers ruraux solides et durables mettent l'accent sur la mobilisation de l'épargne, puisque la mobilisation des dépôts change l'origine et l'image de l'argent prêté, en conséquence réduit le problème de défaillance : parce que le sentiment d'appartenance à un réseau « ma banque » est un gage de remboursement. Alors que le crédit provenant d'une source étrangère (argent de l'État ou des blancs) « on ne le rembourse pas » parce que selon une anecdote camerounaise crédit veut dire « kellet die » c'est-à-dire « vas manger ».

Dans les actions tendant à promouvoir la création de la BDM, il est recommandé de libéraliser les taux d'intérêt, de revoir la politique qui consiste à entièrement subventionner les taux d'intérêts. Les subventions peuvent être encouragées pour financer le développement des infrastructures sociales.

L'effet positivement significatif du revenu sur l'offre de l'épargne et la demande de crédit en milieu rural fera ressortir la nécessité de développer et de diversifier des activités économiques. À travers ces activités, les populations rurales peuvent accroître leurs revenus, leur capacité et volonté d'épargner et d'endettement, leur performance de remboursement de crédit.

Le gouvernement et les donateurs doivent jouer un rôle important à travers des investissements dans les projets d'accompagnement, le développement des infrastructures, le financement des programmes d'alphabétisation, d'éducation et de formation des ruraux et des plus démunis, la création d'un environnement macroéconomique stable qui peut favoriser le développement de l'initiative privée. Les ONG travaillant en étroite collaboration avec les populations défavorisées doivent appuyer la BDM, parce qu'elle joue un rôle central à travers l'allocation efficace des ressources financières et la promotion d'un habitat humain.

La promotion d'un habitat sain devra être couplée avec une action d'attribution des titres fonciers, c'est-à-dire tout ménage désirant construire en milieu rural ou urbain à base de crédit financé par la BDM, serait détenteur immédiat d'un titre foncier. Cela permettra de résoudre le lancinant problème des titres fonciers base essentielle d'hypothèque et de garantie pour un crédit futur. La BDM peut primer ses meilleurs clients en leur laissant la latitude de participer à son capital social, afin que ceux-ci se l'approprient.

Mais avant de mettre une telle BDM en oeuvre, une étude détaillée de la situation devait être effectuée, des discussions entre les différentes parties prenantes doivent être engagées, afin de mettre au point un cadre juridique et institutionnel approprié avec un système de supervision et des règlements prudentiels adéquats. Le développement d'un réseau de BDM de proximité offrant des services adaptés, permettra aux populations défavorisées à se brancher au réseau pour pouvoir bénéficier des opportunités qui y sont offertes.

Conclusion

La conception et la mise en œuvre d'un programme efficace de promotion de BDM jumelée avec celle d'un habitat social peut, si l'incitation impulsée est efficace et viable économiquement, avoir l'adhésion de la population compte tenu de leur besoin urgent de ces types de biens et services. Parce que l'habitat est une priorité, il est la racine de la famille et c'est de là que tout commence, tout part et de là également que la vie se développe : la prospérité commence à partir de la maison. Ce programme doit tenir compte, pour réussir, de la dimension et de la capacité des ménages à fournir un surplus de production.

L'utilisation des matériaux locaux doit être aussi privilégiée dans ce programme. Elle pourra aider à pallier le problème des coûts exorbitants des matériaux de construction. De même un accent particulier doit être mis sur l'utilisation des sources nouvelles et alternatives d'énergie. Au niveau plus large des groupes et des communautés, l'efficacité du programme impulserait l'autodétermination en assurant la stabilité des ressources pour le financement des dépenses sociales, des investissements collectifs tels que l'amélioration de soins de santé primaire, d'éducation fondamentale, d'augmentation de la production locale, de la construction des routes et des centres socioculturels.

Au niveau national, le programme renforcerait la croissance amorcée par l'économie nationale en permettant au secteur agropastoral de devenir dynamique et plus productif.

L'investissement dans le secteur du bâtiment permet de créer des emplois, ce qui va engendrer le revenu, lequel permet et accélère la formation du capital. Si l'investissement est soutenu, celui-ci va engendrer l'accumulation du capital. Par le mécanisme des activités de proximité, les branches agropastorales et le bâtiment peuvent engendrer plusieurs activités (par des effets induits).

Toute opération de BDM pour un habitat échouera, si on la conçoit comme une ponction à opérer sur un gisement préexistant, sur une manne que les acteurs pourraient se contenter à recycler. Il y a tout au moins chez les ménages ruraux et urbains la détermination de mieux être, d'aspiration à une vie meilleure. Cette opération doit se faire avec réalisme et courage, elle doit être d'abord une œuvre d'éducation, d'incitation en faisant appel à la liberté des ménages d'exercer leur choix dans le sens de leur intérêt bien compris : un habitat à la dimension de la production et à la taille du ménage. Car si les ménages ont des meilleurs habitats, ils penseront à avoir de meilleures écoles pour leurs enfants, de meilleurs centres de santé, de meilleurs accès aux nouvelles technologies de l'information; ils penseront également à investir davantage dans l'amélioration de leur condition, à l'ouverture aux échanges et à la technologie, à accumuler plus de capital pour parer à un avenir incertain et donc à l'amélioration de leur environnement (naturel, physique, social et culturel).

Note

1. Gurley et Shaw, 1960, *Money in a Theory of Finance*, The Brooking Institution, Washington.

Annexes

Annexe I : Tables 29 - 33

Tableau 29 : Les indicateurs macroéconomiques de la Centrafrique

Le Pib est en milliard et au prix de 1985, les dépenses gouvernementales (DépensG), le déficit budgétaire (Def_Budget) et le solde de la balance courante (Bdp) sont exprimés en milliard de FCFA et en nominal.

Année	PIB	DépensG	Def_Budget	BdP	Prix moyen	TCER95
1980	168,4	25,5	8,7	-9,1	97	165,1463
1981	188,8	28,3	-10,2	-1,2	97	159,3592
1982	216,5	39,1	-4,3	-13,7	100	156,759
1983	230,2	42,4	-7,0	-12,2	104	160,7991
1984	259,9	39,7	-0,1	-10,2	111	151,5534
1985	388,5	56,3	-16,6	-34,5	136,3	161,6746
1986	388,6	56,5	-16,4	-22,7	124	169,6287
1987	360,9	80,5	-39,1	-22,5	144	156,675
1988	376,7	75,7	-35,4	-10,4	144	144,7583
1989	393,6	76,9	-36,0	-11,0	99,7	138,3766
1990	392,3	86,9	-40,4	-24,4	99,7	157,5085
1991	388,6	98,3	-47,0	-18,9	77,7	146,2795
1992	373,7	90,6	-41,4	-43,8	63,8	144,165
1993	362,1	78,3	-5,6	-24,4	100	135,153
1994	472,6	105,5	-78,7	-14,3	180	84,72968
1995	556,7	115,4	-38,0	-31,2	195	100
1996	515,5	60,7	-50,3	-10,0	152,5	102,1933
1997	547,3	91,6	-26,0	-14,0	169	99,03658
1998	598,5	122,4	-136,3	-35,4	162,5	96,51778
1999	630,8	130,3	-73,5	-10,2	126,5	91,49986
2000	667,7	108,4	-39,1	-7,6	95	89,36039
2001	704,7	92,0	-27,9	-11,8	115	92,3294
2002	709,3	104,4	4,3	-11,3	99,5	95,2
2003	684,0	85,9	-3,9	-16,2	115	94,0

Sources : Administration centrafricaine, BEAC.

Tableau 30 : Données de base sur l'Éducation en République centrafricaine en 2002

Organisation pédagogique	
- Inspections d'Académies	8
- Inspections de l'Enseignement Fondamental 1	20
- Inspections des Écoles Maternelles	1
- Secteurs Scolaires	19
Établissements scolaires	
- Etalissements Préscolaires	162
- Ecoles du Fondamental 1	1 493
- Collèges d'Enseignement Général	35
- Collège d'Enseignement Secondaire	2
- Collège d'Enseignement Polyvalent	1
- Lycées scientifiques	3
- Lycées d'Enseignement Secondaire Général	40
- Collèges d'Enseignement Technique	3
- Lycée Technique	1
Formation initiale des enseignants	
- Ecole Normale d'Instituteurs (ENI)	1
- Ecole Normale Supérieure (ENS)	1
- Centre National de Jeunesse et de Sports	1
Formation continue des Enseignants	
- Centre National de Formation Continue (CNFC)	1
- Centre Pédagogique National	1
- Centres Pédagogiques Régionaux	8
Effectifs recensés par ordre d'enseignement	
- Préscolaire	5 363
- Fondamental 1	368 027
- Fondamental 2 et Secondaire Général	64 905
- Enseignement Technique	674
- Enseignement Supérieur	5 536
Indicateurs d'accès	
- Taux Brut de Scolarisation (TBS) au primaire	67%
- Taux Net de Scolarisation (TS) au primaire	49%
- Indice d'Equité	0,67
Indicateurs d'efficacité interne	
- Taux de Promotion	56%
- Taux de redoublement	33%
- Taux d'abandon	11%
- Taux de survie en sixième année	49%

Indicateurs de qualité

- Ration élèves/maître	76
- Ration élèves/salle de classe	67
- Elèves pour un livre	4
- Elèves pour une place assise	1,45
- Proportion d'enseignants qualifiés	51%

Tableau 31 : Part de l'industrie extractive dans les principaux agrégats

Années	Part dans le PIB	Part dans les recettes publiques	Part dans les exportations totales
1995	4,1%	2,2%	40,4%
1996	4,3%	5,3%	46,8%
1997	4,1%	5,6%	41,0%
1998	3,3%	3,4%	38,9%
1999	3,4%	3,3%	42,2%
2000	3,6%	1,1%	38,3%
2001	3,5%	3,1%	40,5%
2002	3,0%	2,9%	34,5%
2003	2,5%	3,7%	40,3%

Source : BEAC.

Tableau 32 : Comparaison de diamants exportés par la RCA

	Importation de Diamants bruts arrivant à Anvers (source HRD)			Exportation de Diamants bruts visés à BECDOR à Bangui			Fraude présumée (évaluée par différence)		
	Milliers Cts	Millions US $	US $ / Ct	Milliers Cts	Millions US $	US $ / Ct	Milliers Cts	Millions US $	US $ / Ct
1992	427,50	75,96	178	414,28	62,98	152	13,22	12,98	981
1993	493,00	85,34	173	494,92	73,89	149	-	11,45	
1994	526,70	84,53	160	530,99	74,84	141	-	9,69	
1995	626,30	88,92	142	480,54	74,67	155	145,76	14,25	98
1996	571,60	113,34	198	487,36	70,37	144	84,24	42,97	510
1997	580,90	107,94	186	486,79	69,83	143	94,11	38,11	405
1998	802,50	165,81	207	419,97	59,24	141	382,53	106,57	279
1999	1 241,70	155,63	125	432,17	62,39	144	809,53	93,24	115
2000	1 307,50	160,76	123	461,00	61,82	134	846,50	98,94	117
2001	634,10	96,94	153	449,27	56,27	125	184,83	40,67	220
2002	885,70	118,31	134	414,79	52,29	126	470,91	66,02	140
2003	348,30	56,66	163	378,00	48,90	129	-	7,76	

Source : BEAC

Tableau 33 : Les substances et roches présentes en Centrafrique

Substances et roches	Minerais	Métallogénie	Usages	Observations
Diamant	1. Formation grèseuse 2. Formation cristallophyllienne 3. Grès et quartzites	Alluvions, paléo-placers. Granite	1. Joaillerie 2. Industrie	Exploitation artisanale et semi-industrielle Le 1er diamant a été découvert en 1914 par BRUSTIER
Or	1. Formation grèseuse 2. Granite 3. Filon de quartz 4. Quartzites 5. Dolérites 6. Sables paléo-tchadiens 7. Latérite	Alluvions, terrain granito-gneissique, filon de quartz, roches vertes (sondages jusqu'à 200 m, 6g/tonne), roches vertes en filon, dolérites, quartzites, alluvions (zone péri-granitique, quartzoschiste chlorieux), micaschiste-sériciteux-graphiteux (stockwerk), micaschiste grèseux	1. Joaillerie, horlogerie 2. Médecine, orfèvrerie 3. Frappe de monnaie, Thésaurisation 4. Fabrication d'appareils de mesure de précision	*Exploitation artisanale et semi-industrielle*
Fer	1. Quartzites ferrugineux 2. Quartzites ferrugineux (itabirites) 3. Latérites	Quartzites ferrugineux, itabirites, latérites	Industrie métallurgiques	*Non exploité.* Evalué très partiellement : 2,5 t à teneur de 60-64 %
Graphite	1. Formation grèseuse 2. Schiste pyriteux 3. Schistes-quartzites 4. Gneiss	Gré, quartzito-schiste	Crayon, ornement, ustensiles de cuisine	Exploitation artisanale sporadique
Calcaire	Carbonate de protérozoïque supérieur	Calcaire	Cimenterie, plâtres, craie, engrais, peinture	Partiellement étudié
Uranium	1. Sédiments phosphatés 2. Uranite primaire, haivesite, autunite dans le granite 3. Calcaire uranifère	Phosphate Granite	1. Energie nucléaire 2. Armement	2,5 % de phosphate et 0,25 % d'uranium (16 765 t), étudié dans la cuvette de BAKOUMA ? avec une teneur de 1,6t/m³
Cuivre	1. Filons e quartz 2. Formations carbonatées 3. Grès quartzite 4. Métabasaltes 5. Amphibolite 6. Veine de quartz	Malachite, alluvions, pellites, andésitées, pyrites, chalchopyrite (dans dolérite).	1. Industrie chimique 2. Electricité 3. Joaillerie	*Inexploité.* 0,3 % de cuivre en moyenne pour 45 filons échantillonnés 360 ppm.
Sel gemme	Sel gemme	Sable	Alimentation	Exploitation artisanale
Ardoise	Ardoise	Schiste	Didactique	Inexploité
Zinc	Amphibolo-pyroxénite	Alluvions, péllites	Alliages, Industrie chimique	Etudié : 140 ppm
Plomb	1. Amphibolites et Amphibolo-pyroxénite 2. Galène	Alluvions, pellites	1. Bâtiments (revêtement des toits), plomberie ; 2. Armement ; 3. Electricité ; 4. Electronique ; 5. Industrie chimique ; 6. Imprimerie	Etudié : 120 à 470 ppm
Micas	Filon de pegmatite	Filon de pegmatite	Médecine esthétique, fertilisant	Non exploité. Plaques de 20 cm de diamètres
Eau thermale	1. Quartzites et grès 2. Formation néo-tchadienne	Quartzites, grès, charnockites	Médecine, Energie, Cuisine	Inexploité
Hydrocarbures	Formation néo-tchadienne	Sables argileux avec des niveaux d'argiles	Industrie, Energie	Forage d'Aoukale1 (2 477 m)

Source : Rapport des États généraux des mines (2003).

Annexe II

IXe siècle

- Première structure étatique connue : royaume du Kanem au nord actuel de la RCA.

XVe–XVIe siècle

- Domination soudanaise.

XVIIIe–XIXe siècle

- Migration en Centrafrique des guerriers Zandé.

1800

- NGoura, le leader des Kogobili, fonde la nation Zandé.

1820

- Selon certains auteurs, c'est aux environs de 1820 que le peuple Gbaya pourchassé dans le nord-ouest par les Foulbé de l'Adamaoua (Cameroun), s'établit sur le sol centrafricain (les travaux de fouilles archéologiques menés notamment par Pierre Vidal et Étienne Zangato dans les secteurs de Bouar tendent à prouver une plus longue présence des populations sur le sol centrafricain).

1825

- Le peuple Mandja s'établit au nord de l'Oubangui.

1830

- Le début de l'émigration du peuple Banda partant de Fertit vers le sud et l'ouest. Dans la région nord-est du territoire centrafricain, le prince baguirmien, Omar, appelé Djoungoultoum, fonde la province du Dar-el-Kouti.

1850

- La nation Zandé atteint son apogée avec la dynastie Angoura. C'est également l'apogée de la nation Bandia avec la dynastie Abaya.

1877

- Souleyman ben Ziber, successeur de son père qui est arrêté au Caire, se révolte contre l'Égypte. Les sultans Zandé se désolidarisent de celui-ci.

1879

- Rabah quitte Souleyman, qui se soumet aux autorités soudanaises. Rabah s'installe dans le Dar Fertit.

1880 début du XXe siècle

- *Royaume d'aventuriers marchands (Sénoussi et surtout Rabah).*

1882-1884

- Rabah installe sa capitale à la source du Gribingui.

1883-1894[1]

- Pénétration française en Oubangui-Chari par les fleuves Sangha et Oubangui.

20 février 1884

- Au départ de Kinshasa, le pasteur anglais Greenfeld découvre le fleuve Oubangui.

20 avril 1884

- Vangele et Hanssens, agents de l'EIC (État Indépendant du Congo), entrent pour la première fois dans l'Oubangui.

janvier 1885

- Le pasteur anglais Greenfeld arrive aux rapides de Bangui.

5 février 1885

- Convention franco-belge fixant la frontière des deux zones d'influence sur la Licona-Nkoundja.

6 mars 1885

- Vangele dévoile à Chavannes et Dolisie l'ampleur du cours de l'Oubangui.

16 mai 1885

- Dolisie fonde le poste de Nkoundjia.

1885

- Rabah attaque au Kaga Kazangba les Mandja qui résistent victorieusement et lui infligent une défaite.

1886

- Rabah s'installe en pays Sara.

20 octobre 1886

- Vangele atteint les rapides de Bangui mais ne peut les franchir .

1887

- Le capitaine belge Vangele reconnaît le cours inférieur de la Lobaye et passe les rapides de Bangui.
- 29 avril, Convention France-États Indépendants du Congo (IEC) sur leur frontière au nord du Congo (reconnaissance des droits de la France sur le cours nord de l'Oubangui).
- Au combat d'An Timan, le Ouddaï barre la route du nord-est à Rabah.
- 29 juillet, Dolisie reconnaissant l'Oubangui, est attaqué par les Bondjo à la hauteur de Modzaka.
- Août, Dolisie atteint les rapides de Bangui; Dunod explore la basse M'Poko.
- 12 septembre, Dolisie retient le site du poste de Modzaka.
- 21 novembre, la deuxième expédition VANGELE dépasse les rapides de Bangui et atteint Satema (Mobaye).
- 2 décembre, deuxième reconnaissance de Dolisie aux rapides de Bangui.
- 31 décembre, Vangele atteint le confluent Ouelle-Mbomou.

1888

- Rabah décide de rester dans les pays du Chari plutôt que de regagner le Nil.
- 13 février, retour à Kinshasa de la mission Vangele.
- Mars, fondation du poste français de Liranga au confluent Oubangui-Congo. Albert Veitstroffer reconnaît l'Oubangui, en période d'étiage, de Modzaka à Bangui.
- 11 décembre, constitution de l'entité administrative, qui prendra le nom de Congo Français le 30 avril 1891.

1889

- Rabah razzie la Vallée de l'Aouk.
- 10 mai, Dolisie décide l'installation du Poste de Bangui.
- 25 juin, fondation du poste de Zongo par Vangele, puis de celui de Mokoangay.
- 26 juin, Michel Dolisie et UZAC venant de Brazzaville, sur instruction de son frère Alfred Dolisie, crée un poste au confluent de la Mpoko, qui prend le nom de Bangui.

1890

- Rabah opère un coup d'État au Dar-el-Kouti. Il fait abdiquer le sultan Kober et le remplace par le propre neveu de celui-ci, Mohamed-el-Senoussi.
- Vangele fonde le poste de Yakoma, au confluent de l'Ouelle et du Mbomou.
- 14 juin, Vangele signe un traité avec Bangassou.
- 15 juin, Ponel installe le poste de Bangui aux pieds des rapides.
- 23 août, la mission Crampel quitte Brazzaville.
- 23 septembre, la mission Crampel arrive au poste de Bangui.
- 13-18 novembre, représailles des Français de Bangui contre les Bouzerou et les Sabanga.
- Décembre, Rabah quitte le Dar el Kouti après y avoir installé Mohammed Senoussi.
- 19 décembre, affrontement entre les Langbassi et l'avant-garde de Crampel (Biscarrat).
- 31 décembre, Crampel quitte Bangui pour rejoindre son avant-garde à Bembe et Makobou.

1891

- 28 janvier, mort à Bembe d'un des adjoints de Crampel, Orsi.
- 13 février, Crampel et le premier échelon de sa mission atteignent Châ.
- 19 février, la mission Fourneau quitte Brazzaville pour explorer la Haute-Sangha.
- 8 avril, mort de Crampel qui se dirigeait vers le Tchad dans l'embuscade tendue par les Senoussistes.
- 13 avril, la mission Dybowski débarque à Loango.
- 12 mai, violent affrontement entre les GBAYA et la mission Fourneau.
- 17 juin, arrivée à Brazzaville, après un mois de voyage depuis Loango du premier échelon de la mission Dybowski.
- 6 juillet, arrivée à Bangui de la mission Gaillard (Husson, Blom, De Poumayrac, De Masredon) chargée de reconnaître la rive droite de l'Oubangui.
- 14 août, Gaillard fonde le poste de Mobaye.
- 15 août, naufrage du Dr Ballay dans les rapides de Satema.
- 7 septembre, Gaillard fonde le poste des Abiras (A-Bila) face à celui de Yakoma.
- 18-25 septembre, Nebout explore la Mpoko.

- 24 septembre-début octobre, Brunnache et Briquez explorent l'Ombella et la Kemo.

- 4 octobre, Dybowski arrive à Bangui et quitte le 25 octobre pour le nord.

- 9 octobre, escale à Bangui du vapeur Peace portant un groupe de missionnaires.

- 14 novembre, la mission Dybowski arrive à Balao ; le 15 novembre campe chez les Dakpa du chef Zouli à Zamvouza où elle reste 4 jours.

- 27 décembre, retour à Bangui de Dybowski, Brunache et Nebout.

- 13 décembre, disposition de Dolisie créant une zone « Modzaka-Mobaye ».

1891-1894

- En défiance à la convention de 1887, une mission du roi Léopold se rend dans le Mbomou et la Haute Kotto pour s'y fixer. Des traités de protectorat furent signés avec les sultans Bandia Bangassou et Rafaï, et le sultan Zande Zemio.

1892

- 1er janvier, Brazza nomme Liotard commandant du Haut-Oubangui.

- 10 janvier, la mission Maistre (Clozel, de Méhagle, Bonnel de Mézières) quitte Bordeaux.

- 12 janvier, arrivée à Bangui de Greshoff, directeur de la NAHV, avec 3 agents.

- 15 janvier, arrivée à Bangui de l'administrateur Largeau.

- 1er -4 février, Dybowski se rend de Bangui au poste des OUADDA.

- 6 février, la mission Maistre débarque à Loango.

- 11 février - 3 mars, Dybowski fait une reconnaissance chez les Togbo de la Kemo, et y fonde un poste où Brunche restera jusqu'au 7 avril.

- 30 mars, arrivée à Bangui de Liotard, commandant de la région du Haut-Oubangui.

- 1er juillet, le Ndris Ali prend contact avec la mission MAISTRE sur la Tomi; le 3 juillet, il signe un traité avec le chef Ndris Azamgouanda.

- 18 juillet, premier combat de la mission Maistre contre les Mandja; le 22 août, Maistre fait la paix avec les Mandja.

- 1er septembre, Maistre signe un traité avec le chef Aouaka Yagoussou.

- 1er au 10 septembre, la mission Maistre franchit le Gribingui.

- 3 novembre, la mission Uzes arrive à Bangui.

1893

- Rabah s'empare du Baguirmi.
- 11 janvier, l'expédition Uzès arrive aux Abiras.
- 13 janvier, Mgr Augouard, vicaire apostolique du Congo, quitte Brazzaville pour le Haut-Oubangui.
- 4-8 février, l'expédition Uzès met en déroute les Ngbougou.
- 15 février, Mgr Augouard choisit l'emplacement de la future mission Saint-Paul.
- 16 mars, affrontement des Français et des Léopoldiens devant Bangassou.
- 9 juin, conférence de Maistre à la Société de Géographie de Paris.
- 15 juin, accord franco-allemand sur la frontière Congo Cameroun.
- 14 août, convention germano-britannique sur les frontières en Afrique centrale.

1894

- Février, fondation de la Mission Saint-Paul à Bangui par le Père Prosper Augouard.
- 15 mars, la convention franco-allemande fixe les limites du Congo français et du Cameroun français.
- 13 juillet, l'Oubangui est administrativement détaché du Congo pour devenir une colonie distincte. Occupation de Bangassou par Liotard.
- 28 août, l'accord entre la France et le roi belge Léopold fixe la frontière nord de l'Etat Indépendant du Congo dans la vallée du Mbomou.

10 juillet 1898

- Arrivée de la mission Marchand à Fashoda sur le Nil.

21 mars 1899

- Une convention franco-britanique attribue Bahr-el-Ghazal, occupée par les Français de l'Oubangui, au Soudan anglo-égyptien. Cette convention place Ouadaï dans la zone d'influence française.

22 avril 1900

- Rabah est mis en déroute par trois missions françaises venues d'Alger, de Saint-Louis du Sénégal et de Bangui. Rabah fut tué au cours du combat à Kousseri. Son empire disparu les mois qui suivirent.

1900-1902

- Généralisation de l'impôt en Afrique équatoriale française.

1902-1904

- L'insurrection Mandja contre la taxe, le portage (Possel - Krébégbé - Dékoa - Bandoro - Territoire du Tchad).

29 décembre 1903

- Décret de création de la colonie de l'Oubangui-Chari.

11 février 1906

- Création de la région de Chari. L'établissement de la colonie en Oubangui-Chari avec sa capitale Fort de Possel. (Fort-de-Possel: capitale de l'Ubangui-Schari-Tschad (Oubangui-Chari)

11 décembre 1906

- Un décret fait de Bangui la capitale de l'Oubangui-Chari.

15 janvier 1910

- Le Congo français et les dépendances deviennent Afrique équatoriale française (AEF); il s'agit des colonies du Gabon, du Moyen-Congo, de l'Oubangui-Chari et du Tchad.

- L'armée de El-Sénoussi prend Ouanda-Djallé. Ce qui entraîne l'exode de la population Youlou.

11 janvier 1911

- El-Sénoussi est tué lors de son arrestation par le Lieutenant Gründfelder.

4 novembre 1911

- La France cède à l'Allemagne une partie importante de l'Afrique équatoriale française (AEF), notamment toute la partie ouest du territoire de l'actuelle RCA. Les territoires annexés étaient appelés « Neu Kameroun ».

12 août au décembre 1914

- La France réoccupe le « Neu Kameroun » (région de la Lobaye) et rentre au Cameroun allemand.

1921

- René Maran eut le Prix Goncourt pour son livre « Batouala ».

1924

- Introduction de la culture du coton à Bangassou.

1925

- Arrivée d'André Gide à Bangui qui révéla les scandales de la Lobaye et de la Haute Sangha. Dénonciation par le chef Samba-Ngotto des massacres de Botembélé.

1928-1931

- La guerre de Kongo-wara : la révolte éclate en juin 1928 à Bouar. Le soulèvement général des Gbaya et autres groupes à l'ouest de la République centrafricaine opposés à la colonisation (mené sous la direction de Karinou), connu sous le nom de la guerre de Kongo-wara, dura plusieurs années. Karinou fut massacré le 11 décembre 1928 par l'armée coloniale.

24 juin 1924

- Bérandjoko entré en rébellion depuis 1906 contre les autorités coloniales, a été à son tour capturé et massacré dans la forêt de la Lobaye.

- Albert Londres et Robert Poulaine révèlent les scandales dans la construction du chemin de fer Congo-océan au cours de laquelle des travailleurs centrafricains mouraient en nombre.

1931

- Construction du 1er aéroport de Bangui. Bangui devient la base de l'escadrille de l'Afrique équatoriale française.

1938

- Barthélemy Boganda fut ordonné premier Prêtre catholique de l'Oubangui-Chari.

20 juillet 1940

- Défaite du putsch gaulliste à Bangui.

28 août 1940

- Coup d'État gaulliste à Brazzaville. Le Colonel de Larminat prend le pouvoir.

30 août 1940

- Ralliement de l'AEF à la France libre.

3 septembre 1940

- L'Oubangui-Chari rallie au côté de la France Libre.

21 octobre 1940

- Le Général De Gaulle est à Bangui.

1941-1946

- Barthélemy Boganda, Prêtre à la mission Saint-Joseph de Bambari, chargé de Grimari et de Bakala.

30 janvier 1944

- Le Général De Gaulle ouvre la conférence de Brazzaville sur l'avenir de l'empire français en Afrique.

16 octobre 1946

- L'organisation administrative de l'Afrique équatoriale française en quatre régions. (Le 19 déc. 1945 : opposition de la Chambre de Commerce pour une partition en trois de l'AEF envisagée par le Gouverneur général Bayardelle : Gabon, Moyen-Congo, Région islamique du Tchad, le pays de la haute rivière, avec Bangui comme leur « quartier général »).

10 novembre 1946

- Barthélemy Boganda fut élu député de l'Oubangui-Chari à l'Assemblée nationale française.

mars-décembre 1947

- Accession à l'autonomie : mise en place de l'Assemblée territoriale. L'Assemblée territoriale de l'Oubangui-Chari et le Grand Conseil de l'AEF sont mis en place.

28 septembre 1949

- Barthélemy Boganda fonde le Mouvement pour l'Évolution sociale en Afrique noire (MESAN).

10 janvier 1951

- Un incident dans la Lobaye sur un marché local se produit, le Député Boganda et sa femme furent arrêtés.

17 juin 1951

- Boganda est réélu à l'Assemblée nationale française (malgré une farouche opposition).

30 mars 1952

- Le MESAN occupe tous les sièges de l'Assemblée territoriale en Oubangui-Chari.

30 avril 1954 au 1er mai 1954

- Violentes manifestations publiques à Berbérati (dénommée « la guerre aux cailloux »), le calme ne fut rétabli que par l'arrivée du Député Boganda sur les lieux.

2 janvier 1956

- B. Boganda est réélu Député à l'Assemblée nationale française.

23 juin 1956

- Loi-cadre appelée Loi Defferre, ouvre la voie à une autonomie interne aux territoires d'outre-mer.

18 novembre 1956

- Boganda est élu Député-Maire de Bangui.

17 mai 1957

- Le premier gouvernement oubanguien est constitué et dirigé par le Docteur Abel Goumba.

18 juin 1957

- Boganda est élu Président du Grand Conseil de l'AEF.

28 septembre 1958

- L'Oubangui-Chari vote massivement (98,1 pour cent) en faveur de la continuité avec la Communauté française par 487 031 voix (soit 98,1 pour cent) contre 6 085. Boganda recommande une République indépendante composée des pays de l'Afrique équatoriale française (AEF) pour la création initiale des États-Unis d'Afrique latine.

1er décembre 1958

- Proclamation de la République centrafricaine et du premier gouvernement provisoire sous la présidence de B. Boganda ; son territoire est limité à l'Oubangui-Chari. Il devient le président (selon son idée, la RCA devrait se constituée de quatre territoires : le Gabon, le Moyen-Congo, l'Oubangui-Chari et le Tchad, auxquels devaient s'ajouter le Cameroun, en passant par le Ruanda jusqu'en Angola) ; se désolidarisant de la position de Barthélemy Boganda, les trois autres pays proclamèrent leur République le 02 novembre 1958.

16 février 1959

- L'Assemblée territoriale adopte une constitution démocratique présentée par Boganda.

29 mars 1959

- B. Boganda mourut dans un tragique accident d'avion. Abel Goumba devient le président par intérim.

5 mai 1959

- David Dacko est élu Président.

13 août 1960

- André Malraux, au nom du Gouvernement français signe à Bangui les accords d'Indépendance et de Coopération en présence du Secrétaire d'État Jean Bourges et du Haut Commissaire général à Bangui, Paul Bourdier ;
- Proclamation de l'indépendance.

14 août 1960

- Élection de D. Dacko à la présidence de la République.

20 septembre 1960

- Sur présentation de la France, la RCA est admise à l'ONU, M. Gallin-Douathe est nommé représentant auprès de l'Organisation.

17 novembre 1960

- Manifestation à Bangui contre les lois de restriction des libertés publiques.

23 décembre 1960

- L'arrestation d'Abel Goumba et plusieurs autres membres du Mouvement pour l'Évolution de l'Afrique centrale (MEDAC), MEDAC est dissout.

mai 1963

- L'Assemblée nationale fait du MESAN seul parti unique du pays auquel tous les citoyens doivent y adhérer.

5 janvier 1964

- David Dacko, le candidat unique est élu président de la République avec 99,99 pour cent de vote.

20 novembre 1964

- Promulgation d'une loi constitutionnelle modifiant la constitution parlementaire du 9 février 1959.

8 décembre 1964

- Création à Brazzaville de l'Union douanière des États de l'Afrique centrale (UDEAC) réunissant le Cameroun, le Congo, le Gabon, la République centrafricaine et le Tchad, et dont le siège est à Bangui.

1er janvier 1966

- Coup d'État militaire dirigé par le colonel Jean Bedel Bokassa.

3 janvier 1966

- Constitution d'un nouveau gouvernement sous la présidence du colonel Jean Bedel Bokassa.

4 janvier 1966

- La Constitution du 16 février 1959, modifiée par des lois constitutionnelles de 1960, 1961, 1962, 1963 et 1964, a été abrogée. L'Assemblée nationale ainsi que le Conseil constitutionnel et le Conseil économique et social ont été dissous. L'organisation politique de la République repose sur un parti unique, le MESAN (Mouvement de l'Évolution sociale de l'Afrique noire) dont la présidence est assurée par le chef de l'État, Jean-Bédel Bokassa.

2 avril 1968

- Création de l'Union des États d'Afrique centrale (UEAC) : Congo-Kinshasa, Tchad et République centrafricaine.

10 avril 1969

- Tentative de coup d'État ratée par le Lieutenant-colonel Banza, il fut exécuté le 20 avril 1969.

30 août 1970

- Réforme agraire.

1971

- Ouverture de l'Université de Bangui.

2 mars 1972

- Le général Bokassa est nommé Président à vie de la RCA par le MESAN, parti unique.

29 juillet 1972

- Tournant du régime Bokassa : mutilation des oreilles de 43 voleurs.

24 avril 1973

- Révélation de la découverte d'un complot fomenté par l'ancien ministre Auguste M'Bongo.

16 mai 1974

- Fermeture par le gouvernement centrafricain du Consulat général de France à Bangui.

17 mai 1974

- Prise de possession par le gouvernement centrafricain des installations de l'AFP ;
- nationalisation diverse ;
- interdiction de la presse française.

19 mai 1974

- Le général Bokassa est promu au grade de maréchal au cours du congrès extraordinaire du MESAN.

décembre 1974

- Tentative de coup d'État du général Lingoupou.

3 février 1976

- Attentat manqué contre le chef d'État.

4 septembre 1976

- Dissolution du gouvernement, création du conseil de révolution centrafricain.

septembre 1976

- David Dacko, ancien président, devient le conseiller du maréchal Bokassa.

4 décembre 1976

- Congrès extraordinaire du MESAN ;
- Adoption d'une constitution transformant la République centrafricaine (RCA) en Empire centrafricain (ECA) ;
- Le maréchal Bokassa accède à la tête de l'Empire centrafricain sous le titre de Bokassa 1er ;
- Dissolution du conseil de révolution, Ange Félix Patassé est chargé de former le futur gouvernement.

14 décembre 1976

- Nomination du premier gouvernement impérial.

6 janvier 1977

- L'appartenance au MESAN devient obligatoire.

4 décembre 1977

- Couronnement de l'Empereur Bokassa 1er.

5-10 janvier 1978

- Réunion du nouveau bureau politique de MESAN ;
- Interdiction de nationalisation « sauf pour cause d'utilité publique ».

14 juillet 1978

- Dissolution du gouvernement de M. Patassé.

17 juillet 1978

- Nomination du gouvernement dirigé par M. Henri Maïdou.

18-20 janvier 1978

- Émeutes à Bangui après la décision de rendre obligatoire le port de l'uniforme par les écoliers. La répression aurait fait 400 victimes, morts et blessés.

18-21 avril 1979

- Massacre d'écoliers et d'étudiants à Bangui.

14 mai 1979

- Communiqué d'Amnesty International faisant état de la mort des lycéens à la prison de Bangui.

21-22 mai 1979

- Sixième conférence France-Afrique à Kigali : création d'une commission d'enquête, composée de cinq États africains sur les massacres d'écoliers.

22 mai 1979

- Démission de l'ambassadeur de Centrafrique à Paris, qui dénonce les massacres ;
- Suspension de l'aide militaire française jusqu'aux conclusions de la commission d'enquête.

2 juin 1979

- Le général Bangui, au nom du Front de la Libération des Oubanguiens, se prononce en faveur d'un changement de régime et de restauration de la République.

7 juin 1979

- Ange Félix Patassé annonce la formation d'un Comité d'Union nationale pour renverser Bokassa.

14 juin 1979

- Arrivée à Bangui de la Commission d'Enquête.

16 août 1979

- Rapport de la commission d'enquête qui conclut à de graves violations des Droits de l'Homme à Bangui en avril 1979 et juge quasi certaine la participation de l'empereur Bokassa aux massacres d'enfants.

17 août 1979

- Suspension de l'aide française à la seule exception des opérations concernant la santé, l'éducation et l'alimentation.

11 septembre 1979

- Le général Bangui constitue à Paris le gouvernement provisoire de la République d'Oubangui.

20 septembre 1979

- Coup d'état en Centrafrique : M. Dacko prend le pouvoir avec l'aide des militaires français (opération Barracuda). Suivi de pillage à Bangui et à Bérengo. Le rétablissement de la République centrafricaine est proclamée.

26 septembre 1979

- Constitution d'un nouveau gouvernement de la Centrafrique, confié à M. Ayando.

4 octobre 1979

- Retour de M. Ange Félix Patassé.

15 octobre 1979

- Table ronde des différentes tendances de l'opposition.

29 octobre 1979

- Manifestation de lycéens et étudiants.

3 novembre 1979

- Arrestation d'Ange Patassé, ancien Premier ministre de Jean-Bedel Bokassa, chef de l'opposition et leader du Mouvement de Libération du Peuple centrafricain (MLPC).

20 mars 1980

- Création par le président David Dacko du parti unique, l'Union démocratique centrafricaine (UDC).

24 décembre 1980

- Condamnation à mort par contumace de Jean Bedel Bokassa.

1er février 1981

- Référendum sur le projet d'une nouvelle constitution. Adoption par une large majorité.

5 février 1981

- Promulgation de la constitution.

15 mars 1981

- Élection présidentielle : M. David Dacko est élu Président (50,23 pour cent) devant Ange Patassé (38,11 pour cent).

3 avril 1981

- Simon Narcisse Bozanga est nommé Premier ministre.

mai-juillet 1981

- Grèves, attentat à Bangui. L'état de siège est décrété le 21 juillet.

14 juillet 1981

- Attentat au cinéma Le Club.

1er septembre 1981

- M. David Dacko est écarté du pouvoir au profit du général André Kolingba.

- Installation du Comité Militaire de Redressement national (CMRN) dirigé le général André Kolingba.

3-4 mars 1982

- Tentative de coup d'État manqué d'Ange Patassé.

21 septembre 1985

- Dissolution du CMRN. Constitution d'un nouveau gouvernement où figurent plusieurs civils.

24 octobre 1986

- Retour et arrestation de l'ancien empereur Bokassa à Bangui. Procès de Bokassa.

28 novembre 1986

- Adoption de la nouvelle constitution : Référendum sur la nouvelle Constitution qui prévoit l'élection du président pour six ans, la création d'une Assemblée et un parti unique.

6 février 1987

- Fondation par le Président André Kolingba du Rassemblement démocratique centrafricain (RDC).

12 juin 1987

- Après plusieurs mois de procès, Jean Bedel Bokassa est condamné à mort. Sa peine est commuée en détention à perpétuité le 29 février 1988, puis à dix ans de réclusion.

juillet 1987

- Table ronde des bailleurs de fonds de la RCA à Genève.

mars 1988

- Première session extraordinaire de l'Assemblée nationale.

28 mai 1988

- Élection municipale.

août 1988

- Élections législatives.

8-22 décembre 1988

- Deuxième recensement de la population en RCA.

1989

- Premier congrès du Parlement centrafricain.

18-24 octobre 1990

- Premier congrès ordinaire du Rassemblement démocratique centrafricain.

30 octobre 1990

- Ouverture de la deuxième session ordinaire de l'Assemblée nationale à Bangui.

30 novembre 1990

- Rencontre Rassemblement démocratique centrafricain (RDC) - Union des syndicats des travailleurs centrafricains (USTC), suite à la grève des travailleurs du 21 novembre.

13 décembre 1990

- Élections des 18 autres membres du Conseil économique et régional.

15 décembre 1990

- Fin de la deuxième session ordinaire de l'Assemblée nationale à Bangui.

25 février 1991

- Congrès parlementaire : création du poste de Premier Ministre.

15 mars 1991

- Convocation de la session ordinaire du Parlement pour deux mois.

20 mars 1991

- Nomination d'un Premier ministre, Édouard Frank.

18 avril 1991

- Inauguration du pont de la rivière Mbaere (PCA de Ngaoudaye).

22 avril 1991

- Le principe du multipartisme est accepté par le Chef de l'État.

29 avril 1991

- Grève illimitée dans le secteur public.

11 mai 1991

- Grand meeting de soutien au Rassemblement démocratique centrafricain (RDC).

3 juin 1991

- Grève illimitée dans le secteur privé.

juillet 1991

- Le SMIG a été maintenu à 18 850 F CFA par mois et le SMAG (Salaire minimum agricole garanti) à 300 F CFA par jour.

août 1992

- Grand Débat national (GDN).

25 octobre 1992

- Élections présidentielle et législative. Suspendues le 26 octobre, elles sont annulées le 29 par la Cour suprême.

11 janvier 1993

- Ouverture solennelle des travaux de la Commission électorale mixte.

30 janvier 1993

- Inauguration du Palais de l'Assemblée nationale.

9 février 1993

- Mise en place du Conseil national politique provisoire de la République (CNPPR).

26 mars 1993

- Grande marche pacifique des élèves et étudiants. Pillage au centre ville de Bangui. Dispersion par les forces de l'ordre.

27 avril 1993

- Le Président du MLPC Ange Félix Patassé démissionne du CNPPR.

1er août 1993

- Libération de Jean-Bedel Bokassa.

22 août 1993

- Premier tour des élections présidentielle et législative. Ange Patassé arrive en tête des suffrages (30 pour cent), André Kolingba est en quatrième position (13 pour cent).

28 août 1993

- Ordonnance d'André Kolingba modifiant la Cour suprême et le code électoral. La France suspend sa coopération. Le 30 août, annulation de ces ordonnances.

19 septembre 1993

- Deuxième tour des élections. Ange Félix Patassé (38 pour cent) est élu président de la République face à David Dacko (21 pour cent) et Abel Goumba (20 pour cent).

22 octobre 1993

- Investiture du Président Ange Félix Patassé.

27 octobre 1993

- Nomination du Premier Ministre du Changement; le Prof. Jean Luc Mandaba.

12 janvier 1994

- Dévaluation du Franc CFA, survenue à Dakar (Sénégal).

29 mars 1994

- Réhabilitation de la mémoire du Président B. Boganda.

14 juillet 1994

- Réunion de concertation du Président Ange Félix Patassé avec les forces vives de la Nation.

31 juillet 1994

- Non à la guerre tel est le slogan des Femmes centrafricaines en faveur de la Paix au Rwanda.

14 décembre 1994

- Décret n° 94.432 portant ouverture et clôture de la campagne référendaire sur le projet de la constitution.

15 décembre 1994

- Décret n°94.433 déclarant la journée du référendum constitutionnel fériée, chômée et payée.

28 décembre 1994

- Référendum sur la nouvelle Constitution. Très faible participation.

14 janvier 1995

- Décret n° 95.007 portant promulgation de la constitution de la cinquième République.

11 avril 1995

- Démission de Jean-Luc Mandaba. Gabriel Koyambounou est nommé Premier Ministre.

18-21 avril 1996

- Première mutinerie d'une partie des forces armées centrafricaines. Les soldats réclament le paiement de leurs arriérés de salaires.

18-27 mai 1996

- Début d'une série de grèves qui paralysent le pays. Les agents de l'État réclament le paiement de leurs arriérés.

- Deuxième mutinerie d'une partie des forces armées centrafricaines. Violents affrontements entre les mutins et les troupes fidèles au Gouvernement.

5 juin 1996

- Signature du protocole d'accord politique (Programme minimum commun), préalable à la formation du gouvernement d'union nationale (partis politiques de la majorité et du CODEPO).

6 juin 1996

- Jean Paul Ngoupandé est nommé Premier Ministre, Chef du gouvernement.

18 juin 1996

- L'opposition refuse de faire partie du gouvernement d'union nationale en cours de constitution.

3 novembre 1996

- Décès de l'ex-Empereur Jean Bedel Bokassa.

15 novembre 1996

- Déclenchement de la troisième mutinerie d'une partie des forces armées centrafricaines. L'armée française est présente aux côtés de la garde présidentielle.

22 décembre 1996

- Trêve de quinze jours.

5 janvier 1997

- Les troupes françaises mènent à Bangui une action de riposte contre les mutins suite à l'assassinat la veille de deux militaires français.

7 janvier 1997

- Une mission de médiation est dirigée par l'ancien Président malien Amadou Toumani Touré.

23 janvier 1997

- Les médiateurs africains et les Chefs des mutins annoncent conjointement la fin officielle de la mutinerie.

30 janvier 1997

- Michel Gbezera-Bria est nommé Premier Ministre, Chef du Gouvernement d'action pour la défense de la démocratie (GADD).

12 février 1997

- Une force interafricaine, la MISAB (Mission d'intervention et de surveillance des accords de Bangui), remplace l'intervention militaire française.

15 février 1997

- Arrivée du premier groupe de 75 soldats sénégalais pour participer à la Mission d'intervention et de surveillance des accords de Bangui (MISAB) qui doit compter en tout 500 soldats.

13 mars 1997

- Loi n° 97.002 portant Amnistie générale des infractions liées à la mutinerie et des détournements de deniers publics en cours d'instructions.

13 mars 1997

- Loi n° 98.003 portant Amnistie générale des infractions de droit commun, dénoncées et ayant fait l'objet d'investigations de la Commission parlementaire d'Enquête et d'Audit.

20-24 juin 1997

- Affrontement délibérément provoqué par les ex-mutins contre la MISAB.

juillet 1997

- Accords de cessez-le-feu entre les mutins et la MISAB. Début d'une réunion de réconciliation.

1er septembre 1997

- Retour au gouvernement des neuf ministres de l'opposition, qui s'étaient retirés le 5 mai.

26 février 1998

- Ouverture à Bangui de la Conférence de réconciliation nationale.

4 mars 1998

- Adoption d'un pacte de réconciliation nationale.

8 mars 1998

• La RCA et le Fonds monétaire International signent un accord de principe au terme de six mois de négociations. Cet accord constitue la première étape d'un processus visant à l'octroi à la RCA d'une Facilité d'Ajustement structurel renforcé (FASR).

15 mars 1998

• Le Conseil de Sécurité de l'ONU décide de prolonger jusqu'au 27 mars le mandat de la force interafricaine en Centrafrique.

27 mars 1998

• Le Conseil de Sécurité de l'ONU vote à l'unanimité le lancement d'une opération de maintien de la paix en Centrafricaine, la première depuis cinq ans en Afrique. La résolution 1159 crée une force de 1 350 hommes pour une période initiale de trois mois à partir de 15 Avril.

27 mars 1998

• Loi n° 98.004 portant code électoral de la RCA.

15 avril 1998

• Le drapeau bleu de l'ONU est hissé pour la première fois à Bangui par la Mission des Nations Unies en RCA (MINURCA) : La Mission des Nations Unies en République centrafricaine (MINURCA) prend le relais de la MISAB. Une force de 1350 hommes est chargée de renforcer la sécurité et du maintien de l'ordre.

17 juin 1998

• Loi n° 98.183 portant organisation et fonctionnement de la Commission électorale mixte indépendante (CEMI).

22 novembre 1998

• Premier tour des élections législatives. Le MLPC remporte 26 sièges sur 42.

12 décembre 1998

• Élections législatives (2e tour).

4 janvier 1999

• Anicet George Dologuele, ancien ministre des finances est désigné Premier Ministre

5 janvier 1999

• L'opposition organise une journée ville morte qui est peu suivie, des incidents éclatent dans certains quartiers de Bangui.

13 janvier 1999

- Promulgation de la loi n° 99.001 portant création du Fonds national de Médicament.

2 février 1999

- Le Conseil de sécurité de l'ONU décide de prolongée pour une dernière fois, le mandat de la Mission des Nations Unies en République centrafricaine (MINURCA).

11 février 1999

- Promulgation de la loi n° 99.002 arrêtant le Budget de la République centrafricaine pour l'année 1999.

15 mai 1999

- Promulgation de la loi n° 99.014 portant transfert et cession d'une partie des actifs de la société « La Centrafricaine des pétroles (PETROCA)».

19 mai 1999

Promulgation des lois :

- N° 99.008 portant création de l'Agence centrafricaine pour la formation professionnelle et l'emploi (ACFPE) ;
- N° 99.007 portant dissolution de l'Organisation nationale interprofessionnelle de formation et perfectionnement (ONIFOP) ;
- N° 99.006 portant dissolution de l'Office national de la main-d'œuvre (ONMO) ;
- N° 99.005 portant dissolution de la Société nationale des eaux (SNE).

19 septembre 1999

- 1er tour de l'élection présidentielle.

25 septembre 1999

- La RCA obtient un rééchelonnement de sa dette auprès du Club de Paris dont l'annulation des échéances est prévue à hauteur de 67 pour cent.

2 octobre 1999

- Le Président sortant Ange Félix Patasse est réélu au premier tour de la présidentielle avec 51,63 pour cent des voix.

22 octobre 1999

- Le Conseil de sécurité de l'ONU vote à l'unanimité la prolongation jusqu'au 15 février de sa mission en Centrafrique, composée de 1 350 casques bleus.

24 octobre 1999

Promulgations des lois :

- N° 99.017 portant organisation générale de la Défense nationale et de l'Armée nationale ;
- N° 99.018 portant création d'un Conseil supérieur de la Défense nationale;
- N° 99.019 relative au traitement des crises ;
- N° 99.20 portant modification de la loi 99.002 du 11 février 1999 arrêtant le budget de la République centrafricaine ;
- N° 99.021 portant autorisation de la privatisation de l'union bancaire en Afrique centrale (UBAC).

1er novembre 1999

- Le Premier ministre Anicet-Georges Dologuele forme un nouveau gouvernement, qui comprend 24 membres, perçu comme un gouvernement de techniciens et d'ouverture.

30 décembre 1999

Promulgation des lois :

- N° 99.023 autorisant la ratification de l'accord de crédit de développement n° 33050 CA du 16 décembre 1999 entre la République centrafricaine et l'Association internationale de développement ;
- N° 99.22 autorisant la perception des impôts, taxes et produits divers et mettant en place les douzièmes des provisoires en place pour l'an 2000.

15 février 2000

- Fin du mandat de la MINURCA.

17 avril 2000

- Remaniement partiel du gouvernement.

2 janvier 2001

- Reprise de la PETROCA par TOTAL -ELF.

10 janvier 2001

- Approbation par le Conseil d'administration du FMI du deuxième accord annuel au titre de la Facilité pour la réduction de la pauvreté et pour la croissance (FRPC) d'un montant de 20 millions de DTS (environ 18,2 milliards de F CFA) en faveur de la RCA.

24 janvier 2001

- Le Représentant de la Chine au Conseil de sécurité annonce la décision de son pays d'annuler la totalité de la dette bilatérale de la RCA.

26 janvier 2001

- Premier déblocage d'un montant de 8 millions de DTS, soit environ 7,2 milliards de F CFA au titre de la Réduction de la pauvreté et pour la croissance (FRPC).

11 mars 2001

- Appel à la reprise du travail des syndicalistes qui avaient déclenché une grève illimitée depuis le 2 novembre 2000.

30 mars 2001

- Nomination de Monsieur Martin Ziguele au poste du Premier ministre.

6 avril 2001

- Constitution et mise en place du Nouveau gouvernement.

7 avril 2001

- Discours de politique générale du Premier ministre Ziguele devant l'Assemblée nationale.

10 avril 2001

- Tenue du 1er Conseil des ministres sous la Présidence de Monsieur Ange Félix Patassé, qui donne les orientations au Gouvernement Ziguele.

12 avril 2001

- Massacre d'habitants et incendie de cases dans les villages de la région de Paoua (nord du pays) : développement de l'insécurité dans l'arrière pays.

14 mai 2001

- Démarrage d'une grève d'avertissement de cinq jours des centrales syndicales du secteur public.

28 mai 2001

- 4e tentative de coup d'état perpétré par le Général André Kolingba.

13 juillet 2001

- Conclusion d'un accord sur l'engagement de la RDC à restituer à la RCA son stock de 25 000 m3 de carburant bloqué depuis le 28 mai 2001 au port de Matadi (Bas Congo).

27 juillet 2001

- Annonce par le Ministre délégué à l'économie et à la coopération internationale d'un versement par l'Union européenne d'une aide budgétaire d'un montant de 11,5 millions d'Euros soit 7,5 milliards de F CFA de la première tranche du fonds de l'appui au Programme d'Ajustement structurel (PAS).

6 août 2001

- Signature d'un échange de Note relative à la poursuite du Projet de bitumage de la route nationale n°3 devant relier Bossembélé à Bouar entre l'Ambassadeur du Japon et le Gouvernement centrafricain. Cet accord débouche sur la mise à la disposition de la RCA d'une somme de cinq milliards six cent millions (5 600 000 000) de F CFA.

10 septembre 2001

- Deux fraudeurs sont interpellés au pied d'un avion à destination de Paris, avec sur eux trois lots de pierres précieuses dont deux lots de diamants et un lot d'or représentant une valeur de 72 millions de F CFA.

10 septembre 2001

- Tenue de la première assise nationale de l'Économie et des Finances (PANEF) à Bangui.

24 septembre 2001

- Collectif budgétaire, révision à la baisse de 31 pour cent du budget de l'État au titre de l'année 2001.

1er octobre 2001

- Table ronde organisé par le Gouvernement avec les bailleurs de fonds afin de boucler le financement du troisième recensement général de la population et de l'habitat. Le coût total de l'opération est évalué à un peu plus de deux milliards de F CFA.

9 octobre 2001

- Signature du document relatif à l'appui au programme-cadre de bonne gouvernance d'une durée de douze mois entre le Gouvernement et le PNUD.

10 octobre 2001

- Signature d'un accord intérimaire de six mois entre la RCA et le FMI.

28 octobre 2001

- Fin de la mission conjointe FMI/Banque mondiale à Bangui, pour les négociations en vue du lancement de la deuxième année du programme qui bénéficie d'un arrangement annuel au titre de la Réduction de la Pauvreté et pour la Croissance (FRPC).

30 octobre 2001

- Obtention du déblocage du reliquat du 8e FED sur le 9e FED par le Premier Ministre Martin Ziguele suite aux négociations qu'il a eu avec les

Responsables de la Direction générale de Développement de la Commission européenne à Bruxelles.

7 novembre 2001

- La Présidence de la République rend public un communiqué accusant le Général François Bozizé de préparer un coup d'État avec des appuis et complicités extérieures.

10 janvier 2002

- Signature d'une convention entre la RCA et la France relative à la libre circulation des personnes entre les deux pays.

15 janvier 2002

- L'Assemblée nationale adopte la nouvelle loi des finances pour l'exercice 2002, fixant le Budget à 134 367 915 000 F CFA et prévoyant les recettes propres de l'État à 75 831 000 000 F CFA

18 janvier 2002

- Inauguration du monument dédié aux Martyrs de Bokassa.

14 mars 2002

- Quatrième réunion ministérielle des comités de Police en Afrique centrale tenue à Bangui.

31 mai 2002

- Clôture de la première cession extraordinaire de l'Assemblée nationale.

04 juillet 2002

- Un Boeing 707 cargo s'écrase à la lisière de Bangui.

02 octobre 2002

- La Banque mondiale accorde 3,7 milliards de FCFA à la RCA.

25 octobre 2002

- Tentative de coup d'état manquée, revendiquée par l'ancien Chef d'État Major des Armées, le Général François Bozizé.

11 décembre 2002

- Conférence extraordinaire des parlementaires et des partis politiques.
- Appui au programme de la bonne gouvernance.

8 janvier 2003

- Ouverture de cession extraordinaire à l'Assemblée nationale

9-15 janvier 2003

- Neuvième session ordinaire du conseil des ministres de l'UEAC.
- Installation du bureau du comité ad hoc de transition de la Chambre de Commerce.

29 janvier 2003

- Conférence de presse sur les activités de Coordination du Dialogue national.

07 février 2003

- Signature d'un contrat de don d'un montant de 48 000 000 F CFA entre le Japon et la Caritas-Centrafrique.

15 février 2003

- Visite du président de la République du Tchad à Bangui.

15 mars 2003

- Prise de pouvoir par un coup d'État militaire, perpétré par l'ancien Chef d'État Major des Armées, le Général François Bozizé.

Références

Abraham-Frois, Gilbert, *Économie politique*, 5e Édition, Paris, Economica.

Alternatives Economiques, « Les oubliés de la mondialisation », octobre 2001, n°196.

Archinard, Gabriel et Guerrien, Bernard, 1992, *Analyse mathématique pour économistes. Cours et exercices corrigés*, 4 édition, Paris : Economica.

Arnaud, Berthoud, Frydman, Roger, 1989, « Le libéralisme économique : interprétations et analyses », *Cahiers d'économie politique*, n° 16-17, Éditions L'Harmattan.

« Aspects sociaux et culturels d'intégration à l'échelle régionale», 1999, *Les sciences sociales,* n° 159, mars, UNESCO/ÉRÈS.

Aulin, Arvid, 1998, 'The Impact of Science on Economics Growth and its Cycles, The Mathematical Dynamics Determined by the Basic Macroeconomic Facts', Lectures Notes in *Economics and Mathematical Systems*, n° 464, Springer-Verlag, Berlin.

Aveni, Richard d', 1994, *Hypercompetition: Managing the Dynamics of Strategic Maneuvering*, New York Press.

Bamou, Ernest, 1996, « Incitation économique, développement du secteur de la pêche au Cameroun et bien-être social : une approche en équilibre général calculable », Thèse de doctorat 3e cycle, Université de Yaoundé 2.

Banque des États de l'Afrique centrale, *Les balances de paiements*, 1993, 2000 , 2003, Bangui.

Banque mondiale, 1996, République du Cameroun, *Le défi : mettre en valeur des ressources inexploitées, Évaluation du secteur privé*, 28 juin. (Rapport n° 13955-CM).

Banque mondiale, 1998, République centrafricaine, *Le profil de pauvreté en Centrafrique*.

Banque mondiale, 2001, Burkina-Faso, *Compétitivité et croissance économique : orientations, stratégies et actions*.

Besanko, David, Dranove, David et Shanley, 2000, *Economics of Strategy*, Second Edition, John Wiley & Sons, Inc.

Boisdeffre, Lionel de, 1992, « Modèles d'équilibre général calculable : des outils prospectifs d'évaluation des politiques de développement », Statéco, n° 69-70, mars-juin.

Bomda, Justin, 1998, *Déterminants de l'épargne et du crédit et leurs implications pour le développement du système financier au Cameroun*, Peter Lang, Europäischer Verlag der Wissenschaften.

Boyom Sop, Flaubert, 1999, « Systèmes d'information : analyse, conception et développement », Presses universitaires de Yaoundé.

Burkina Faso, Banque mondiale, 2001, Compétitivité et croissance économique : orientations, stratégies et croissance.

CEA, 2004, *Les économies de l'Afrique centrale 2000*, Paris : Maisonneuve & Larose.

« Centrafrique(La), un pays à la dérive », 2001, *Marchés tropicaux*, 22 juin, n° 1279.

Cogneau, Denis et Roubaud, François, 1993, « Une matrice de comptabilité sociale pour le Cameroun : méthodes et résultats », *Statéco*, n° 75-76, sept-déc.

Collange, Gérald,1994, « Modélisation macroéconomique : une application aux pays d'Afrique Subsaharienne », *Miméo GREI,* Canada.

Decaluwe, Bernard *et al.*, 2001, *La politique économique du développement et les modèles d'équilibre général calculables : une introduction à l'application de l'analyse mésoéconomique aux pays en développement,* Les presses de l'université de Montréal, AUPELF/UREF.

Découverte de l'économie. Les politiques économiques, Vol. 3, 1998, *Cahiers français,* n° 284, p. 28, janvier-février, La documentation française.

Division des statistiques, des études économiques et sociales, « les annuaires statistiques de 1975 à 2002 ».

Division des Statistiques, des études économiques et sociales, Les comptes de la nation de 1989 à 1997, DSEE/Ministère du Plan.

Division des statistiques, des études économiques et sociales, *Les comptes de la nation de 1989 à 1997,* DSEE/Ministère du Plan.

Division des Statistiques, des études économiques et sociales, *Les annuaires statistiques de 1975 à 2002.*

Ekue, Pierre Credo, 1985, « Les groupes sociaux dans les matrices de comptabilité sociale », Séminaire sur le développement de la comptabilité nationale en Afrique, Cotonou, 11 au 15 déc. 1995.

Emini, Arnault Christian, 1998, « Des implications d'un système imparfait de TVA au Cameroun: appréciation de la réforme fiscalo-douanière de 1994 à l'aide d'un modèle calculable d'équilibre général », Thèse de doctorat 3e cycle, Université de Yaoundé 2.

Engelhard, Philippe, 1998, *L'Afrique miroir du monde ? Plaidoyer pour une nouvelle économie,* Paris : Arléa.

Flaubert Boyom Sop, 1999, « Systèmes d'Information : analyse, conception et développement », Presses universitaires de Yaoundé.

Fondation allemande pour le Développement international (DSE), 1986, L'importance de l'épargne en lutte contre la pauvreté par l'autopromotion, Centre de développement économique et social, Berlin.

French, John, Raven, Berhram, 1959, 'The Bases of Social Power', in Carl-Wright D. (ed.), *Studies in Social Power,* Ann Arbor: University of Michigan, Institute for Social Research.

Généreux, Jacques, 1996, *Les fondamentaux, économie politique,* Vol. 1 : Micro-économie, Paris : Hachette.

Généreux, Jacques, 1996, *Les fondamentaux, économie politique,* Vol. 2 : Macroéconomie et Comptabilité nationale, Paris : Hachette.

Généreux, Jacques, 1996, *Les fondamentaux, économie politique,* Vol. 3 : Macro-économie ouverte, Paris : Hachette.

Gide, André, 1927, *Voyage au Congo,* Paris : Gallimard.

Giordano, Dell'Amore, 1973, *Le crédit agricole dans les pays d'Afrique,* Cassa di Risparmio Delle Provincie Lombarde, Milan.

Gouga III, Jeannot Christophe, 2003, « Capital social et défis de développement en Centrafrique», document non publié.

Guerrien, Bernard, 1996, *Dictionnaire d'analyse économique, microéconomie, macréconomie, théorie des jeux, etc.,* Paris, Éditions La Découverte.

Guillaumont, Patrick et Sylviane, 1990, *Stratégie de développement comparées : Zone franc et hors Zone franc,* Paris : Economica.

Gurley et Shaw, 1960, *Money in a Theory of Finance*, The Brooking Institution, Washington.

Henner, Henri-François, 1997, *Commerce international*, 3e édition, Paris : Montchrestien.

INSEE, *Annuaire Statistique de la RCA de 1962*.

French, John, Raven, Bertram, 1959, 'The Bases of Social Power', in CartWright, D. (ed.), *Studies in Social Power*, Ann Arbor: University of Michigan, Institute for Social Research.

Journal Le Citoyen, n° 2231 du 09 août 2005.

Kotter John, 1977, *Power, Dependance and Effective Management*, Harvard Business Review, July-August 1977

« La France et l'Afrique », *Marchés tropicaux et méditerranéens*, n° 2563.

Lambert, Sylvie et Suwa, Akiko, 1992, « Un modèle d'équilibre général appliqué à la Côte d'Ivoire », *Statéco*, n° 69-70, mars-juin 1992 ; *Economie et Prévision*, n° 97, 1991-1.

Laussel, Didier et Montet, Christian, 1989, *Commerce international en concurrence imparfaite*, Paris : Economica.

Lecaillon, Jean Didier, Le Page, Jean-Marie et Ottavj, Christian, 1993, *Macroéconomie*, Vol.2, Équilibres et politiques économiques, Paris : Éditions Cujas.

Lecaillon, Jean Didier, Le Page, Jean-Marie et Ottavj, Christian, 1993, *Macroéconomie*, Vol. 1, Les instruments d'analyse, Paris : Éditions Cujas.

Lewis, W. Arthur, 1979, *Développement économique et planification*, Paris : Payot.

Marchés Tropicaux et Méditerranéens, n° 2563, « La France et l'Afrique ».

Marchés Tropicaux, 2001, « La Centrafrique, un pays à la dérive », n° 1279, 22 juin.

Mathis, Jean, 1992, « Monnaie et banques en Afrique francophone », EDICEF/AUPELF.

Mazido, Abel et Leroy, Alain, 1994, « Stratégies de survie des fonctionnaires centrafricains conjoncturés », *Revue politique africaine*, n° 53, p. 117-127.

Mazido, Abel, 1999, « L'avènement de l'Euro et les relations économiques entre les pays de la Zone franc et l'Union européenne », Conférence-Débat, Union européenne, Bangui, mai, 10 p.

Mazido, Abel, 2001, *Gouvernance économique*, Rapport de consultation, PNUD, Bangui, mars-avril.

Mendès-France, Pierre, Ardant, D., 1958, *Science économique et lucidité politique*.

Ministère de l'Economie, du plan, et de la coopération internationale, 2003, « Plan d'action sectoriel : économie et finances », CSLP.

Ministère de l'Economie, du plan, et de la coopération internationale, 2003, « Les résultats du troisième recensement général de la population et de l'habitation », Bureau central de recensement, ICASEES.

Ministères des Eaux, forêts, chasse et pêche, 2003, « Les Etats généraux des eaux, forêts, chasses et pêches ».

Ministère des Finances et du budget, 1995 ?, Les TOFE de 1989 à 1995.

Ministère des Finances et du budget, Les TOFE de 1989 à 1995, Secrétariat d'Etat au Plan, aux statistiques et à la coopération internationale, 1990, « L'évolution économique de la République centrafricaine et perspective à moyen terme », SEDES, Paris.

Ministère des Mines et de l'énergie, 2003, Rapport des états généraux des mines.

Ministères du Développement du monde rural, 2003, « Plan directeur agricole ».

Ministère du Plan et de la coopération internationale, 2001a, Enquête à indicateurs multiples – MICS 2000, Rapport final, DSEE.

Ministère du Plan et de la coopération internationale, 2001b, « Enquête à indicateurs multiples – MICS 2000 », Rapport final, DSEE, avril.

Ministère du Plan, de l'Economie, des finances, du Budget et de la Coopération internationale, 2004, « Crises et défis de développement en République centrafricaine ».

Ndjinkeu, Dominique, et al., 1998, « Matrice de comptabilité sociale du Cameroun », document spécial n° 11, CODESRIA.

NSEE, *Annuaire statistique* de la RCA de 1962.

Nssah Essama, B., 1991, Introduction au système de modélisation GAMS, Cornell University 'Food and Nutrition Policy Program', Doc n° AFR-00 00A-00-8045-00.

Ouatara, Mama, 1969, « Problème de cohérence de politiques économiques » Tinbergen, J., Modèles mathématiques de croissance économique, Paris : Gauthier-Villars.

Ouatara, Mama,1988, *Problème de cohérence de politiques économiques*, CIRES, Abidjan, Côte d'Ivoire.

« Oubliés (Les) de la mondialisation », 2001, *Alternatives économiques*, n°196.

Parrot, Laurent, 1998, « De l'économie locale au modèle d'équilibre général calculable : quel système d'information ? », *Statéco* n° 89, avril.

« Politiques (Les) économiques en question» », 1983, *Annuaire de la Revue d'Économie politique*, Éditions Sirey.

Pupion, Georges, Poulalion, Gabriel, 1980, *Macroéconomie : Fondement et Formalisation*, Vuibert.

« Quel développement face à la mondialisation », 1997, *Les cahiers de l'association tiers-monde*, n° 12, XIIe Journées Jeunes chercheurs sur le développement, Université d'Orléans, IOF-CRESEP.

Schumpeter J., 1942, *Capitalism, Socialism and Democracy*, New York : Happer & Row.

Secrétariat d'État au plan, aux statistiques et à la Coopération internationale, 1990, *L'évolution économique de la République Centrafricaine et perspective à moyen terme*, Paris : SEDES.

Secrétariat d'État aux finances, au plan et à la coopération internationale, juillet 1994, *Enquête prioritaire sur les conditions de vie des ménages*, Rapport final, DSEE.

Soulie, Daniel, 1992, *Analyse économique et Stratégie d'entreprise*, EDICEF/AUPELF.

Stentzel, Dieter, 1998, « La matrice de comptabilité sociale », Cours sur les comptes nationaux (K52), Munich.

Stiglitz, J. E., Prix Nobel d'Économie, 2002, *La grande désillusion*, éd. Fayard.

Suwa, Akiko, 1991, *Les modèles d'équilibre général calculable*, Economie & prévision, n°97, p. 1.

Système (Le) de comptabilité nationale (SCN 1993), Commission des communautés européennes, FMI, Banque mondiale, Nations Unies, Bruxelles/Luxembourg, New York, Washington D.C., 1993.

Tinbergen, J., 1969, *Modèles mathématiques de croissance économique*, Paris : Gauthier-Villars.

Valle, Olivier, 1989, *Le prix de l'argent CFA. Heurs et malheurs de la zone franc*, Paris : Karthala.

Volle, Michel, 1984, *Le métier du statisticien,* 2e édition, Paris : Economica.

Rostow, W.W., 1981, *L'ultimatum de l'an 2000 : Chances de survie de l'économie mondiale*, Paris : Economica.

Williamson, John, 1994, *Estimating Equilibrium Exchange Rates*, Institute for International Economics.

Watkins, M.H., 1963, « A Staple Theory of Economic Growth », *Canadian Journal of Economic et Political Science*.

Yarisse Zoctizoum, 1984, *Histoire de la Centrafrique (1959-1979)*, Paris : l'Harmattan.

Yele, Roger, 1993, *L'épargne rurale : une dimension sous-estimée d'autofinancement en milieu rural, le cas de la RCA*, Yaoundé, ISSEA.

Yele, Roger, 1998, *Le traitement informatique des comptes nationaux en Centrafrique*, Rapport de stage sur les comptes nationaux, CDG Munich.